KB059746

아리스토텔레스의 형이상학

THE METAPHYSICS OF _____
ARISTOTLE

아리스토텔레스의

주요 본문에 대한 해설 · 번역 · 주석

형이상학

THE METAPHYSICS OF
ARISTOTLE

조대호 역해

문예출판사

역해자의 말

누구나 인정하듯이, 아리스토텔레스의 《형이상학》은 서양 철학 최고의 고전이다. 하지만 우리 나라의 현실에서 《형이상학》은 서양 고전 가운데 가장 읽히지 않는 책의 하나로 손꼽힐 것이다. 《형이상학》이 본래 이해하기 어려운 책이라는 데도 그 원인이 있겠지만, 더 큰 원인은 아마도 그에 대한 우리말 번역서가 아직 없고, 연구서나 논문도 흔치 않은 데에서 찾아야 할 것 같다. 서양 철학을 받아들인 지 한 세기를 바라보는 오늘날에도 아리스토텔레스의 《형이상학》 수용은 아직도 걸음마 단계에 있는 셈이다. 이는 지금까지 우리 나라에서 이루어진 서양 철학 수용의 깊고 넓은 틈새를 보여주는 한 가지 사례라 생각한다.

《아리스토텔레스의 형이상학》은 이런 빈자리를 메우기 위한 목적으로 썼다. 《형이상학》을 올바로 소개하려면 책 전체를 우리말로 번역하는 것이 마땅한 일이지만, 이 일을 하려면 앞으로 더 많은 시간과 노력을 들여야겠기에 그 준비 작업의 하나로서 이 주해서를 꾸미게 되었다. 여기서는 원전의 내용을 가능한 한 충실하게 전달하기 위해서 먼저 《형이상학》의 전체 내용을 세 개의 주요 주제에 따라 나누어 관련 본문들을 번역, 해설하고 본문의 구절들에 대해 비교적 자세한 주를 달았다. 논란이 많은 여러 가지 문제들에 대한 세부적인 논의는 피했다. 이 주해서가 《형이상학》을 이해하는 데 유용하게 쓰이고 그 저술에 대한 우리말 번역서가 출간되는 데 밑거름이 되었으면 하는 것이 글쓴이의 바람이다.

《형이상학》의 원문을 옮기면서 어려웠던 일은 무엇보다도 적절한 용어를 고르는 일이었다. 우리는 《형이상학》 안에서 서양 철학의 핵심 개념들, 예컨대 '실체(ousia, substance)', '형상(eidos, form)', '질료(hylē, matter)', '본질(to ti ēn einai, essence)', '부수적인 것(ta kata symbebēkota, accidents)', '완성태(entelecheia)'와 같은 개념들의 원형적 의미와 쓰임을 만나게 된다. 하지만 오늘날 우리가 사용하고 있는 번역어들로는 그런 개념들이 갖는 본래의 생명력을 충분하게 내보일 수 없다. 아리스토텔레스가 사용한 고대 그리스의 개념들은 근대 서양 언어 속에서 그 뜻과 쓰임이 굴절되었고, 다시 이 굴절된 개념들은 삶에 뿌리내리지 못한 채 거의 인위적으로 만들어진 한자 용어들로 옮겨져 지금도 쓰이고 있기 때문이다. 박제처럼 죽은 언어가 아니라 일상 생활에 뿌리내린 언어로써 아리스토텔레스의 개념들을 표현하고, 이를 통해 아리스토텔레스 사상의 생명력을 되살려내는 것을 해석자의 과제로 삼았지만, 이 일은 실현이 아득한 꿈으로 남아 있을 뿐이다. 이 해설서에서 글쓴이는 너무 경직된 용어들을 이렇게 저렇게 어루만져 그 본디 말뜻을 풀어내는 정도로 만족할 수밖에 없었다. 이 책에서는 기존의 우리말 번역어들을 존중하는 태도를 취했지만, 마음이 가볍지 않다. 이 문제에 대해 앞으로 연구자들 사이에 폭넓고 깊이 있는 대화가 이루어지기 바랄 따름이다.

1985년 무렵 석사 논문의 주제로 아리스토텔레스를 선택한 것이 엊그제 같은데, 눈 깜짝할 사이에 18년이 지났다. 돌이켜보면, 그 동안 어려울 때가 없진 않았지만 후회했던 기억은 없다. 아리스토텔레스의 철학을 연구하는 과정에서 한두 분의 도움을 받은 것이 아니지만, 누구보다도 두 분 선생님께 큰 빚을 졌다. 석사 논문을 지도해주셨던 연세대학교 철학과의 故 조우현 선생님과 박사 논문을 지도해주신 독일 Freiburg 대학교의 W. Kullmann 선생님, 이 두 분의 격려와 가르침이 있었기에 큰 어려움 없이 지금까지 공부에 전념할 수 있었다. 이 책은 두 분 선생님께서 내게 베푼 가르침의 작은 결실이다.

또한 이 책의 출판을 위해 정성을 다해준 문예출판사의 전병석 사장님과 편집부 여러분께 감사한다.

위당관 연구실에서

조대호

일러두기

1. 《형이상학》의 원문으로는 Werner Jaeger, *Aristotelis Metaphysica*(OCT), Oxford 1957을 사용했다. 이 비판본과 달리 읽는 경우에는 각주에서 이를 밝혔다.

2. 본문에서 〔 〕안에 삽입된 숫자들은 Bekker판의 쪽과 행을 가리킨다.

3. 번역문에 나오는 기호들은 Jaeger의 비판본에서 쓰인 것들이다. 참고로 말하자면, (   )는 본문의 삽입문을, 〈 〉는 비판본에서 덧붙인 내용을, 〔   〕는 삭제한 내용을, 〔〔   〕〕은 나중에 아리스토텔레스에 의해 삽입된 것으로 추측되는 부분을 표시한다. 문장의 뜻을 분명하게 하기 위해 필요한 경우 (—옮긴이) 안에 설명어를 덧붙였다.

4. 각 장을 번역할 때마다 이해를 돕기 위해 먼저 내용 소개를 붙였는데, 이것은 H. Bonitz의 독일어 번역서(*Aristoteles. Metaphysik*, hrsg. E. Wellmann, Berlin; neu hrsg. U. Wolf, Hamburg 1994)에 실린 내용 소개를 따른 것이다.

아리스토텔레스의 저술

라틴어 제목	영어 제목	우리말 제목
Categoriae	Categories	범주론
De interpretatione	On Interpretation	명제론
Analytica priora	Prior Analytics	분석론 전서
Analytica posteriora	Posterior Analytics	분석론 후서
Topica	Topics	토피카
De sophistici elenchi	Sophistical Refutations	소피스트식 반박
Physica	Physics	자연학
De caelo	On the Heavens	천체에 대하여
De generatione et corruptione	On Generation and Corruption	생성과 소멸에 대하여
Meteorologica	Meteorology	기상학
De Anima	On the Soul	영혼론
Parva naturalia:	Little Physical Treatises:	자연학 소논문집:
De sensu et sensibilibus	On Sense and Sensibles	감각과 감각물에 대하여
De memoria et reminiscentia	On Memory and Recollection	기억과 상기에 대하여
De somno et vigilia	On Sleep and Waking	잠과 깸에 대하여
De insomnis	On Dreams	꿈에 대하여
De divinatione per somnum	On Divination in Sleep	잠에서의 계시에 대하여
De longitudine et brevitate vitae	On Longness and Shortness of Life	장수와 단명에 대하여
De iuventute et senectute	On Youth and Old Age	젊음과 노령에 대하여

라틴어 이름	영어 이름	우리말 이름
De vita et morte	On Life and Death	삶과 죽음에 대하여
De respiratione	On Breathing	호흡에 대하여
Historia animalium	History of Animals	동물지
De partibus animalium	Parts of Animals	동물의 부분에 대하여
De motu animalium	Movements of Animals	동물의 운동에 대하여
De incessu animalium	Progression of Animals	동물의 이동에 대하여
De generatione animalium	Generation of Animals	동물의 생성에 대하여
Problemata	Problems	문제집
Metaphysica	Metaphysics	형이상학
Ethica Eudemia	Eudemian Ethics	에우데모스 윤리학
Magna moralia	Magna Moralia	대 윤리학
Ethica Nicomachea	Nicomachean Ethics	니코마코스 윤리학
Politica	Politics	정치학
Rhetorica	Rhetorics	수사학
Poetica	Poetics	시학

차례

I

아리스토텔레스의 《형이상학》
:이름과 내용

1. ta meta ta physika와 형이상학(形而上學)

'형이상학'이라고 불리는 아리스토텔레스 저술의 본래 이름은 'ta meta ta physika'이다. 이 이름은 아리스토텔레스 자신이 사용한 것이 아니라 후대의 편집자인 안드로니코스(Andronikos v. Rhodos, 기원전 1세기)가 아리스토텔레스의 글들을 모아 편집하는 과정에서 만들어낸 용어라는 것이 아리스토텔레스 연구자들의 일반적인 의견이다. 안드로니코스는 오늘날 《형이상학》에 포함된 한 무리의 글들을 편집하면서 그것들을 자연학에 대한 글들(ta physika) 뒤에(meta) 두고 '자연학에 대한 글들 뒤에 오는 것들'이라는 뜻에서 그런 이름을 붙였다고 사람들은 생각한다.[1]

---

[1] 이에 대해서는 다음의 글들을 참고하라. I. Düring, Aristoteles. *Darstellung und Interpretation seines Denkens*, Heidelberg 1966, S. 591 f.; H. Flashar (Hrsg.), *Die Philosophie der Antike, Bd. 3 Ältere Akademie, Aristoteles-Peripatos*, in: F. Überweg, *Grundriß der Geschichte der Philosophie*, Basel-Stuttgart 1983, S. 257; J. Barnes (ed.), *The Cambridge Companion to Aristotle*, Cambridge 1995, p. 66. 아리스토텔레스 형이상학에 대한 권위 있는 주석가인 Aphrodisias의 Alexander는 'ta

'ta meta ta physika'가 서지학(書誌學) 용어로서 처음 생겨났다는 것은 오늘날 대다수 아리스토텔레스 연구자들 사이에 널리 통하는 정설이지만, 그에 대한 반론이 전혀 없는 것은 아니다. 역사적으로 돌이켜보면, 이미 고대의 아리스토텔레스 주석가들 가운데는 그 용어에서 어떤 철학적인 뜻을 읽어내려는 사람들이 있었다. 특히 신플라톤주의자들이 그랬는데, 이들은 아리스토텔레스의 저술이 자연을 넘어선 것, 초자연적인 것을 대상으로 삼기 때문에 그런 이름으로 불리게 되었다고 생각했다. 그런 뜻에서 신플라톤주의자이면서 아리스토텔레스 주석가였던 심플리키오스(Simplikios, 5세기)는 'ta meta ta physika'를 '자연적인 것들을 넘어서 있는' 것이라는 뜻으로 풀이한다.[2] 훗날, 칸트(I. Kant) 역시 비슷한 태도를 취했다. 그는 'Meta-physik'이라는 이름이 그것이 가리키는 학문 자체와 정확하게 부합

---

meta ta physika'라는 이름을 아리스토텔레스 자신이 붙인 것으로 본다(Alexander Aphrodisiensis, *In Aristotelis metaphysica commentaria*, ed. M. Hayduck, Berlin 1891, 171, 4 f.). 이에 대한 평가에 대해서는 H. Bonitz, *Aristotelis Metaphysica*, 2 vol., Bonn 1848-9, p. 4 f. (다음부터는 '*Metaphysica* I'과 '*Metaphysica* II'로 줄여 인용한다)과 I. Düring, 위의 책, S. 592, Anm. 38을 참고하라.

2 Simplikios는 그의 주석(*In Aristotelis physicorum libros quattor priores commentaria*, ed. H. Diels, 2. vols, Berlin 1882-95, 9.1.17)에서 다음과 같이 말한다: "그들은(=페리파토스학파의 사람들은) 그것이 자연적인 것들을 넘어서 있는 것이라고 생각하기 때문에 '신학', '제일 철학', '메타 타 퓌지카'라고 부른다"(touto theologikon kai prōtēn philosophian kai meta ta physika kalousin hōs epekeina tōn physikōn tetagmenēn).

하기 때문에 아무렇게나 생겨났다고 볼 수는 없다고 말하면서, 그것을 단순히 편집 과정에서 생긴 용어로 받아들이기를 거부한다.[3] 한편 비교적 최근에 이루어진 연구들 가운데는 'ta meta ta physika'를 아리스토텔레스의 연구 방법과 결부시켜 이해하려는 시도도 있다. 우리에게 더 앞서는 것(proteron pros hēmas)을 출발점으로 삼아 본성적으로 더 앞서는 것(proteron tēi physei)으로 나아가야 한다는 것이 아리스토텔레스의 일반적 탐구 방법인데,[4] 이에 따르면 《형이상학》에서 다루는 것들은 본성적으로는 자연적인 것들에 앞서지만, 우리가 인식하는 순서에서는 자연적인 것들 뒤에 오기 때문에 'ta meta ta physika'라는 이름이 붙게 되었다는 말이다. 이런 주장을 내세우는 라이너(H. Reiner)는, 그 이름이 이미 아리스토텔레스 자신에게서 유래하는 것이거나 아니면 그와 가까운 시기에 살았던 로도스 출신의 에우데모스(Eudemos)가 사용한 것이라고 추정한다.[5]

사실 2000년이 지난 오늘의 시점에서 'ta meta ta physika'라는 이름이 어떤 과정에서 생겨났는지, 그것이 단순히 아리스토텔레스의

---

3 M. Heinze (Hrsg.), *Vorlesungen Kants über Metaphysik aus drei Semestern*, Leipzig 1894, S. 186 (=Abh. d. Sächs. Akad. d. Wissensch. XIV, Nr. VI, Phil.-hist. Klasse. S. 666).

4 《분석론 후서》 I 2, 71b 34 ff.와 《형이상학》 VII 3, 1029b 3 ff.를 참고하라. 아래에서는 《형이상학》의 구절을 인용할 때 권과 장만을 표시한다. 예컨대 'VII 3, 1029b 3'은 《형이상학》 VII권 3장의 구절을 가리킨다.

5 H. Reiner, 'Die Entstehung und ursprüngliche Bedeutung des Namens Metaphysik', in: F-P. Hager (Hrsg.), *Metaphysik und Theologie des Aristoteles*, Darmstadt 1979, S. 139-174.

저술 전체에서 《형이상학》이 차지하는 자리를 가리키는 용어에 지나지 않았는지 아니면 처음부터 그 이상의 어떤 철학적인 의미를 담고 있었는지를 판단하기란 쉬운 일이 아니다. 일반적인 의견을 따라 우리가 그것을 편집 과정에서 생긴 서지학 용어로 받아들인다고 하더라도, 어째서 편집자는 그 이름 아래 묶인 글들을 자연학에 관한 글들 앞에 두지 않고 뒤에 두었는지, 그 이유를 물을 수 있으며,[6] 이런 물음은 곧바로 'ta meta ta physika'의 철학적 의미에 대한 논쟁으로 이어질 수 있다. 이런 상황에서는 다양한 해석의 가능성을 열어두는 것이 우리가 취할 수 있는 최선의 태도가 될 듯하다. 다만 어떤 경우에든 'ta meta ta physika'의 유래와 의미를 둘러싼 논의와 관련해서 한 가지 점만은 분명하게 짚고 넘어가야 할 것 같다. 그것은 바로, 아리스토텔레스 저술의 연구 대상이 초월적인 것이기 때문에 그런 이름이 붙게 되었다고 보는 주장은 지나치게 과장된 것이라는 점이다. 앞에서 언급했듯이, 이런 입장은 아리스토텔레스의 《형이상학》을 플라톤 철학의 정신 속에서 이해하려고 했던 신플라톤주의자들이 내세운 것이었다. 이들은 《형이상학》에서 이루어지는 탐구가 플라톤의 변증법적 학문(dialektikē)과 본성이 같은 것으로 보면서, 그 둘 다 비물질적이고 가지적인 대상들, 즉 초자연적인 대상들을 연구의 대상으로 삼는다고 보았으며, 'ta meta ta physika'를 그런 초자연적·초월적 대상들에 대한 학문을 가리키는 용어로 이해했다. 이런 플라톤주의적 관념은 훗날 서양 철학사의 형이상학 수용사에 깊고 넓은 영

---

6   Düring, 앞의 책, S. 592, Anm. 38을 참고하라.

향을 미쳤을 뿐만 아니라 동양 문화권에서 서양 철학을 수용하는 과정에서도 지울 수 없는 깊은 자국을 남겼다. 우리가 사용하는 '형이상학(形而上學)'이라는 용어가 바로 그런 영향의 단적인 증거이다.

우리가 'ta meta ta physika' 또는 'metaphysica'에 대한 번역어로 사용하는 '형이상학'이라는 말이 언제 어떻게 쓰이기 시작했는지는 분명하지 않다. 하지만 그것이《노자주역왕필주(老子周易王弼注)》의 한 구절 "形而上者, 謂之道, 形而下者, 謂之器"의 '형이상자(形而上者)'에서 비롯된 것이라는 사실 정도는 짐작하기 어렵지 않다.[7] 추측컨대, '形而上學'이라는 말을 처음 쓴 사람은 그 말이 가리키는 철학 분야가 형체가 없는 것들, 즉 경험의 한계를 넘어서 있는 것들을 다루는 학문이라고 생각했던 것 같고, 그 뒤 '형이상학'이라는 말은 초자연적인 것에 대한 사변적 학문을 가리키는 일반적 용어로 굳어지게 되었다. '형이상학'이라는 말을 동양 문화권에서 처음으로 사용한 사람이 의식했는지 여부는 알 수 없지만, 그 말은 처음부터 플라톤주의적인 관념을 담고 있었던 것이다. 하지만 사실 아리스토텔레스의 저술 *ta meta ta physika*에서 연구되는 학문은 플라톤주의자들이 생각했던 것과 같은 초월적인 학문도 아니고 형이상자(形而上者)를 다루는 학문도 아니다. 물론 아리스토텔레스는《형이상학》에서 '탐구되는 학(zētoumēnē epistēmē)'(983a 21)을 일컬어 '지혜(sophia)', '제일 철학(prōtē philosophia)', '신학(theologikē)' 등의 이름으로 부른다.[8] 그리고 뒤의 두 명칭은 그 학문의 대상이 '부동의 분리된 실체

---

7   樓宇烈 校釋,《老子周易王弼注校釋》, 華正書局, 民國 72년, 555쪽.

(akinētos chōristē ousia)'라는 이유에서 붙인 것이다. 그런 만큼《형이상학》이 초자연적인 성격을 갖고 있음은 부정하기 어렵다. 하지만 이때 우리가 잊어서는 안 될 것은, 아리스토텔레스에게 있어 신은 있는 것들의 '첫째가는 가장 지배적인 원인(hē prōtē kai kyriōtatē aitia, 1064b 1)'으로서 탐구되며, 따라서 이 탐구는 첫째 원인들과 원리들, 특히 '있는 것으로서 있는 것의 첫째 원인들(prōtai aitiai tou ontos hēi on, 1003a 31)'을 다루는 보편적 존재론에 통합되어 있다는 사실이다.《형이상학》의 이 두 가지 성격, 즉 신학적 성격과 보편적 존재론의 성격이 서로 어떻게 조화를 이룰 수 있는지는 따로 따져보아야 할 문제이지만,《형이상학》에서 찾는 학문이 단순히 초월적인 것이 아님은 거기서 분명해진다.

---

8 VI 1, 1026a 15 ff.를 참고하라.

2. 《형이상학》의 내용

아리스토텔레스의 《형이상학》은 전체가 열네 권으로 이루어져 있다. 각 권은 글의 성격, 다루는 내용, 집필 시기가 저마다 달라서 지금까지 그것들 사이의 연관성을 놓고 연구자들 사이에 수많은 논란이 빚어져왔다. 그런 논란 내용에 대한 자세한 논의는 접어두고, 오늘날 편집된 순서대로 각 권의 내용을 소개하면 다음과 같다.[9]

《형이상학》의 I권(*A*)은 '지혜(sophia)'의 성격 규정과 선대 철학자들의 여러 학설에 대한 소개로 이루어져 있다. 여기서 아리스토텔레스는 '지혜'를 앎의 최고 단계에 올려놓으면서, 그것을 '있는 것 모두의 첫째 원인들에 대한 이론적인 학문'으로 규정하고(1-2장), 4원인설을 소개한 뒤(3장) 이 4원인설의 관점에서, 선대 철학자들의 학설들을 검토한다. 3장-5장은 소크라테스 이전의 자연 철학자들을, 6장에서는 플라톤의 이론을 소개한다. 그 뒤 8장과 9장에서는 각각 자연 철학자들과 플라톤을 비판한다.

---

9 Düring, 앞의 책, S. 592 f. Flashar, 앞의 책, S. 257-262의 내용 요약을 참고하라.

II권(α)은 조각글 형태로 남아 있는, 철학 연구에 대한 일반적 안내서이다. 이 글의 저자는―I권 2장에서 지혜의 몇 가지 특징들을 규정한 데 덧붙여―지혜를 '진리에 대한 이론(hē peri tēs alētheias theōria, 993a 30)'으로 규정하면서, 이런 관점에서 선대 철학자들의 이론적 기여를 평가하고 그들의 이론에 대한 역사적 연구가 필요함을 강조한다(1장). 2장에서는 첫째 원인들이 네 부류로 나눠진다는 주장을 통해 4원인설을 옹호하는 한편, 원인들에 대한 탐구가 무한히 진행될 수 없다는 논변을 펼친다. II권은 강의를 듣는 청중에 대한 권고로 끝을 맺는다(3장). "모든 것에서 수학적 엄밀성을 갖는 설명을 찾아서는 안 된다"(995a 14 ff.)고 저자는 말한다.

III권(B)은 제일 철학의 핵심적인 문제들을 아포리아의 형태로 소개한다. 이 권은 강의록이 아니라―뒤링의 표현을 빌면―'혼자 쓰기 위한 메모록(ein Memorandum für den eigenen Gebrauch)'이자 연구 계획서이다. 거기서는 여섯 장에 걸쳐 전체 15개의 문제들이 소개된다. 처음 네 문제는 탐구되는 학문으로서 형이상학에 관한 것이다. 그 탐구 대상에 해당하는 것은 실체(ousia)들뿐인가 아니면 그것들의 본질적 속성들도 그런가, 그 학문은 학문의 공리들, 모순율과 배중률을 탐구해야 하는가, 모든 종류의 실체가 탐구 대상인가 아니면 어떤 특정한 종류의 실체만이 탐구 대상인가, 실체들의 원인들 가운데 네 종류의 원인들을 모두 다루는가 아니면 어느 하나만을 다루는가 등의 문제가 처음 네 문제에 해당한다. 이어지는 11개의 문제는 실체들과 그것들의 원인들 및 원리들과 관련된 것이다. 감각적이고 운동하는 실체들 이외에 다른 실체들이 있는가, 감각적인 사물들 안에는 질료인 이외에 다른 어떤 원인, 즉 형상인도 들어 있는가, 원인과 원리들은 보편적인 것인가 아니면 개별적인 것들과 같은 방식으로 있는가 등의 문제가 5번째에서 15번째의 아포리아에 해당한다.

IV권(Γ)은 있는 것의 한 부류를 탐구하는 다른 개별 학문들에 맞세워 '있는 것으로서 있는 것(on hēi on)'을 탐구하는 학문의 존재를 천명하면서, 있는 것에 속하는 첫째 원인들을 파악해야 한다고 말한다(1장). 하지만 곧바로 2장에서는, '있는 것'은 여러 가지 말뜻으로 쓰이지만 모든 것은 실체와 관련해서 '있는 것'이라고 불린다는 이유를 들어 있는 것에 대한 탐구를 첫째로 있는 것, 즉 실체에 대한 탐구로 바꿔놓는다. 이어지는 장의 주제는 공리들(axiōmata)이다. 3장부터 6장에서는 '원리들 가운데 가장 확실한 것(bebaiotatē tōn archōn)'(1005b 11)인 모순율의 정당성을 논의하고, 그 정당성을 부정하는 사상가들, 특히 프로타고라스를 비판한다. 7장과 8장에서는 배중률을 옹호하고 그것을 부정하는 사람들을 비판한다.

V권(Δ)은 철학 용어 사전이다. 여기서는 전체 30장에 걸쳐 30개의 중요한 철학 용어들에 대해 설명하는데, 원리(archē), 원인(aition), 요소(stoicheion), 자연 또는 본성(physis), 있음(einai), 실체(ousia)와 같은 주요한 철학적 개념들이 그에 속한다. 저자는 여기서 각 개념의 다양한 의미와 그것들 사이의 연관성을 강조한다.

VI권(E)의 논의 주제는 제일 철학(prōtē philosophia)의 성격과 대상이다. 그 논의에 따르면 학문에는 세 가지 종류, 실천학(prak-tikē), 제작학(poiētikē), 이론학(theōrētikē)이 있고, 이론적인 학문은 다시 수학(mathēmatikē)과 자연학(physikē)과 신학(theologikē)으로

24

나뉜다. 그 가운데 '분리 가능하고 부동적인 것들(chōrista kai akinēta)'(1025b 16)을 대상으로 삼는 신학은 다른 이론적인 학문들에 앞서는 '제일 철학'이다. 하지만 제일 철학은 '첫째간다는 이유에서 보편적(katholou hoti prōtē)'(1026a 30)이며, 그런 이유에서 '있는 것을 있는 것으로서 사유하는 것' 또한 제일 철학의 몫으로 확인된다(1장). 이어지는 2장과 3장에서는 부수적인 것 또는 우연적인 것(ta symbebēkota)과 그것의 원인들이 논의되는데, 부수적인 존재는 학문적인 탐구의 고찰 대상에서 배제된다. 4장의 주제는 참과 거짓인데, 이것들 또한 대상 자체 안에 있는 것이 아니라 생각 속에 있는 것이라는 이유에서 있는 것에 대한 학문에서 배제된다.

이어지는 세 권(*Z*, *H*, *θ*)은 '실체에 대한 책들'로서 하나의 통일체를 이루고 있다. VII권(*Z*) 1장에서 아리스토텔레스는—실체에 대한 《범주론》의 논의를 되받아—실체(ousia)를 첫째가는 뜻에서 있는 것으로 내세운 뒤, "있는 것은 무엇인가?"라는 물음(ti to on)은 결국 "실체란 무엇인가?"라는 물음(tis hē ousia)으로 귀착한다고 말한다. 2장에서는 실체에 대한 선대 철학자들의 학설을 간단히 소개한 뒤, 3장부터 17장에 이르기까지 본격적으로 실체를 탐구한다. 일반적인 의견에 따라 '실체'의 네 가지 후보자가—본질(to ti ēn einai), 보편자(katholou), 류(genos), 기체(hypokeimenon)—자세히 검토된다. 먼저 3장에서는 실체가 '기체'라는 규정을 비판적으로 검토하면서, '기체' 개념은 무엇보다도 아무 내용도 없는 질료(hylē)에 합당한 것이기 때문에, 실체를 기체로 규정하는 것은 충분하지 않다고 말한다. 4장에서 12장까지는 본질이 다양한 측면에서 논의된다. 본질에 대한 일반적 논의들(4장-6장), 감각적인 사물의 생성 과정에서 본질의 지위(7장-9장), 본질과 정의의 관계(10장-12장) 등이 논의의 중심 주제이다. 보편자와 류를 함께 다루는 13장은 "보편자는 어떤 뜻에서도 실체가 아니다"는 테제를 내세우고, 뒤이어 플라톤의 이데아론을 비판한다(14장과 15장). 16장에서는 질료의 실체성을 검토하면서, 질료를 가능적인 뜻에서 실체라고 규정한다. 17장은 원인론의 관점에서 본질을 다루면서, 본질을 감각적 실체의 '존재의 원인(aition tou einai)'(1041b 27)이라고 부른다.

VII권에서는 주로 '각자의 실체(ousia hekastou)'라는 뜻의 실체를 논의 주제로 다루는 반면, VIII권에서는 감각적 실체(aisthētē ousia)의 구성 원리를 다룬다. 1장에서는 VII권의 논의를 요약한 다음 감각물의 구성 원리로서 질료를 내세워 그것을 기체라는 뜻에서의 실체이자 가능적인 것(dynamis)으로서 규정한다. 2장과 3장의 주제는 형상(eidos), 즉 현실적인 것(energeia)이라는 뜻에서 실체이다. 한편 아리스토텔레스는 4장에서 실체들을 규정할 때는 각자에게 가장 가까이 있는 원인들(engytata aitia)를 제시해야지, 불이나 흙과 같은 최종적인 원인들을 제시해서는 안 됨을 강조하면서, 뒤이어 5장에서는 생성과 소멸이 가능적인 것과 현실적인 것에 대해 갖는 관계를 다룬다. 6장은 VII권 12장의 논의와 관련된 것으로서 정의 및 정의 대상의 통일성을 다룬다. 이에 따르면 정의의 통일성은 정의의 두 요소인 류(genos)와 차이(diaphora)가 질료와 형상의 관계 또는 가능적인 것과 현실적인 것의 관계에 놓임으로써 가능한 것으로 드러난다.

가능적인 것(dynamis)과 현실적인 것(energeia)를 다루는 IX권 (θ)은 앞의 두 권의 존재론을 보완한다. 앞의 두 권에서 10개의 범주들, 특히 그 가운데 첫째가는 의미에서 있는 것인 실체를 중심점으로 삼아 있는 것을 탐구했다면, IX권에서는 가능한 것과 현실적인 것이라는 새로운 구분에 의거해서 있는 것을 다룬다. 처음 다섯 장의 주제는 능력이라는 뜻의 가능성(dynamis)이다. 능동적인 능력과 수동적인 능력의 구분(1장), 이성적인 능력과 비이성적인 능력의 구분(2장), 가능적인 것과 현실적인 것을 구분하지 않은 메가라 학파에 대한 비판(3장), '가능한', '불가능한', '거짓'이라는 개념에 대한 자세한 논의(4장), 타고난 능력과 습관 및 이성에 의해 습득된 능력의 구분(5장)이 다섯 장의 논의 주제이다. 6장에서는 현실적인 것을 가능적인 것과 구분하면서, 그 둘의 비교를 통해 현실적인 것에 대한 유비적 정의를 제시한다. 이어지는 7장에서는 어떤 것이 어떤 조건 아래서 다른 것이 될 수 있는 가능성을 갖게 되는지를 다룬 뒤, 8장에서는 현실적인 것이 가능적인 것에 대해 갖는 선행성을 논의한다. 로고스에서, 시간에서, 실체에서 현실적인 것은 가능적인 것보다 앞선다고 아리스토텔레스는 말하는데, 8장은 XII권의 신학적 논의를 시사하고 있다는 점에서 중요하다. 나머지 두 장에서는 현실적인 것이 가능적인 것에 대해 갖는 우위성(9장)과 현실적인 것과 참된 것의 관계(10장)가 논의된다.

X권(I)은 '있는 것(on)'과 '하나(hen)' 및 그 둘과 관련된 개념들, 예컨대 동일성(to auto), 차이성(to heteron), 유사성(to homoion), 대립성(ta enantia) 등에 대한 강의록이다. '하나'와 '있는

것'은 외연이 일치하기 때문에, '하나' 및 그와 상관된 개념들에 대한 탐구는 있는 것을 다루는 학문에 속한다는 생각이 그 바탕에 깔려 있다.

XI권(K)은 B, Γ, E, 《자연학》III권과 IV권에서 발췌한 글들을 엮은 편찬서이다. 뒤링의 추측에 따르면, 이 글은 아리스토텔레스가 죽은 뒤 그의 제일 철학에 대한 강의록을 보완하기 위한 목적에서 편집된 것이다. B권의 아포리아들, 제일 철학의 통일성과 대상, 모순율과 배중률, 있는 것으로서 있는 것을 다루는 학문이 논의거리이며, 뒤이어 자연 철학의 근본 개념들, 예컨대 원인과 본성, 원인, 우연(8장), 운동(9장), 무한자(10장), 변화와 운동(11장과 12장)에 대한 이론을 소개한다.

XII권($\varLambda$)은 실체, 특히 부동적이고 영원한 실체들을 주제로 다루는데, 있음과 운동의 원리들에 대한 '독립적이고 그 자체로서 완결된 강의록'(뒤링)이다. XII권의 앞부분(1장-5장)의 주요한 주장들은—그 내용에 있어서—《형이상학》VII권과 VIII권 및 《자연학》의 I권에 나오는 주장들과 일치한다. 다음과 같은 주장들이 전개된다. 형이상학은 있는 것들의 첫째 원인들을 고찰해야 한다. 그런데 첫째가는 뜻에서 있는 것은 실체이기 때문에, 있는 것에 대한 탐구는 결국 실체의 원인들을 고찰해야 한다. 실체에는 세 가지 종류가 있다. 감각적인 실체들 가운데는 가멸적인 것들과 불멸하는 것들이 있고, 셋째로 초감각적인 실체들이 있다. 이런 주장들을 앞세운 다음 3장까지 감각적 실체의 원리들이 고찰된다. 먼저는 질료(2장부터 1069b 32까지)가 논의되고, 뒤이어 형상에 대한 논의가 뒤따른다. 4장과 5장에서는 실체의 원리들과 다른 범주들의 원리들이 같은지 다른지의 문제가 제기되고, 그것들의 유비적 동일성이 주장된다. XII권의 나머지 다섯 장은 앞의 다섯 장과 뚜렷이 구별된다. 6장은 하나의 영원하고 부동적인 실체의 존재를 논증하는 일련의 주장들로 시작된다. 이런 종류의 실체가 있어야 하는 이유는 영원한 것, 즉 첫째 하늘의 운동이 있기 때문이다. 다시 말해서 영원한 운동이 있기 때문에 그것을 낳는 것이 있어야 하는데, 이것은 본질적으로 순수한 작용이고 현실적인 것(energeia)이어야 한다. 왜냐하면 그것이 가능적으로 있는 것에 불과하다면, 현실적으로 작용하지 않을 수도 있기 때문이다. 카오스, 밤, 만물의 혼재 상태를 모든 것의 시작으로 삼아 우주 생성론을 전개했던 앞 세대 철학자들에 맞서 아리스토텔레스는 현실적인 작용을 모든 것의 시작에 둔다. 7장에서는 현실적인 작용을 그 본질로 삼는 실체의 작용 방식을 다룬다. 그에 따르면 그것은 그 자체는 운동함이 없이, 사유 대상이자 욕구 대상으로서 운동을 낳는다. 다시 말해서 그것은 사유와 욕구를 낳는 최고선이며, 사랑받음으로써 운동을 낳는다. 그것은 또한 영원한 생이며, 순수한 사유이며, 순수한 행복이다. 이 점에서 아리스토텔레스는 신을 영원히 있는 완전한 생명체라고 믿는 일반적인 믿음을 근거 있는 것으로 본다. 따라서 우주론자들, 피타고라스학파, 스페우시포스가 생각했듯이 모든 것들의 시작은 불완전한 것이 아니라 완전한 것이다. 8장에서는 당대의 천문학 이론을 바탕으로 55개 또는 47개의 부동의 원동자들에 대한 이론을 소개한 뒤, 9장에서는 부동의 원동자의 존재를 사유 활동으로 규정하면서 이 신적인 사유 활동의 본성을 탐구한다. 신은 순수한 현실적 작용이자 완전한 것인 자기 자신을 인식할 뿐, 다른 어떤 것도 생각하지 않는다. 그것은 '사유의 사유' 또는 '사유 활동에 대한 사유 활동(noēsis noēseōs)'이다. 12권의 마지막 장에서 다루는 주제는 자연 세계 가운데 있는 선 또는 좋은 것(to agathon)이다. 6장과 7장이 아리스토텔레스 신학의 우주론적 측면을 담고 있다면, 10장은 그것의 목적론적 측면을 우리에게 보여준다. 세계의 선은 그 안에 내재된 질서 안에도 있지만, 궁극적으로는 그 질서의 원천인 신에게 있다. 세계 안에서 사물들은 한편으로는 하나의 목적을 지향점으로 삼아 서로 공동의 관계를 맺고 있지만, 다른 한편으로는 저마다 본성이 달라 그에 따라 다양한 방식으로 존재한다. 모든 것의 운동을 낳는 원리이자 모든 것이 지향하는 목적인 신은 하나의 원리로서 세계를 지배한다.

XIII권(M)과 XIV권(N)은 플라톤의 추종자들이 실체로 여긴 두 종류의 대상, 즉 수학적인 대상들과 플라톤의 이데아들에 대한 강의록이다. 1장부터 3장까지 수학적 대상들의 존재 방식에 대한 질문이 제기되고, 그것들은 감각적인 사물들 안에도 있지 않고 분리된 실체로서 있을 수도 없다는 대답이 제시된다. 4장과 5장에서는 이데아론의 발생에 대한 역사적 분석과 그 이론에 대한 비판이 수행된다. 나머지 장에서는 이데아들과 수들에 대한 여러 가지 견해들이 비판적으로 검토된다. XIV권에서도 플라톤주의자들의 이론에 대한 비판과 원리들과 수들에 대한 피타고라스학파의 이론에 대한 비판이 전개된다.

30

그 내용 전체를 훑어보기만 해도 곧바로 드러나듯이, 《형이상학》을 이루는 글들은 글의 성격과 내용이 천차만별이다. 뿐만 아니라 그 집필 시기도 다르다. 지난 세기 초반 베르너 애거(W. Jaeger)의 발전사적 연구[10] 이래 수많은 아리스토텔레스 연구자들이 각 부분들 사이의 시간적 선후 관계를 밝히는 일에 매달렸지만, 일반적으로 동의할 수 있는 결과에는 아직 이르지 못했다. 앞으로도 그런 결과에 이를 수 있을 가능성은 거의 없어 보인다.

시간적 관계를 확정하는 일보다 더욱 중요한 일은 《형이상학》을 이루는 여러 저술 사이의 내용적 연관성을 밝히는 일인데, 이 일 역시 쉽지 않다. 이 문제와 관련해서 오늘날 광범위하게 인정받는 한 가지 주장이 있다면, 그것은 《형이상학》은 하나의 완결된 저술이 아니라는 점이다. 뒤링은 "아리스토텔레스는 형이상학이라는 교과서를 쓴 적이 없다는 사실을 놓쳐서는 안 된다"고 잘라 말한다. 그리고 이런 견해를 피력한 뒤링 자신은 물론 다른 여러 연구자들도 《형이상학》을 서로 독립된 단행본들의 묶음이라고 생각한다.[11] 그렇다면 이 한 묶음의 단행본들을 꿰뚫는 중심 논의는 없는 것일까? 이 물음은 분명 한두 마디로 대답할 수 있는 성질의 것이 아니지만, 지금까지의 연구 성과를 토대로 삼아 우리는 대체로 다음의 몇 가지 점을 지적할

10 W. Jaeger, *Aristoteles. Grundlegung einer Geschichte seiner Entwicklung*, Berlin 1923 (=*Aristotle. Fundamentals of the History of his Development*, trans. R. Robinson, Oxford 1948).

11 Barnes의 표현을 빌리면 《형이상학》은 'a collection of essays'이다. Barnes(ed.), 앞의 책, p. 67.

수 있는 것이다.[12] 1) 대다수의 연구자들이 인정하듯이, 《형이상학》의 XII권은 가장 일찍 쓰인 글 가운데 하나이고, 본래 독립적으로 저술된 강의록이다. 그리고 이 강의록 때문에 우리는 《형이상학》의 신학적 성격을 말할 수 있다. 왜냐하면 아리스토텔레스는 여기서 감각적 실체들의 존재와 그 원인들을 다룬 뒤 그것들의 첫째 원인으로서 분리된 부동의 실체인 신을 이끌어 들여 그것의 본성과 작용을 탐구하기 때문이다. 2) X권과 XI권을 사이에 두고 XII권과 떨어져 있는 VII권-IX권은 하나의 통일체를 이루고 있는데, 이 부분은 《형이상학》에 속한 저술들 가운데 가장 나중 시기에 쓰인 것이라고 보는 것이 정설이다. (아니 가장 나중의 것이라고 단정할 수는 없다고 하더라도 그것들이 적어도 XII권보다 뒤늦게 쓰인 것이라는 데 의견을 달리하는 연구자들은 없다.) XII권의 신학적 연구를 아리스토텔레스 《형이상학》의 '갓돌(coping-stone)'[13]로 여기는 사람들은 VII권-IX권에서 이루어지는 실체에 대한 연구가 비물질적인 실체에 대한 신학적 연구를 위한 예비적인 연구라고 주장하지만, 이 주장이 모든 면에서 들어맞는 것은 아니다. 실체에 대한 연구가 궁극적으로 부동의 실체에 대한 연구로써 완결된다는 점에서는 분명 VII권-IX권은 XII권의 연구를 위한 예비적인 것이지만, 사실 이 '예비적인 연구'는 나중

---

12 Flashar, 앞의 책, S. 257을 참고하라.

13 W. D. Ross, *Aristotle's Metaphysics, a revised text with introd. and comm. I.II*, Oxford 1953(¹1924), p. cxxx. 다음부터는 각각 '*Metaphysics* I'과 '*Metaphysics* II'로 줄여 인용한다.

에 이루어진 것이고, 그 연구의 내용은 그것과 상관 있는 XII권 전반부의 연구 내용과 비교할 수 없을 정도로 복잡하고 정교하기 때문이다. 비유하자면, '갓돌(XII권)'이 먼저 만들어진 뒤 건물의 주요부(VII권-IX권)가 지어졌고, 나중에 이 건물 위에, 먼저 마련되어 있던 갓돌이 얹혔다고 보아야 할 것이다. 3) II권과 IV권을 제외한 처음의 네권(A, B, Γ, Δ)의 저술 시기를 잘라 말하기는 어렵지만, 아마도 XII권과 VII권-IX권의 저술 시기 사이로 잡을 수 있을 것이다. 여기서는 주로 《형이상학》의 대상을 밝히고 탐구해야 할 주요 문제들을 제시하는 데 치중하는데, XII권에서 이미 수행된 연구를 자료 삼아 그것을 확장해서 새롭게 '탐구되는 학문'의 성격, 규모와 내용을 확정하려는 의도로 저술된 것으로 보아도 크게 틀리지 않을 것이다.[14]

요컨대 《형이상학》을 하나의 완결된 저술로 볼 수는 없지만, 그럼에도 불구하고 '탐구되는 학문'의 성격을 논의하는 강의록들, 실체에 대한 강의록들, 신학적 연구가 《형이상학》 전체의 중심 축을 이루고 있다. 우리는 이제 이 중심 축을 따라가면서 《형이상학》에 담긴 '진리를 찾는 정신의 모험'[15]에 참여하려고 한다.

---

14 Ross, *Metaphysics* I, p. xviii.
15 같은 책, p. lxxvi.

II

존재론, 제일 철학, 신학

아리스토텔레스의 《형이상학》을 둘러싼 논란은 헤아릴 수 없이 많지만, 그 가운데 가장 오래되고 가장 기본적인 것은 그 저술의 주제를 둘러싼 논쟁일 것이다. 아리스토텔레스의 '형이상학'은 무엇인가? 《형이상학》이라는 편집서에서 아리스토텔레스가 수행하는 탐구의 내용은 어떤 것인가?[1]

《형이상학》에서 '탐구되는 학문(zētoumēnē epistēmē)'의 본성과 탐구 대상을 두고 논란이 거듭되는 이유는 그에 대한 아리스토텔레스 자신의 태도가 모호해 보이기 때문이다. 그는 그 문제에 대해 서로 어울릴 수 없어 보이는 두 개의 다른 주장을 내세운다.

1. 《형이상학》 IV권 1장에 따르면, '탐구되는 학문'은 있는 것의 원인들과 원리들에 대한 학문이다. 하지만 그것은 있는 것의 한 부류를 다루는 다른 개별 학문들과는 달리 '있는 것을 있는 것으로서(on hēi on)' 다루며, 그런 뜻에서 보편적 존재론이다. 이 보편적 존재론은 있는 것 모두에 공통적으로 속하는 가장 일반적인 것들과 원리들을 탐구한다.

2. 《형이상학》 VI권 1장에서는 '제일 철학(prōtē philosophia)'이라는 개념을 이끌어 들인다. 그것은 감각 세계를 넘어선 부동적인 존재 영역에 대한 학문으로서, 자연학이나 수학과 달리, '분리된 것들 (chōrista)', 즉 다른 것에 의존하지 않는 것이자 '부동적인 것들 (akinēta)'을 대상으로 하는 신학(theologikē)이다. 그리고 이 학문은

---

1   이에 대한 비교적 최근의 논의로는 Barnes (ed.), 앞의 책, p. 68을 참고하라.

제일 철학으로서 "첫째간다는 이유에서 보편적"이라고 아리스토텔레스는 말하면서, "있는 것을 있는 것으로서 사유하는 것이나 있는 것과 있는 것 자체에 속하는 것들이 무엇인지 사유하는 것도 그 학문이 할 일이다"고 덧붙인다.

형이상학의 이런 양면성, 보편적 존재론의 성격과 신학적 성격은 전통적으로 '일반 형이상학(metaphysica generalis)'와 '특수 형이상학(metaphsica specialis)'라는 이름으로 불리면서 오랫동안 불안한 동거 관계를 유지해왔지만, 19세기 말부터는 그 둘 사이의 공존 불가능성을 지적하는 목소리가 높아졌다. 몇몇 연구자들은 형이상학의 신학적인 성격을 내세우는 주장을 담은 부분들을―《형이상학》VI권 1장과 XI권 7장―삭제하려고 했는가 하면, 이에 맞서 애거는 1923년에 나온 그의 기념적인 저술[2]에서 그 두 규정을 아리스토텔레스 사상의 두 발전 단계를 보여주는 것으로 가정함으로써 둘 사이의 모순을 피하려고 했다. 형이상학에 대한 신학적 규정이나 《형이상학》XII권의 연구는 감각적인 영역과 초감각적인 영역을 엄격하게 분리하는 경향을 띤 '신학적이고-플라톤적인' 기획을 보여주는 반면, 둘째 규정은 '보다 아리스토텔레스적인' 발전 단계를 보여주며, 통일성을 갖

---

2 W. Jaeger, *Studien zur Entstehungsgeschichte der Metaphysik des Aristoteles*, Berlin 1912. 애거의 '발전사적인 연구'는 훗날 *Aristoteles. Grundlegung einer Geschichte seiner Entwicklung*, Berlin 1923 (*Aristotle. Fundamentals of the History of his Development*, trans. R. Robinson, Oxford 1948)에서 아리스토텔레스 철학 전체로 확대 적용되었다.

춘 하나의 거대한 구조물을 보여준다는 이론을 애거는 내세웠다.

애거가 발전사의 관점에서 형이상학의 두 측면 사이에 놓인 모순을 해소하려고 애쓴 반면, 그 뒤의 연구들은 모순과 불일치점을 폭로하는 방향으로 치달은 감이 없지 않다. 대표적인 몇 가지 견해들을 소개하면 다음과 같다.[3]

1) 모저(S. Moser)의 견해 : on hēi on에 대한 학문은 보편적인 존재에 대한 학문인데, 그 까닭은 있음은 개념적으로 가장 높은 수준의 보편자이기 때문이다. 신학은 어떤 특정한 뜻에서 있는 것, 신적인 것에 대한 학문이다. 아리스토텔레스는 제일 철학에 대한 정의 가운데서 그 둘 사이의 대립을 조절하거나 지양할 수 없었다.

2) 멜란(P. Merlan)의 견해 : 일반 형이상학(metaphysica generalis), 즉 있는 것 모두에 속하는 가장 보편적인 속성들을 규정함을 그 과제로 삼는 학문은 아리스토텔레스에겐 없다. on hēi on이라는 어구가 가리키는 것은 추상적인 보편자가 아니라 '분리된 것(chōriston)'과 똑같은 것, 즉 지성의 대상인 '부동적인' 신적 존재 영역이다.

3) 뒤링(I. Düring)의 견해 : on hēi on과 첫째 실체(prōtē ousia)는 동의어이며, 아리스토텔레스는 있음(Existenz)을 표현하려는 의도로 그런 말들을 사용한다. 반면 '부동적인 어떤 실체(tis ousia akinētos)'는 (XII권에서 그렇듯이) 운동을 벗어난 신적인 실체(ousia)=

---

3 아래의 내용은 Düring, 앞의 책, S. 595와 Flashar, 앞의 책, S. 376 f.에 요약된 내용을 다시 정리한 것이다.

첫째 부동의 원동자(to prōton kinoun akinēton)를 가리킨다. 아리스토텔레스는 VI권 1장에서 이 두 규정을 조화시키려고 하는데, 이것은 일종의 '타협(Kompromisse)'이다.[4]

4) 망시옹(A. Mansion)의 견해 : on hēi on이라는 개념은 prōtē ousia라는 개념과 같은 것일 수 없다. on hēi on은 추상적인 보편자, 즉 katholou인데 반해, prōtē ousia는 보편자가 아니라 개별적인 것이다. 제일 철학은 '첫째 부동의 원동자(prōton kinoun akinēton)'을 다루는 신학이지, '형이상학'이 아니다. 그것 이외에 '최고의 철학(la philosohphie suprême)'으로서, 있는 것의 구조들을 연구하는 있는 것에 대한 학문이 있다. 이것이 형이상학의 주된 내용이다.

5) 오방크(P. Aubenque)의 견해 : 형이상학 안에 들어 있는 두 개의 사유 과정은 내적인 불일치를 간직한 것으로서 아리스토텔레스 사상의 아포리아적 구조의 표현이자 '형이상학의 탐구적 성격'의 표현이다. 아리스토텔레스는 '제일 철학'에 대한 물음(출발점이 되는 문제)에 대한 대답을 시도했고 마침내는 존재에 대한 학문에 도달했다(통일성의 문제). "신학의 불가능성이 존재론의 현실성이다." '탐구되는 학문'이 탐구의 철학이 됨으로써, '창조적인 실패' 가운데서 존재의 변증법적인 구조와 존재가 갖는 아포리아들에 대한 대답의 불가능성이 노출된다.

오늘날, 아리스토텔레스 형이상학의 두 성격, 즉 보편적 존재론의 성격과 신학의 성격이 양립될 수 있다고 믿는 연구자들은 거의 없

---

4 Düring, 같은 책, S. 599.

는 형편이다. 그러나 정말로 그 둘 사이에 그런 메울 수 없는 틈새가 놓여 있다면, 아리스토텔레스 자신은 그것을 의식하지 못했는가? 그 문제에 대해 아리스토텔레스 자신은 VI권 1장의 마지막 부분에서 이렇게 말한다(1026a 23-32).

어떤 사람은, 제일 철학(prōtē philosophia)이 보편적인지(katholou) 아니면 어느 한 부류, 즉 하나의 자연물에 대한 것인지 의문을 가질 수도 있을 것이다(……). 그런데 만일 자연적으로 이루어진 실체들과 떨어져서 다른 어떤 실체가 있지 않다면, 자연학이 제일 학문이 되겠지만, 만일 어떤 부동의 실체가 있다면, 이것에 대한 학문이 (자연학에—옮긴이) 앞서고 제일 철학이 될 터이니, 그것은 첫째간다는 이유에서 보편적이기도 하다. 있는 것을 있는 것으로서 사유하는 것이나 있는 것과 있는 것 자체에 속하는 것들이 무엇인지 사유하는 것도 그 학문이 할 일이다.

아리스토텔레스는 이 구절에서 신적인 실체를 다루는 제일 철학이 동시에 보편적 존재론일 수 있는가라는 물음을 제기한다. 그리고 신학인 제일 철학은 '첫째가는 것이기 때문에 보편적'이기도 하다고 말한다. 아리스토텔레스의 이런 주장은 '난외 주석'(얘거), '타협'(뒤링) 또는 난감함의 표현 등의 말로써, 그 가치가 폄하되었다. 비교적 최근에 쓰인 글에서 반즈(J. Barnes)는 위에서 인용한 구절을 두고 "이 논변은 타당하지 않다"고 잘라 말한다.[5] 하지만 이런 평가들을

---

5 Barnes, 앞의 책, p. 109.

받아들이기에 앞서, 먼저 아리스토텔레스의 주장에 담긴 뜻, 아리스토텔레스 자신이 보는 보편적 존재론과 신학의 내적 연관성은 어디에 있는지에 대해 숙고해보는 것이 올바른 순서일 것이다. 그리고 귀를 열어 아리스토텔레스의 주장을 받아들인다면, 거기서 우리는 분명한 탐구 원칙을 읽어낼 수 있다. 이를 위해 VI권 1장의 진술을 IV권 2장, 1005a 13-18의 진술과 함께 읽어보자.

> 그러므로 있는 것들을 있는 것으로서(ta onta hēi onta) 이론적으로 다루는 것은 한 학문의 과제임이 분명하다 ―그러나 어디에서나 학문은 주로 첫째가는 것(prōton)을 다루며, 다른 것들은 그것에 의존해 있고 또 그것에 의해 그 이름을 얻는다. 그런데 만일 실체가 그에 해당하는 것이라면, 철학자는 마땅히 실체들의 원리들과 원인들을 소유해야 할 것이다.

아리스토텔레스는 '탐구되는 학문'으로서, 있는 것들을 있음의 관점에서 다루는 보편적 존재론을 계획한다. 그런데 있는 것들은 서로 다른 여러 가지 뜻에서 '있다'라고 불리면서도, 그것들은 모두 첫째가는 뜻에서 있는 것, 즉 실체의 관계에 따라 '있다'라고 불리며, 바로 이런 연관성, 이른바 '하나와의 관계(pros-hen)'로 말미암아 있는 것에 대한 탐구에서는 실체에 대한 탐구가 중심이 된다.[6] 보편적

---

6   이에 대한 고전적인 연구로는 J. Owens, *The Doctrine of Being in the Aristotelian Metaphysics*, Toronto 1978 (¹1951), 특히 116 ff.과 G.E.L.

존재론이 실체론이 되는 이유는 거기 있다. 한편, 있는 것들 사이에 있는, 하나와의 관계와 비슷한 관계가 실체들 사이에도 존재한다. 말하자면 실체들은 여러 종류가 있지만,[7] 그것들은 모두 하나의 실체, 즉 신적인 실체와 관계를 맺고 있다. 따라서 어디에서나 학문이 주로 첫째가는 것을 다룬다면, 실체에 대한 학문은 첫째 실체인 신에 대한 학문이 될 수밖에 없다. 보편적 존재론은 실체론으로, 실체론은 신학으로 이어지며, 거꾸로 신학은 다른 모든 실체들의 근거로서 부동의 실체를 다룸으로써 모든 실체를 다루고, 궁극적으로는 다시 실체를 다룸으로써 실체에 의존해서 있는 것 모두를 다룬다.

보편적 존재론과 신학 사이에 놓인 이런 종류의 통일성이 바로 아리스토텔레스가 생각했던 통일성이다. 'pros-hen'에 의거해서 보편적 존재론과 신학의 통일성을 이해하려고 시도한 파찌히(G. Patzig)는 이렇게 말한다 : "아리스토텔레스의 입장에서 보면 보편적 존재론인 '제일 철학'과 신학으로서 신의 본성만을 연구하는 '제일 철학' 사이에는 아무런 심각한 모순도 놓여 있지 않다. 제일 철학은……신학, 그 본성상 동시에 일반적인 존재론일 수도 있는 종류의 신학이다."[8] 우리는 VI권 1장의 말미에서 아리스토텔레스 자신이

Owen, 'Logic and Metaphysics in Some Earler Works of Aristotle', in: J. Barnes, M. Schofield and R. Sorabji (edd.) *Articles on Aristotle 3. Metaphysics*, London 1979, p. 24 ff.를 보라.

7   XII 6, 1071b 3 ff.와 그 구절에 대한 각주를 참고하라.

8   G. Patzig, 'Theologie und Ontologie in der "Metaphysik" des Aristoteles', *Kant-Studien*, Bd. 52, 1960/1, S. 192 (= 'Theology and

제시하는 논변과 그것을 지지하는 해석가들[9]의 풀이에 의거해서, 아리스토텔레스 《형이상학》은 이를테면 '선택과 집중의 방법론적 원칙'에 그 내적 통일성의 토대를 두고 있다고 말할 수 있을 것이다. 그 내용은 간단히 다음과 같이 줄여 말할 수 있다. 아리스토텔레스는 있는 것을 모두 다루려고 한다. 하지만 있는 것은 모두 첫째로 있는 것, 즉 실체에 의존해서 있기 때문에, 그는 첫째로 있는 것을 '선택'해서 거기에 존재론적인 탐구를 '집중'한다. 한편, 모든 실체들은 다시 첫째 실체인 '부동의 실체'이자 신에 의존해서 있기 때문에, 아리스토텔레스는 이 실체를 '선택'해서 여기에 실체론적 탐구를 '집중'한다. 이렇듯 '선택과 집중의 방법론적 원칙'에 따른 탐구를 통해 신학을 자신의 일부로 포섭하는 보편적 존재론 또는 보편적 존재론을 자신의 계기로 삼는 신학이 성립한다.[10]

우리는 보편적 존재론과 신학의 이런 내적 연관성을 《형이상학》의 I권, IV권, VII권의 논의에서 읽어낼 수 있다. 아리스토텔레스가 마련한 존재론과 신학의 연관성을 따져보는 것은 형이상학의 과거와 현재를 비교하면서 우리 시대의 형이상학 개념의 특징을 규정하는 데도 이바지할 수 있을 것이다.[11]

Ontology in Aristotle's Metaphysics', in: J. Barnes, M. Schofield and R. Sorabji (edd.), 앞의 책, p. 45).

9 Flashar, 앞의 책, S. 377을 참고하라.

10 이에 대한 가장 최근의 논의로는 M. Frede and D. Charles (edd.), *Aristotle's Metaphysics. Lamda. Symposium Aristotelicum*, Oxford 2000, p. 8 f.를 참고하라.

1. 지혜: 보편적인 첫째 원인과
원리들에 대한 앎

《형이상학》I권 1장-2장

"모든 사람은 본성적으로 알기를 원한다."

아리스토텔레스의 《형이상학》은 인간의 본성에 내재한 인식 욕구를 천명하는 말로 시작한다. 이 말에 이끌려 전개되는 《형이상학》 I권 전체의 논의는 두 부분으로 나뉜다. 첫째 부분(1장과 2장)에서 아리스토텔레스는 앎의 여러 단계를 구분하면서 이와 결부시켜 《형이상학》에서 찾는 '지혜' 또는 '탐구되는 학문'의 본성을 '첫째 원인들과 원리들에 대한 앎'으로 규정하고, 두 번째 부분(3장-10장)에서는 앞 세대 철학자들의 이론들을 검토한다.

아리스토텔레스는 여러 감각, 특히 시각에서 얻는 즐거움을 증거 삼아 인간의 본성에 인식 욕구가 깃들어 있음을 강조하면서, 앎을 네 단계로 구분한다. 첫 단계는 모든 동물이 공유하는 감각(aisthēsis)이

---

11 M. J. Loux (ed.), *Metaphysics. Contemporary Readings*, London-New York 2001의 목차 및 내용과 비교해보라. 그러면 아리스토텔레스의 형이상학 개념에 의거했던 전통 형이상학과 우리 시대 형이상학의 방향이 어떻게 다른지 한눈에 들어올 것이다. '형이상학' 개념을 비교하는 것은 과거와 오늘의 세계상을 비교하는 일로서도 그 뜻이 작지 않다.

다. 어떤 동물들의 경우 감각으로부터 기억(mnēmē)이 생기는데, 물론 기억력이 있는 동물들은 그렇지 못한 동물들보다 분별력과 학습 능력이 뛰어나다. 기억의 다음 단계인 경험(empeiria)은 사람에게 국한된 것이다. 경험은 똑같은 사실에 대한 여러 차례의 기억에서 생겨난다. 경험보다 더 높은 단계의 앎은 학문적인 인식(epistēmē)과 기술(technē)이다. 이것들은 경험을 통해 얻은 여러 관념들로부터 비슷한 것들에 대해 하나의 보편적인 관념이나 판단이 형성될 때 생기는데, 경험과 기술의 차이를 아리스토텔레스는 병 치료의 경우를 예로 들어 설명한다. 예컨대 소크라테스나 칼리아스와 같은 개별적인 경우에 이런저런 치료가 통했다고 판단하는 것은 경험에 속하는 일이지만, 보편적인 관점에서 체질의 형태를 분류하고 그에 맞는 치료가 어떤 것인지를 판단하는 것은 기술, 즉 의술의 몫이다.

이렇게 앎의 단계들을 구분한 뒤 아리스토텔레스는 경험에 대한 기술과 학문적 인식의 우위성을 내세우는 쪽으로 말머리를 돌린다. 981a 12 ff.의 논의에 따르면, 경험과 기술의 차이는 실행 능력의 유무에 놓여 있는 것이 아니다. 실행(prattein)의 관점에서 보면, 경험 없이 이론만을 갖추고 있는 사람들보다는 오히려 유경험자들이 일을 더 잘 한다. 하지만 그럼에도 불구하고 사람들이 일반적으로 기술을 경험보다 높이 평가하고, 기술자를 유경험자보다 더욱 지혜로운 사람으로 여긴다면, 그 이유는 앎의 내용이 다르기 때문이다. 말하자면 유경험자들은 사실(hoti)을 알 뿐이지만, 기술자들은 이유(dioti)와 원인(aitia)을 안다. 뿐만 아니라 아는 자와 알지 못하는 자를 가리는 기준은 가르칠 수 있는 능력의 유무에 있는데, 이 능력을 잣대 삼아 비교해보더라도 유경험자보다는 기술자가 더 뛰어나다. 이런 차이는 손노동자와 건축가를 비교해보면 분명해지는데, 손노동자들은 일은 하지만 자기가 하는 일이 무엇인지를 모르는 데 반해, 건축가는 이론적 지식을 갖춘 상태에서 자기가 하는 일을 설명할 줄 안다. 이런 비교에 이어지는 981b 13 ff.의 논의는 기술의 발생에 대한 약사(略史)로서 우리의 흥미를 끈다. 아리스토텔레스는 기술을 크게 두 종류로 가르는데, 그 하나는 필요(anankaia) 때문에 생겨난 것이고, 다른 하나는 여가 활동(diagōgē)을 위해서 생겨난 것이다. 이 가운데 뒤의 부류에 속하는 기술들이 발견된 것은 즐거움이나 필요에 매인 인식들이 마련되고 난 뒤의 일이다. 아리스토텔레스는, 여가를 누릴 수 있었던 제사장들에 의해 이집트에서 수학적인 기술이 생겨난 것을 그런 발견의 한 사례로 꼽는다.

앎의 단계 구분이나 기술적인 앎의 본성 및 발생에 대한 《형이상학》 I권 1장의 서술 뒤에 놓인 아리스토텔레스의 의도는 분명하다. 기술이나 학문적 인식이 원인과 원리를 다루듯이, 《형이상학》의 탐구 대상인 '지혜' 역시 '어떤 원인들과 원리들에 대한 학문적 인식'임을 주장하려는 것이 그의 의도이다. 그런 뜻에서 그는 1장의 논점을 이렇게 간추린다(981b 28 f.): "지혜라고 불리는 것은 원인들(prōta aitia)과 원리들(archai)에 관한 것이라고 누구나 생각한다." 이런 진술에 뒤이어 2장에서는 지혜에 대한 더욱 자세한 논의가 펼쳐진다.

다른 주제를 다룰 때도 그렇듯이, 아리스토텔레스는 지혜 또는 지혜로운 자에 대한 일반적 견해를 실마리로 삼아 지혜의 본성을 규정한다. 그가 소개하는 일반적인 견해에 따르면, 지혜는 다음과 같은 몇 가지 특징을 갖는다. (i) 지혜로운 자는 모든 것에 대해 자세히 알지는 못한다고 하더라도 가능한 한 모든 것을 안다. (ii) 지혜로운 사람은 어렵고 알기 쉽지 않은 것을 알 수 있는 능력을 갖춘 사람이다. (iii) 그는 더 엄밀한 것들에 대해 알고, (iv) 원인들에 대해 가르치는 능력이 뛰어난 사람이 더 지혜롭고, (v) 학문적 인식은 여럿이지만, 그 가운데 자기 목적적이요 앎 자체를 목적으로 선택된 것이 파생적인 결과들을 목적으로 삼는 인식보다 지혜에 더 가깝다. (vi) 더 지배적인 자리에 있는 것이 종속적인 것보다 지혜에 더 가까운데, 그 이유는 지혜로운 자는 지시를 받지 않고 지시를 내리기 때문이다.

이런 여섯 가지 특징을 실마리로 삼아 아리스토텔레스는 지혜를 '가장 보편적인 인식'이자 '첫째 원인들과 원리들에 대한 이론적인 학문'으로 정의하면서, 위에서 열거한 특징들과 결부시켜 그 정의의 내용을 풀이한다. 모든 것을 안다는 지혜의 특징은 지혜가 결국 가장 보편적인 인식임을 말한다. 어려운 것을 아는 능력 역시 가장 보편적 인식에 속하는 것이다. 왜냐하면 가장 보편적인 것들은 사람들이 공통적으로 가지고 있는 감각으로부터 가장 멀리 떨어져 있어서 알기 어렵기 때문이다. 한편, 지혜가 갖는 다른 특징들, 즉 엄밀성, 가르칠 수 있는 능력, 자기 목적성 및 앎 자체를 위한 학문으로서의 성격, 지혜의 지배적 위치—이것들은 모두 '첫째 원인들과 원리들'을 다루는 학문에 속하는 특징들로 아리스토텔레스는 간주한다. 이 학문은 적은 수의 원리들을 다루기 때문에 엄밀하고, 원인들을 가르치고, 다른 모든 것에 대한 앎의 기초가 되는 가장 탁월한 인식의 대상을 다루는 만큼 자기 목적적일 수 있다. 또한 각 행동의 목적이나 자연 전체의 선(agathon)은 첫째 원인들에 포함되는 것이기 때문에, 그런 원인들에 대한 인식은 다른 학문들보다 앞자리를 차지한다.

이어지는 982b 11 ff.에서 아리스토텔레스는 앞 부분에서 거론하지 않았던 지혜의 이론적 성격과 신학적 성격을 들추어낸다. 그는 먼저, 첫째 원인들과 원리들에 대한 학문이 제작에 관한 것이 아님을 강조한다. 가장 먼저 철학을 했던 사람들을 보면 알 수 있듯이, 철학의 시작은 개별적인 자연 현상들(예컨대 일식이나 월식)이나 자연 세계 전체의 생성에 대한 놀라움(thaumezein)이며, 그런 것들에 대한 무지를 피하기 위해서 철학이 생겨난 것이지 어떤 필요 때문에 생겨난 것이 아니라고 아리스토텔레스는 말한다. 삶에 필요한 것들과 여가를 위한 것들이 마련되고 난 뒤에 그런 인식을 추구하기 시작했다는 사실을 그는 그런 주장의 증거로 끌어들인다. 한편, 아리스토텔레스는 그런 인식이 사람의 일이 아니라 신의 특권이라는 시인들의 말을 '거짓말'이라고 단호히 내친다. 그에 따르면 지혜는 어떤 학문보다도 존귀한 것이며, 두 가지 뜻에서 신적인 것이다. 첫째로는 그것은 신이 소유하기에 마땅한 것이라는 뜻에서 그렇고, 둘째로는 그것이 다루는 것들이 신적인 것들이라는 뜻에서 그렇다. '신은 모든 것을 주재하는 원인들 가운데 하나이며 어떤 원리'이기 때문에, 첫째 원인들과 원리들을 다루는 학문의 대상이 된다. 이 주장은 《형이상학》에서 '탐구되는 학문'이 보편적인 학문이면서 동시에 신학이기도 하다는 VI권의 주장과 일치한다. 아리스토텔레스는 우리가 신적인 학문을 소유할 때 최초의 놀라움의 상태는 그와 반대되는 상태로 반전된다고 말한다.

48

지금까지의 논의를 통해 보면, 아리스토텔레스가 왜 이어지는 3장부터 10장에서 앞 세대 철학자들의 이론을 다루는지 그 이유를 쉽게 짐작할 수 있다. 선행 이론들에 대한 검토는 《형이상학》에서 '탐구되는 학문'이 찾아야 할 첫째 원인들과 원리들이 어떤 것인지를 밝히기 위한 준비 작업인 셈이다.[12]

《형이상학》 I권 1장, 980a 21-982a 3

지혜는 최고 단계의 앎: 1. 앎(eidenai)을 추구하는 인간의 본성. 2. 앎의 여러 단계: (a) 감각(aisthēsis), (b) 기억(mnēmē), (c) 경험(empeiria), (d) 학문적 인식(epistēmē)과 기술(technē). 3. 경험에 대한 기술과 학문적 인식의 우위성: (a) 개별적인 경우에는 경험이 유용할 수 있다고 하더라도 그렇다. (b) 지

---

12 3장의 서두는 이렇다: "그런데 학문적인 인식(epistēmē)이 출발점 구실을 하는 원인들을 포착해야 한다는 것은 분명한데—왜냐하면 우리는 첫째 원인을 안다고 생각할 때, 각 대상을 안다고 말하기 때문이다—원인들에는 네 가지 종류가 있다. 그 가운데 한 가지 원인은 실체(ousia)와 본질이고 (왜냐하면 '왜' 물음은 마지막 로고스로 소급되는데, 그 첫째 '왜'는 원인이요 원리이기 때문이다), 다른 원인은 질료이자 기체이며, 셋째 원인은 운동의 출발점이며, 넷째 것은 그것에 반대되는 자리에 있는 것, 곧 목적과 선이다(이것은 모든 생성과 운동의 끝(telos. 목적)이기 때문이다). 그것들에 대해서는 자연학 저술에서 충분히 이야기되었지만, 우리보다 앞서, 있는 것들(ta onta)을 탐구하면서 진리(alētheia)에 대한 철학적 사유를 펼쳤던 사람들을 취해보기로 하자."

혜(sophia)는 원인들에 대한 앎이라는 점에서 기술보다 우위에 있다. 4. 필요에 매어 있는 학문들과 순수 학문들. 순수 학문으로서 지혜. 5. 맺음말: 여러 원인과 원리에 대한 학문적 인식으로서의 지혜

〔980a〕 (1.) 모든 사람은 본성적으로 알기를 원한다. 여러 감각에서 얻는 즐거움이 그 증거인데, 사람들은 필요와 상관없이 그 자체로서 감각을 즐기고 다른 감관보다 특히 눈을 통한 감각을 즐기기 때문이다. 왜냐하면 우리는 행동하기 위해서뿐만 아니라 아무 〔25〕 행동의도가 없을 때에도―사람들 말대로―만사를 제쳐두고 보기를 선택하기 때문이다. 그 이유는, 여러 감각 가운데 그것은 우리가 지식을 얻는 데 가장 큰 구실을 하고 수많은 차이들을 보여준다는 데 있다.[13]

(2.a) 생명체들은 본성적으로 감각을 갖고 대어나지만, (b) 그들 가운데 일부의 경우에는 감각으로부터 기억이 생겨나지 않는 반면 일부의 경우에는 생겨난다.[14] 〔980b〕 그리고 그 때문에 뒤의 경우에 해당

---

13 《감각에 대하여(De sensu)》 1, 437a 5 ff.에서는 이와 관련해서 다음과 같이 말한다. "모든 물체는 색깔을 가지고 있는 까닭에 시각 능력은 우리에게 여러 종류의 수많은 차이점들을 전달해주며, 그 결과 우리는 그것을 통해서 공통적인 것들을 가장 잘 지각할 수 있다. 내가 말하는 공통적인 것들이란 크기, 형태, 운동, 수를 말한다……."

14 감각에서 시작해서 기억과 경험을 거쳐 학문적 인식으로 나아가는 앎의 발전 단계에 대해서는 《분석론 후서(An. post.)》 II 19, 99b 34 ff.를 함께 참고하라.

하는 생명체들은 기억 능력이 없는 것들보다 분별력과 학습력이 더 뛰어난데, 소리를 들을 능력이 없는 것들은 분별은 하지만 배움을 얻지는 못하고(예를 들어 벌들과 그런 종류의 다른 생명체들[15]이 그렇다), 〔25〕기억에 덧붙여 청각 능력이 있는 것들은 배움을 얻는다. 사람을 제외한 다른 생명체들은 심상이나 기억에 의존해 살아가지만[16], 경험[17]은 별로 없다. 반면 인간 종족은 기술과 추론[18]을 이용해서 살아간다. 인간의 경우에는 기억으로부터 경험이 생겨나는데, 그 까닭은 같은 일에 대한 여러 차례의 기억은 〔981a〕하나의 경험 능력을 만들어내기 때문이다. 그리고 경험은 학문적인 인식이나 기술과 거의 비슷해 보이지만, (d) 사실 학문적인 인식과 기술은 경험의 결과로서 사람들에게 생겨나는데[19], 그 까닭은 폴로스가 말하듯 경험은 기

---

15 개미가 이런 예에 해당한다. 《동물의 부분에 대하여(De part. an.)》 II 4, 650b 26을 참고하라.

16 《기억에 대하여(De memoria)》 1, 415a 14 f.의 정의에 따르면, 기억이란 심상(心像, phantasma)을 가지면서 그와 동시에 그것이 어떤 대상에 대한 상(像)임을 의식하는 상태를 말한다.

17 여기서 말하는 경험(empeiria)은 물론 근대 영국 경험론에서 말하는 감각 경험이 아니다. 아리스토텔레스가 말하는 경험은 어떤 개별적인 사태에 대한 기억을 통해 현재의 사태를 판단하고 처리할 수 있는 능력을 뜻한다. 《분석론 후서》 I 19, 100a 4f.에 따르면, '동일한 것에 대한 잦은 기억으로부터 경험이 생긴다'. 우리말로는 '숙련'이라고도 옮길 수 있을 것이다. Ross, *Metaphysics* I, p. 116을 참고하라.

18 원문의 'logiosmoi'를 Bonitz와 Ross는 각각 'Überlegung'과 'reasonings'라고 옮긴다.

19 지금 문맥에서 아리스토텔레스는 기술과 학문적 인식을 엄밀하게 구별하지

술을 만들어내지만, [5] 무경험은 우연적 결과(tychē)를 낳기 때문이다.[20] 기술은, 경험을 통해 안에 쌓인 여러 관념들로부터 비슷한 것들에 대해 하나의 일반적인 관념[21]이 생겨날 때 생긴다. 그 이유는 이렇다: 이러저러한 병을 앓는 칼리아스에게 이러저러한 치료가 통했고 소크라테스를 비롯한 여러 개인들의 경우에도 그랬다는 판단을 갖는 것은 경험에 속하는 일이다. [10] 그에 반해 종(eidos)에 따라 하나로 분류되는 체질을 가진 모든 사람들이 어떤 질병을 앓고 있을 때, [[예컨대 점액 체질의 사람들이나 담즙액 체질의 사람들이 몸에 열이 날 때]], 이러저러한 치료가 통했다고 판단하는 것은 기술에 속하는 일이다.

(3.a) 그런데 실행(to prattein)과 관련해서 보면, 경험은 기술과 별 차이가 없어 보이며, 오히려 우리는 유경험자들이 [15] 경험 없이 이론(logos)을 갖추고 있는 사람들보다 일을 더 능숙하게 처리하는 것을 보게 된다(그 까닭은, 경험은 개별적인 것(kath' hekaston)에 대한 앎이지만, 기술은 보편적인 것(katholou)에 대한 앎이요, 모든 실

않은 채, 그 둘을 경험과 비교한다. 그 둘의 차이에 대해서는 981b 25 ff.에서 언급된다.

20 플라톤, 《고르기아스(Gorgias)》 448C를 참고하라.

21 원문의 'hypolepsis'는 어떤 대상에 대한 긍정 또는 부정의 판단을 내릴 때 그 배경에 놓여 있는 일반적인 이해 방식, 견해, 판단을 뜻한다. 그것은 (i) 주관적인 생각(doxa)과 (ii) 객관적이고 학문적인 인식(epistēmē) 및 실천적인 지혜(phronēsis)를 모두 포괄하는 개념이다. 《영혼론》 III 3, 427b 24 f.를 참고하라.

행과 생성은 개별적인 것과 관계하기 때문이다. 말하자면 의사는—
부수적인 뜻에서가 아니라면—사람을 치료하는 것이 아니라 칼리아
스, 소크라테스 또는 [20] 그렇게 일컬어지는 것들 가운데 어떤 것,
곧 사람임(anthrōpōi einai)이 속하는 것을 치료한다.[22] 그래서 만일
어떤 사람이 경험 없이 이론만 갖고 있다면, 그는 보편적인 것은 알
겠지만 그 안에 포섭되는 개별적인 것은 알지 못해서, 치료를 할 때
자주 잘못을 범하게 되는데, 치료받아야 할 것은 개별적인 사람이기
때문에 그렇다). (b) 하지만 그럼에도 불구하고 우리는 앎(eidenai)
과 전문적인 지식(epaiein)이 [25] 경험보다 기술에 더 많이 속한다
고 생각하며, 기술자들이 유경험자들보다 더 지혜롭다고 상정하는
데, 지혜는 어떤 경우에든 앎의 동반자라는 이유에서 그렇게 생각한
다. 그 까닭은 앞의 사람들은 원인을 알지만, 뒤의 사람들은 그렇지
않기 때문이다. 왜냐하면 유경험자들은 사실(hoti)은 알지만 이유
(dioti)를 알지 못하는 반면, 다른 사람들[23]은 이유와 [30] 원인(aitia)
을 알기 때문이다. 그러므로 우리는 일꾼들[24]보다는 건축가들이 각각

---

22 의사가 치료하는 것은 한 사람의 개인, 예컨대 칼리아스나 소크라테스이다.
    그런데 칼리아스나 소크라테스는 사람이다. 그런 뜻에서 소크라테스를 치
    료하는 의사는 부수적인 뜻에서(kata symbebēkos) 사람을 치료하는 셈이
    다. "소크라테스는 사람이다"는 그리스 어에서 "Sōkratei symbebēke to
    anthrōpōi einai(소크라테스에게는 사람임이 속한다)"의 형태로 표현되기
    때문에, 소크라테스나 칼리아스를 가리켜 'hōi symbebēken anthrōpōi
    einai(사람임이 속하는 것)'라는 표현을 쓸 수 있다.
23 기술자들을 가리킨다.

의 일에 대해서 더 권위가 있고 더 많이 알고 〔981b〕 더 지혜롭다고 생각하는데, 그 이유는 이들은 제작되는 것들의 원인들을 알고 있기 때문이다. 〔〔반면 다른 사람들²⁵은 몇몇 무생물과 같아서, 일은 하지만 자기가 무엇을 하는지 모르는 채 일을 하는데, 예를 들어 불이 타오르는 것이 그렇다―그런데 무생물들은 어떤 본성(physis)에 의해서 저마다 작용을 하지만, 일꾼들은 〔5〕 습관(ēthos)에 의해서 일을 한다.〕〕 건축가들이 더 지혜롭다고 생각하는 것은, 실행 능력이 있기 때문이 아니라 그들이 이론(logos)을 갖고 원인들을 알기 때문이다. 일반적으로 아는 자와 알지 못하는 자를 가리는 징표는 가르칠 수 있는 능력의 유무에 있으며, 이런 이유 때문에 우리는 경험보다 기술을 더 높은 수준의 학문적 인식으로 여기는데, 기술자들은 가르칠 수 있는 능력이 있지만, 유경험자들은 그렇지 않기 때문이다. 〔10〕 더욱이 우리는 여러 감각 가운데 어떤 것도 지혜로 여기지 않는데, 분명 그것들은 개별자들에 대해서는 더 없이 중요한 지식들이지만, 그 어떤 것에 대해서도 그것이 왜 그렇게 있는지 말해주지 않으니, 그것이 알려주는 것은 예컨대 불이 뜨거운 이유가 아니라 불이 뜨겁다는 사실이다.

(4.) 그렇다면 그 종류를 가릴 것 없이, 공통적인 감각들²⁶과 동

---

24 원문의 'cheirotechnai'는 본래 전문적인 지식 없이 몸으로 일하는 '손노동자들'을 말한다.

25 일꾼들을 가리킨다.

26 원문의 'koinas aisthēseis'는 여러 감각에 공통된 '공통 감각들'(예컨대 크기나 수에 대한 감각)이 아니라 단순히 모든 사람들이 공통적으로 갖는 있

떨어진 어떤 기술을 맨 처음 발견한 사람은, 〔15〕 발견된 것들 가운데 어떤 것이 쓸모 있다는 이유에서뿐만 아니라 그가 지혜롭고 다른 사람들과 다르다는 이유에서도 사람들의 놀라움을 샀을 것이다. 하지만 다양한 기술이 발견되었고 그 가운데 어떤 것들은 필요(anankaia) 때문에, 어떤 것들은 여가의 삶(diagōgē)을 위해서 있으니, 우리는 언제나 뒤의 기술들을 발견한 사람들이 앞의 기술들을 발견한 사람들보다 더 지혜롭다고 생각하는데[27], 그 이유는 그들이 가진 여러 가지 인식은 〔20〕 유용한 쓰임(chrēsis)을 위한 것이 아니기 때문이다. 그러므로 그런 종류의 모든 발견이 이미 이루어지고 난 뒤, 즐거움(hēdonē)이나 필요, 그 어느 것에도 매이지 않는 학문들이 발견되었으니, 그 일은 사람들이 여가를 누렸던 여러 곳에서 가장 먼저 일어났다. 그러므로 이집트 지역에서 수학적인 기술들이 맨 처음 자리잡았으니[28], 그곳에서는 〔25〕 제사장 가문이 여가의 삶을 허락받았기 때문이다.

(5.) 〔〔기술과 학문적 인식과 그와 같은 종류의 다른 것들 사이의 차이가 무엇인지는 윤리학 저술에서 밝힌 바 있지만,[29] 지금 우리 설명의 논점은 다음과 같다 : 지혜라고 불리는 것은 원인들(prōta aitia)

는 감각들을 가리킨다. 앞의 982a 11 f.를 참고하라.

27 A^{b}를 따라 'hypolambanomen'으로 읽었다.

28 플라톤, 《파이드로스(Phaedrus)》 274C와 헤로도토스의 《역사(Historiae)》 II 109를 참고하라.

29 실천적 지혜(phronēsis), 지혜(sophia), 이성(nous) 등에 대해서는 《니코마코스 윤리학》 VI 3, 1139b 14-41b 8을 참고하라.

과 원리들(archai)에 관한 것이라고 누구나 생각한다.)) 그러므로, 앞서 말했듯이, [30] 유경험자는 어떤 종류의 것이든 감각을 가지고 있는 사람들보다 더 지혜롭고, 기술자는 유경험자들보다 더 지혜로우며(건축가는 일꾼들보다 더 지혜롭다), [982a] 이론적인 지식들은 실천적인 것들보다 더 지혜롭다는 것이 일반적인 견해이다. 그러므로 지혜는 어떤 원리들과 원인들에 대한 학문적인 인식임이 분명하다.

《형이상학》 I권 2장, 982a 3-983a 23

지혜가 알려고 하는 원인들은 첫째 원인들이다: 1. 일반적으로 인정되는, 지혜로운 자(sophos)의 여섯 가지 특징. 2. 이 모든 특징들을 갖는 것은 가장 보편적이고 첫째가는 원인들 및 원리들에 대한 앎이다. 3. 지혜의 다른 특징들: (a) 지혜는 이론적이며 자유롭고, (b) 신적이다. 4. 놀라움은 지혜의 시작. 5. 요약

(1.) 우리는 이런 학문을 찾고 있기 때문에, 어떤 종류의 원인들과 어떤 종류의 원리들에 대한 학문이 지혜인지 [5] 따져보아야 할 것이다. 지혜로운 사람에 대해 우리가 가지고 있는 일반적 관념들(hypolēpseis)을 취해보면, 그로부터 사태가 금방 더 분명해질 수 있을 것이다. (i) 먼저 지혜로운 자는 모든 것 하나하나에 대해 학문적 인식을 갖고 있지는 않지만 가능한 한 모든 것을 안다고 우리는 생각한다. [10] (ii) 다음, 어렵고 사람이 알기 쉽지 않은 것을 알 수 있는 능력을 갖춘 사람, 이런 사람이 지혜로운데, 그 까닭은 감각은 모든

사람에게 공통된 것이어서, 감각을 갖는 것은 쉬운 일이요 결코 지혜로운 일이 아니기 때문이다. (iii) 또한 어떤 학문 분야에서나 더 엄밀하고, (iv) 원인들에 대해 가르치는 능력이 더 뛰어난 사람이 더 지혜롭고, (v) 학문들 가운데 [15] 자기 목적적이요 앎을 목적으로 선택된 것은 파생적인 결과들을 겨냥한 것보다 지혜에 더 가까우며, (vi) 더 지배하는 자리에 있는 것이 종속된 것보다 지혜에 더 가까우니, 그 까닭은 지혜로운 자는 지시를 받는 것이 아니라 지시를 내리고 다른 사람의 말을 따르는 것이 아니라 지혜가 부족한 사람이 그의 말을 따르기 때문이다.

[20] (2.) 우리는 이런 종류의 여러 가지 관념들을 지혜와 지혜로운 자들에 대해 갖고 있다. 그런데 그 가운데 모든 것을 안다는 특징은 불가불, 보편적인 학문(katholou epistēmē)을 가장 탁월하게 소유한 사람에게 속해야 하는데, 그 까닭은 이 사람은 어떤 방식으로든 그것에 속하는 것을 모두 알기 때문이다.[30] 하지만 이것들, 즉 가장 [25] 보편적인 것들(ta malista katholou)은 일반적으로 사람들이 알기에 가장 어려우니, 그 까닭은 그것들은 감각들로부터 가장 멀리 떨어져 있기 때문이다. 주로 첫째가는 것들(ta prōta)을 다루는 학문들

---

30 보편적인 것에 대한 학문적 인식을 가진 사람은 그 보편자에 속하는 것을 모두 안다. 그런 뜻에서 보면, 가장 보편적인 것을 아는 사람은 가능한 한 모든 것을 아는 사람이다. 그렇다면 가장 보편적인 것은 무엇인가? 모든 것은 '있다'. 따라서 '있음(einai)' 또는 '있다(esti)'는 모든 것에 속하는 가장 보편적인 것이다(1030a 21). 그래서 가능한 한 모든 것을 알려고 하는 지혜는 있는 것에 대한 탐구, 존재론이 된다.

이 학문들 가운데 가장 엄밀한 것이니, 그 까닭은 적은 수의 원리를 전제로 삼는 것들은 부가적인 설명들을 필요로 하는 것들보다 더 엄밀하기 때문인데, 이를테면 산술이 기하학보다 더 엄밀하다. 또한 가르치는 능력에서 보면, 원인들에 대한 이론적 학문[31]이 상대적으로 더 많이 그런 능력을 갖는데, 그 까닭은 [30] 각 대상에 대해 원인들을 말해주는 사람들이 가르침을 베풀기 때문이다. 그것들을 겨냥한 앎과 인식 활동은 가장 높은 수준의 인식 대상(malista episteton)에 대한 학문에 속하는 것인데, 그 까닭은 그 자체를 목적으로 삼아 인식 활동을 선택한 사람은 [982b] 최고의 인식을 가장 뛰어난 방식으로 선택할 것이니, 가장 높은 수준의 인식 대상에 대한 학문적 인식이 바로 그런 종류의 인식이다. 한편, 첫째가는 것들(ta prota)과 원인들(aitia)이 가장 높은 수준의 인식 대상인데, 그 까닭은 바로 이것들에 의거해서, 그리고 바로 이것들을 출발점으로 삼아 다른 것들이 알려지는 것이지, 그것들 밑에 있는 것들(ta hypokeimena)에 의해 그것들이 알려지는 것은 아니기 때문이다. 또한 각 행동의 목적을 아

---

31 원문은 he ton aition theoretike이다. 그리스어 'theorein'은 본래 한 나라의 사절(theoros)의 참관 활동을 가리키는데, 우리말로는 '구경', '관찰', '관상', '관망', '관조' 등의 말로 옮길 수 있다. 아리스토텔레스는 인간의 활동을 세 가지로 구분하여 theoria, praxis, poiesis로 나누는데, 이것들은 각각 순수 학문의 이론적 활동, 정치적 행동을 비롯한 실천적 활동, 어떤 것을 만들어내는 제작 활동에 해당한다. 'theorein'을 보통 '관조(觀照)'라는 말로 옮기곤 하지만, 여기서는 그 의미에 따라 '이론적인 활동' 또는 '관조 활동'이라고 옮긴다.

는 학문은 학문들 가운데 가장 앞선 자리에 있고 〔5〕 그에 예속된 학문보다 더 앞서는데, 그런 목적은 각자에게 좋은 것(善)이요, 전체적으로 보아 자연 전체 속에는 최선의 것(to ariston)이 자리잡고 있다. 그러므로 지금까지의 논의 전체로부터 따라 나오는 바, 우리가 찾는 이름은 하나의 동일한 학문에 붙는 것이니, 그 까닭은 그것은 바로 첫째 원리들과 원인들에 대한 이론적인 학문이어야 하기 때문이다. 〔10〕 왜냐하면 선과 목적은 원인들 가운데 하나이기 때문이다.

(3.a) 그것이 제작에 관한 학문(poiētikē)이 아님은 맨 처음 철학을 했던 사람들의 경우를 보면 분명해진다. 지금이나 시작 단계에서나 사람들은 놀라움(thaumazein) 때문에 철학을 하기 시작했으니, 처음에는 눈앞의 갖가지 기이한 현상들에 대해 놀랐고 그 뒤에는 조금씩 앞으로 나가면서 〔15〕 더 중요한 것들에 대해 난관에 봉착했는데, 예를 들어 달 위의 현상들, 태양과 별들 주변에서 벌어지는 현상들, 세계 전체의 생성이 그런 것들에 해당한다.[32] 난관에 부딪혀 놀라움에 사로잡힌 사람은 자기가 무지하다고 생각한다(이런 이유에서 보면 신화를 사랑하는 사람도 어떤 뜻에서는 지혜를 사랑하는 사람인데,[33] 그 까닭은 신화는 놀라운 사건들로 꾸며지기 때문이다). 그러

---

[32] 이 보고에서는 그리스 철학의 두 가지 중요한 출발점이 언급된다. 하나는 일식이나 월식 같은 개별적 천문 현상을 설명하려는 욕구이고, 다른 하나는 우주 전체의 생성에 대한 우주론적 관심이다.

[33] 원문의 'philomytos'와 'philosophos'를 각각 '신화를 사랑하는 사람'과 '지혜를 사랑하는 사람'으로 옮겼다.

므로 [20] 무지를 피하기 위해서 사람들이 철학을 시작했다면, 앎 때문에 학문 활동을 추구한 것이지 어떤 편리를 위해서 그런 것이 아님이 분명하다. 다음과 같은 사실이 이를 증거한다. 말하자면 삶에 필요한 것들과 편리함과 여가 활동을 위한 것들이 거의 모두 마련되고 난 뒤에 그런 종류의 인식(phronēsis)이 추구되기 시작했던 것이다. 그러므로 분명 [25] 우리는 다른 어떤 편리를 얻기 위해 그것을 추구하는 것이 아니다. 다른 어떤 사람을 위해서가 아니라 자기 자신을 위해서 사는 사람이 자유로운 사람이듯이, 오로지 그런 인식만이 여러 학문 가운데 자유로운 것이라고 우리는 말한다. 왜냐하면 그것만이 유일하게 자기 자신을 위해서 있기 때문이다.[34] (b) 그런 까닭에 그런 인식을 소유함이 사람의 일이 아니라고 생각할 수도 있을 것이다. 왜냐하면 [30] 사람들의 본성은 예속적이기 때문이다. 그렇다면 시모니데스가 말하듯이 "오직 신만이 그런 특권을 가질 수 있을 것이다".[35] 그에 반해 자신에게 어울리는 학문을 찾지 않음은 사람에게 가치 있는 일이 아닐 것이다. 실제로 시인들의 말에 무언가 뜻이 있고 [983a] 신적인 존재(to theion)가 본성적으로 질투심이 있다면, 그 점은 그 일에도 해당될 것이고 그런 인식에서 남보다 뛰어난 사람들은 불행한 자일 가능성이 매우 크다. 하지만 신적인 존재는 질투할 수 없고, 속담대로 "노래꾼들은 거짓말을 많이 한다". 다른 어떤 학문도 그것보다 더 존귀한 것으로 여겨서는 안 된다. [5] 왜냐하면 가장 신

---

34 플라톤,《국가(Respublica)》, 499A와 536E를 참고하라.

35 플라톤,《프로타고라스(Protagoras)》 341E와 344C를 참고하라.

적인 것은 가장 존귀하기도 하기 때문이다. 오로지 그 학문만이 두 가지 뜻에서 그런 성질을 가질 것이니, 그 까닭은 그것은 여러 학문 가운데 신적인 것이기 때문인데, 그것은 한편으로는 신이 소유하기에 가장 마땅하다는 이유에서 그렇고, 다른 한편으로는 신적인 것들에 관한 것이라는 이유에서 그렇다. 오직 그 학문만이 이 두 가지 특징을 함께 갖는데, 그 이유는 신은 모든 것을 주재하는 원인들 가운데 하나이며 어떤 원리이기 때문이니, 바로 그런 학문은 [10] 신이 혼자서 또는 가장 탁월하게 소유할 것이다. 필요성을 따지자면 어떤 학문도 그것보다 더 필요하지만, 그것보다 더 좋은 것은 없다.

(4.) 하지만 그런 지식의 획득은, 어떤 뜻에서 우리의 시작 단계의 탐구들과 반대되는 상태로 귀결되어야 한다. 그 이유는 이렇다. 앞서 말했듯이, 자동 인형이나[36] 태양의 회전이나 대각선의 측정 불가능성―어떤 것을 가장 작은 수로써도 잴 수 없다면, 이는 〈그 원인을 한번도 [15] 생각해보지 않은〉 사람 누구에게나 놀라움(thaumazein)을 낳는다―과 같은 사태를 대할 때 그렇듯이, 모든 사람은 사물들의 존재 방식에 대한 놀라움에서 탐구를 시작하지만, 마지막에는 그것과 반대되는 것과―속담에서 말하듯―더 좋은 것이 결과로 따라 나오는데, 위에서 말한 사례들의 경우 우리는 앎을 얻을 때 그런 상태에 도달한다. [20] 대각선이 측정 가능하게 될 때만큼 기하학자를 놀라게 할 일은 없을 것이기 때문이다.

---

36 원문의 구절 "katha per <peri> tōn thaumatōn tautomata…"을 옮기면서는 Bonitz의 추정을 따랐다. Bonitz, *Metaphysica* II, p. 56

(5.) 지금까지 탐구되는 학문의 본성(hē physis tēs epistēmēs tēs zētoumenēs)이 어떤 것이고, 그 탐구와 방법 전체가 도달해야 할 목표점이 어떤 것인지를 이야기했다.

2. 있는 것을 있는 것으로서 탐구하는 학문

《형이상학》 IV권 1장-2장(부분)

《형이상학》 IV권 1장에서 아리스토텔레스는 '있는 것을 있는 것으로서(on hēi on) 그리고 그것에 그 자체로서(kath′ hauto) 속하는 것들을 이론적으로 연구하는 학문'에 대해 말한다. 아리스토텔레스는 이 학문과 다른 개별 학문들 사이의 차이를 다루는 대상의 차이에서 찾는다. 수학적인 학문들을 비롯한 다른 개별 학문들은 있는 것 가운데 특정한 종류의 것을 떼어내어 그것을 탐구 주제로 삼는 반면, '있는 것을 있는 것으로서' 다루는 학문은 '있는 것을 있음의 관점에서 보편적으로 탐구'한다. 원인들과 원리들에 대한 앎이 지혜의 징표라는 I권의 주장에 잇대어, 있음의 관점에서 볼 때 있는 것에 속하는 '첫째 원인들'을 파악해야 한다고 아리스토텔레스는 말한다.

그렇다면 아리스토텔레스가 '탐구되는 학문'의 대상으로 내세우는 on hēi on은 무엇인가?

적지 않은 수의 사람들은 'on hēi on'이라는 표현을 특별한 뜻을 가진 것으로 받아들였다. 대표적인 경우가 멜란인데, 그에 따르면, 'on hēi on'은 '운동에서 벗어난(akinētos) 존재 영역'을 가리키며, 따라서 on hēi on을 다루는 학문은 동시에 신학이다.[37] 하지만 반즈가 적절하게 반박하듯이, 그 표현은 '추상적인 것도 심오한 것'도 아니고 '어떤 특별한 종류의 존재'를 가리키는 것도 아니다.[38] 형이상학이 on hēi on을 다룬다고 함은 단순히 다음과 같은 뜻에서 이해할 수 있다. 예컨대 생물학, 심리학, 사회학 등은 모두 똑같이 사람을 대상으로 삼는다. 하지만 어떤 뜻에서 보면 그 세 학문이 다루는 대상은 서로 다르다. 생물학은 생물체**로서** 사람을 다루고, 심리학은 심리적 활동의 주체**로서** 사람을 다루며, 사회학은 사회적 존재**로서** 사람을 다룬다. 있는 것에 대해서도 같은 말을 할 수 있다. 없는 것을 다루는 학문은 없으며, 그런 뜻에서 모든 학문의 대상은 있는 것이다. 하지만 있는 것을 어떤 관점에서 다루는가에 따라, 예컨대 있는 것을 양적인 것**으로서** 다루는가, 아니면 있는 것을 운동체**로서** 다루는가에 따라 수학이나 자연학이 나뉜다. on hēi on에 대한 학문은 있는 것을 다루되, 그것을 다만 있는 것**으로서**, 즉 있는 것을 있음의 관점에서 다루는 학문이다. 그리고 그런 점에서 그것은 있는 것 전체를 다루는 보편적인 학문이 될 수 있다. 수학적인 학문이나 자연학과 같은 개별 학문은 특정한 방식으로 있는 것만을 다루고 그렇지 않은 것들은 탐구 영역에서 배제하지만, 있는 것을 오로지 있음의 관점에서 다루는 학문은 어떤 것도 자신의 탐구 영역에서 제외하지 않기 때문이다.

---

37 P. Merlan, 'Metaphysik: Name und Gegenstand', in: F.-P. Hager (Hrsg.), 앞의 책, S. 255.
38 J. Barnes, *Aristotle*, Oxford 1982, p. 25.

하지만 도대체 있는 것 전체를 다루는 학문은 어떻게 가능한가? 다른 모든 학문은 어떤 특정한 부류의 있는 것을 다루고 거기서 학문의 통일성을 확보한다면, 있는 것 전체를 다루는 학문은 어떻게 하나의 학문이 될 수 있는가?

《형이상학》Ⅳ권 2장 첫머리의 주장은 바로 그런 물음에 대한 아리스토텔레스의 답변이다. "'있는 것'은 여러 가지 말뜻으로 쓰이지만, 하나와의 관계에 따라서(pros hen), 즉 어떤 하나의 자연적인 것과의 관계에 따라서 쓰이는 것이지 동음이의어(同音異義語)가 아니다." 예컨대 '건강한' 또는 '건강에 좋은'이라는 말을 예로 들어보자. 약초, 얼굴빛, 몸에 대해 우리는 '건강한'이라는 말을 쓸 수 있지만, 그 뜻은 저마다 다르다. 약초는 건강을 만들어낸다는 뜻에서 '건강한' 것이고, 건강한 얼굴빛은 건강의 징후라는 뜻에서 '건강한' 것이고, 건강한 몸은 건강의 수용체라는 뜻에서 '건강한' 것이다. 그런데 '건강한'이라는 말은 이렇게 여러 가지 뜻으로 쓰이지만, 그렇다고 해서 소리만 같고 뜻은 전혀 다른 동음이의어가 아니라 모두 '건강'과 관련되어 쓰인다. '있는 것'의 경우도 이와 마찬가지이다. 성질도 있고, 크기도 있고, 어떤 상태도 있고 장소도 있다. 있는 것은 이렇듯 여러 범주들(katēgoriai)로 나뉘며, 각 범주에 속하는 것들은 그것의 저마다 그 있음의 내용이 다르지만, '건강한 것'이 모두 '건강'과 관련해서 쓰이듯이, 다른 범주에 속해 있는 것들은 모두 하나, 즉 실체(ousia)와의 관계에 따라서 쓰인다. 이를테면 하양이라는 성질은 어떤 하양 실체의 성질이며, 170cm의 크기는 그런 크기를 갖는 실체의 크기이며, 걷고 있는 상태는 걷는 사람의 상태이다.

있는 것의 유비적 관계(pros hen)는 '아리스토텔레스의 천재적인 발견'[39]임에 틀림없다. 그는 이 관계를 포착함으로써, 파르메니데스나 플라톤처럼 있는 것을 하나의 류(genos)나 보편자로 여기지 않으면서도 동시에 있는 것에 대한 하나의 통일된 학문의 가능성을 마련할 수 있게 되기 때문이다. 그리고 그런 유비적 관계는 있는 것에 대한 하나의 학문이 성립할 가능성을 보장할 뿐만 아니라 그 학문의 방식까지 함께 규정한다. 즉 '건강한 것'들을 다루는 의학의 주된 대상이 '건강'이듯이, 있는 것들을 있음의 관점에서 다루는 존재론의 주된 대상은 실체가 되고, 그에 따라 있는 것의 원인들과 원리들에 대한 학문은 무엇보다도 '실체의 원리들과 원인들'에 대한 학문으로 규정된다. 1003b 15-19의 말은 바로 그런 학문관의 분명한 표현이다: "그러므로 있는 것들을 있는 것으로서(ta onta hēi onta)[40] 이론적으로 다루는 것은 한 학문의 과제임이 분명하다 —그러나 어디에서나 학문은 주로 첫째가는 것(prōton)을 다루며, 다른 것들은 그것에 의존해 있고 또 그것에 의해 그 이름을 얻는다. 그런데 만일 실체가 그에 해당하는 것이라면, 철학자는 마땅히 실체들의 원리들과 원인들을 소유해야 할 것이다."

---

39 H. Seidl, *Aristotle's Metaphysik* I, Hamburg 1989, S. 340.

40 원문의 'ta onta hēi onta'는 '있는 것들을 있음의 관점에서' 또는 '있는 것들을 있는 것들로서'라고 옮길 수 있다. Ross는 "...it is the work of one science also to study the things that are, *qua* being"으로 옮겼다.

《형이상학》 IV권 1장, 1003a 21-32

1. 있는 것을 있는 것으로서(on hēi on) 탐구하는 학문이 있다. 2. 원리들과 원인들에 대한 학문은 있음의 측면에서 볼 때 있는 것에 속하는 첫째 원인들을 탐구해야 한다.

(1.) 있는 것을 있는 것으로서[41] 그리고 그것에 그 자체로서 속하는 것들을 이론적으로 연구하는 학문이 있다. 하지만 그것은 이른바 개별 학문들 가운데 어느 것과도 같지 않은데, 그 까닭은 다른 학문들 가운데 어떤 것도 있는 것을 있는 것으로서 보편적으로 탐구하지는 않기 때문이다. 그런 학문들은 있는 것의 한 부분을 [25] 떼어내어 그것에 부수적으로 속하는 것[42]을 이론적으로 연구하는데, 이를테면

---

41 원문의 'on hēi on'을 Bonitz와 Ross는 각각 'das Seinde als solches'와 'being qua being'으로 옮겼다. 여기서는 '있는 것인 한에서 있는 것', '있는 것을 있는 것으로서', '있는 것을 있음의 관점에서'라고 풀어 옮긴다.

42 IV 30, 1025a 4-34에서 아리스토텔레스는 '부수적인 것(symbebēkos)'의 두 가지 뜻을 나눈다. 그에 따르면 1) '어떤 것에 속하고 참인 술어가 되지만, 필연적으로 그런 것도 대다수의 경우에 그런 것도 아닌 것'이 '부수적인 것'이다. 예를 들어 어떤 사람이 땅을 파다가 보물을 발견한다면, 보물의 발견은 땅파기에 '부수적'으로 속하는데, 이때 '부수적'이라는 말은 '우연적'이라는 말과 뜻이 같다. 하지만 2) '어떤 것에 그 자체로서 속하긴 하지만 그렇다고 해서 그것의 실체(본질, ousia) 안에 속해 있지는 않은 것'을 일컬어 '부수적인 것'이라고 부르기도 한다. 예를 들어 "삼각형의 내각의 합이 180도이다"라고 말한다면, 180도에 해당하는 내각의 합은 우연적인 뜻에서

수학적인 학문들이 그렇다.[43] (2.) 우리는 원리들과 가장 궁극적인 원인들을 찾고 있기 때문에, 이런 것들은 반드시 어떤 자연적인 것 (physis)에 그 자체로서 속해야 함이 분명하다. 그래서 만일 [30] 있는 것들의 요소들(stoicheia)을 찾았던 사람들이 찾은 것이 바로 그런 원리들이라면, 그 요소들은 반드시 있는 것에 속하되, 부수적인 방식 (kata symbebēkos)에서가 아니라, 그것이 있는 것인 한에서(hēi on) 속해야 한다. 그러므로 우리는 있는 것으로서 있는 것에 속하는 첫째 원인들을 파악해야 한다.

《형이상학》 IV권 2장(부분), 1003a 33-b 19

있는 것(on)의 종류와 실체를 중심으로 한 통일성: 1. 있는 것은 모두 하나와 관계를 맺고 있다. (a) 있는 것의 다양한 의미. 그것들과 첫째가는 뜻에서 있는 것

가 아니라 그 자체로서 삼각형에 속하는 것이지만, 그렇다고 해서 그것이 삼각형의 본질에 속하는 것은 아니다. 따라서 이런 두 번째 뜻에서 '부수적인 것'은 어떤 대상의 본질에 속하지 않으면서, 본질에 '따라붙는 것' 또는 본질로부터 '따라나오는 것'을 말한다. VI 1, 1025b 14에 대한 각주를 참고하라.

43 모든 학문은 있는 것을 다룬다. 하지만 예컨대 수학적인 학문은 있는 것을 다루되, 오직 양적인 측정 가능성이나 연장성의 측면에서(hēi posa kai synechē, 1061a 34 f.) 다룰 뿐이며, 그런 점에서 있는 것을 그 자체로서 탐구하지는 않는다. 있는 것을 운동성의 측면에서(hēi kinēseōs metechei, 1061b 7) 다루는 자연학의 경우도 마찬가지이다.

사이의 관계. (b) 있는 것은 이런 관계를 통해서 통일성을 가지며, 그것은 (c) 단일한 학문의 대상이 된다.

(1.a) '있는 것'은 여러 가지 말뜻으로 쓰이지만,[44] 하나와의 관계에 따라서(pros hen), 즉 어떤 하나의 자연적인 것과의 관계에 따라서 쓰이는 것이지 동음이의어가 아니다.[45] 그 사정은 이렇다. 〔35〕 '건강한'은 모두 건강과의 관계에 따라서 쓰이는데, 어떤 것은 건강을 지켜준다는 뜻을, 어떤 것은 건강을 만들어낸다는 뜻을, 어떤 것

---

44 아리스토텔레스 존재론의 핵심 구절인 "to de on legetai men pollachōs..."는 "'있는 것'이라는 말은 여러 가지 뜻으로 쓰이지만……"이라고도 옮길 수 있다.

45 《범주론(Cat.)》 1장에서 아리스토텔레스는 용어의 쓰임과 관련해서 대상을 세 부류로 나눈다. 첫째, 예컨대 실제 사람과 그림 속의 사람은 모두 '동물'이라고 불리지만 두 경우 '동물'이라는 용어는 의미가 똑같지 않은데, 이때 실제 사람과 그림 속의 사람은 homōnyma(同音異義的인 것들)라고 불린다. 둘째로 사람과 소에 대해서는 '동물'이라는 용어가 적용될 뿐만 아니라 적용된 용어의 의미도 똑같다. 이런 경우 사람과 소는 synonyma(同義的인 것들)이다. 셋째로는 parōnyma(파생적인 것들)가 있는데, 예컨대 '문법학'이라는 말에서 '문법학자'라는 말이 파생되었고, '용기'에서 '용기 있는'이라는 말이 파생되었는데, 이런 것들은 parōnyma라고 불린다. 이 구분에 따르면 있는 것들은 동음이의적인 것들도 아니고, 동의적인 것들도 아니며, 파생적인 것들에 가깝다. 왜냐하면 있는 것들은 모두 첫째가는 뜻에서 있는 것, 즉 실체에 의존해서 '있는 것'이라고 불리기 때문이다. 다만 있는 것들 사이에 통용되는 pros hen의 관계는 엄밀한 뜻에서의 파생적 관계인 kata hen과는 구별해야 한다(1003b 12 ff.를 참고). Ross, *Metaphysics* I, p. 256을 함께 참고하라.

은 건강의 징후라는 뜻을, 어떤 것은 〔1003b〕 건강의 수용체라는 뜻을 갖고, '의술적'이라는 말 역시 의술과의 관계에 따라서 쓰인다(그 까닭은 어떤 것은 의술을 소유하고 있다는 뜻에서, 어떤 것은 의술에 본성적으로 적합하다는 뜻에서, 어떤 것은 의술의 작용이라는 뜻에서 '의술적'이라고 불리기 때문인데, 우리는 이와 같은 방식으로 쓰이는 말의 용례를 다른 경우에도 찾아낼 수 있을 것이다).[46] 〔5〕 이와 마찬가지로 '있는 것' 역시 여러 가지 뜻으로(pollachōs) 쓰이지만 그 모두가 하나의 원리[47]와 관계 맺고 있으니, 그 까닭은 어떤 것들은 실체(ousia)라는 이유에서 있는 것이라고 불리고, 어떤 것들은 실체의 상태들(pathē)이라는 이유에서, 어떤 것들은 실체로 나아가는 과정, 실체의 소멸이나 결핍이나 성질, 실체를 만들어내는 것이나 낳는 것 또는 실체와의 관계에 따라 일컬어지는 것들 가운데 속해 있다는 이유에서, 또는 그것들 가운데 어느 하나의 〔10〕 부정태이거나 실체의 부정태라는 이유에서 있는 것이라고 불리니,[48] 그런 이유 때문에 우리는 있지 않은 것에 대해서도 그것이 있지 않다고 말한다.[49] (b) 그

---

46 VII 4, 1030a 32 ff.도 함께 참고하라.

47 'archē'는 본래 '첫째가는 것(to prōton)'과 동의어로서(《토피카》 IV 1, 121b 9), '시초', '시작', '출발점', '원리'를 뜻한다. 자세한 의미에 대해서는 V 1, 1012b 34 ff.를 참고하라. '실체'는 있는 것들 가운데 첫째로 있는 것 (prōtōs on, 1028a 30)이고, 다른 것들은 이것에 뒤따라서, 즉 그것에 의존해서 있기 때문에, 있는 것들의 '시초' 또는 '원리'는 실체이다. XII 1, 1069a 19 ff.을 함께 참고하라.

48 VII 1, 1028a 13 ff.를 함께 참고하라.

런데 건강한 것들 모두에 대해서 하나의 학문이 있으니, (그와 유사한) 다른 것들의 경우에도 마찬가지이다. 왜냐하면 하나에 따라서 (kath´ hen) 불리는 것들을 이론적으로 다루는 것뿐만 아니라 하나의 자연적인 것과의 관계에 따라서(pros mian physin) 불리는 것들을 이론적으로 다루는 것 또한 하나의 학문이 할 일이기 때문인데, 그것들도 어떻게 보면 〔15〕 하나에 따라서 있는 것들이기 때문이다. 그러므로 있는 것들을 있는 것으로서(hēi onta) 이론적으로 다루는 것은 한 학문의 과제임이 분명하다 ─그러나 어디에서나 학문은 주로 첫째가는 것(prōton)을 다루며, 다른 것들은 그것에 의존해 있고 또 그것에 의해 그 이름을 얻는다. 그런데 만일 실체가 그에 해당하는 것이라면, 철학자는 마땅히 실체들의 원리들과 원인들을 소유해야 할 것이다.

---

49 VII 4, 1030a 25 ff.를 함께 참고하라. 예컨대 황금 산, 날개 달린 말처럼 실제로는 있지 않은 허구적인 것을 두고 "그런 것들은 있지 않다"고 말할 수 있다. 하지만 있지 않은 것들 역시 있는 것들과 마찬가지로 범주에 따라 구별될 수 있고, 그 가운데서도 실체의 범주가 가장 앞선다.

3. 자연학, 수학, 제일 철학

《형이상학》 VI권 1장과 XI권 7장

《형이상학》 VI권 1장에서는 다시 한번, '있는 것들의 원리들과 원인들'을 형이상학의 탐구 주제로 내세우면서, 그런 종류의 탐구를 다른 개별 학문들과 구별한다. 그리고 있는 것을 다루는 존재론이 동시에 제일 철학이자 신학임을 밝힌다.

첫 부분(1025b 3 ff.)에서 아리스토텔레스는 개별 학문들에 공통된 특징으로 세 가지를 내세운다. 개별 학문은 첫째로, '무제한적인 뜻에서 있는 것(on haplōs)'을 대상으로 삼는 것이 아니라 '있는 것의 한 부류(on ti)'를 떼어내어 그것을 대상으로 삼는다. 둘째로, 개별 학문은 각 대상이 '무엇(ti esti)'인지에 대해서는 아무 설명도 하지 않은 채 그것을 출발점으로 삼아 그것으로부터 따라나오는 것들을 논증(apodeixis)을 통해 밝힌다. 셋째로, 개별 학문들은 그것들이 대상으로 다루는 부류가 있는지 없는지, 즉 대상 자체의 실재 여부에 대해서는 아무 설명도 하지 않는다. 개별 학문들에 대한 이런 성격 규정은 《분석론 후서》 I권 2장에서 아리스토텔레스가 논증적인 학문에 대해 제시한 설명과 일치한다. 거기서 쓰인 용어법에 따르면, 탐구 대상들의 존재에 대한 가정(hypotheseis)과 그것들이 '무엇'인지를 진술하는 정의(horismoi)는 논증적 학문이 설명하려는 대상이 아니라 오히려 그런 논증의 '전제들(theseis)'로서 논증에 앞서 있다. 내놓고 말하지는 않지만, 아리스토텔레스는 이런 개별 학문들의 특징을 열거함으로써 그와 대비시켜, 있는 것에 대한 학문의 특징을 간접적으로 보여주려고 하는 듯하다. 그렇게 본다면, 그 학문은 있는 것을 있음의 관점에서 다루며, 대상의 본질과 정의에 대해 설명을 제시하고,[50] 학문적 대상들의 실재성을 설명한다는 점에서 다른 개별 학문과 다르다.

이어지는 부분(1025b 18 ff.)에서 아리스토텔레스는 학문 분류 체계 속에서 있는 것에 대한 학문이 어떤 자리를 차지하는지를 밝힌다. 아리스토텔레스의 분류에 따르면, 사유(dianoia)는 실천(praxis)과 관련되어 있거나 제작(poiēsis)과 관련되어 있거나 순수하게 이론적이며, 그에 따라 크게 세 가지 학문 분야가 있다. 제작학(poietikē), 실천학(praktikē), 이론학(theōretikē)이 그것이다. 제작학은 제작자 안에 그 원리가 있는 대상들을 다루고, 실천학은 행위자 안에 그 원리가 있는 것들을 다루는 데 반해, 이론학의 하나인 자연학은 '운동과 정지의 원리를 자기 안에 갖고 있는 실체'를 탐구한다. 아리스토텔레스에 따르면, 자연학의 탐구 대상인 실체는 모두 운동을 하는 것

---

50 물론 개별적인 학문들이 다루는 대상의 본질이나 정의 하나하나에 대해 설명을 제시한다는 뜻은 아니다. 보편적 존재론이 하는 일은 본질과 정의에 대해 일반적인 설명을 제시하는 것이다. 그런 뜻에서 VII 4-6과 10-12는 각각 본질과 정의를 탐구 주제로 다룬다.

이며 질료(hylē)와 형상(eidos)으로 구성된 복합체이기 때문에, 그것을 정의할 때는 그 두 요소를 함께 고려해야 한다. 이를테면 자연학이 다루는 실체는 딱부리와 같다. (눈)딱부리는 (두 눈이) '불룩한 눈'으로서, 불룩한 형태만으로써는 딱부리를 정의할 수 없고 불룩한 형태가 들어 있는 눈을 함께 고려해야 한다. 즉 딱부리를 '불룩한 눈'이라고 정의한다면, 그 정의 안에는 형상과 질료가 함께 포함되어 있는데, 모든 자연물은 그 구조가 딱부리와 같아서 그런 자연물에 대한 정의 안에는 언제나 질료가 포함된다. 두 번째 이론학으로는 수학이 있는데, 자연적 실체처럼 운동하지는 않지만, 혼자 떨어져 있을 수 없는 것들, 예컨대 수와 기하학적 형태 등이 수학의 대상이다. 다시 말해서 자연학이 '분리되어 있지만 부동적이지 않은 것들'을 다룬다면, 수학은 '부동적이지만 분리되지 않고 질료 안에 들어 있는 것들'을 다룬다. 그러나 '영원하고 부동적이고 분리된 어떤 것'을 대상으로 하는 또 다른 이론학이 있다. 그런 것을 대상으로 삼는 것은 자연학도 수학도 아니고 다른 학문이 할 일이다. 만일 어딘가에 신적인 것이 있다면, 그것은 바로 그런 '분리되어 있고 부동적인 것들' 안에 있을 것이기 때문에, 그런 대상들을 다루는 것은 신학(theologikē)이요, 또한 그것은 '가장 존귀한 부류'를 대상으로 한다는 점에서 보면 '제일 철학(prōtē philosophia)'이다.

그러면 이런 부동적인 실체를 다루는 신학 또는 제일 철학과 있는 것을 있는 것으로서 다루는 학문의 관계는 어떤가? 아리스토텔레스는 1026a 23 ff.에서 이 물음을 제기하면서, 그 둘의 관계를 다음과 같은 말로 규정한다. "……만일 어떤 부동의 실체가 있다면, 이것에 대한 학문이 (자연학에) 앞서고 제일 철학이 될 터이니, 그것은 첫째 간다는 이유에서 보편적이기도 하다. 있는 것을 있는 것으로서 사유하는 것이나 있는 것과 있는 것 자체에 속하는 것들이 무엇인지 사유하는 것도 그 학문이 할 일이다." 다른 개별적인 학문들과 구별되는 '있는 것을 있는 것으로서' 다루는 학문의 본성, 세 가지 종류의 이론학, 즉 자연학, 수학, 신학 또는 제일 철학의 구분, 신학과 존재론의 관계에 대한 논의는 《형이상학》 XI권 7장에서도 똑같이 되풀이된다.

《형이상학》 VI권 1장, 1025b 3-1026a 31

다른 학문들에 대한 신학의 우위성: 1. 있음의 관점에서 있는 것을 탐구하는 학문은 다른 개별 학문들보다 우월하다. 개별 학문들은 (a) 특정한 뜻에서 있는 것을 탐구하고, (b) 그 대상이 무엇인지에 대해 설명하지 않으며, (c) 대상의 있고 없음을 다루지 않는다. 2. 다른 학문들에 대한 이론적인 학문의 우위성. (a) 자연학. (i) 자연학은 이론적인(theoretikē) 학문이다. (ii) 운동하는 것들이 그 대상이다. (iii) 운동하는 것들에 대한 설명은 질료를 포함한다. (b) 수학은 이론적인 학문으로서 운동하지 않고 분리된 것들(hē akinēta kai chōrista)을 다룬다. (c) 제일 철학은 이론적인 학문으로서 영원하고 분리된 것을 대상으로 한다. 3. 제일 철학은 신학이며 나머지 이론적 학문들보다 우위에 있다. (a) 그것은 지고한, 즉 신적인 것들(ta theia)을 대상으로 한다. (b) 그것은 첫째로 있는 것과 관계함으로써 있는 것 모두에 관계한다.

(1.) 우리는 있는 것들의 원리들과 원인들을 탐구하되, 분명 있음의 관점에서(hēi onta) 그렇게 한다. 왜냐하면 건강이나 좋은 상태에는 원인이 있고, [5] 수학적인 것들에도 원리들과 요소들과 원인들이 있으며, 일반적으로 사유 중심의 학문이나 사유와 어떤 관계를 맺고 있는 학문[51]은 모두—더 엄밀한 뜻에서 그렇거나 더 단순한 뜻에서 그렇거나—원인들과 원리들을 다룬다. (a) 하지만 그런 것들은 모두 있는 것의 일부, 즉 있는 것의 한 부류(genos)를 한정해서 그것에 대해 탐구할 뿐, 무제한적인 뜻에서 있는 것, [10] 즉 있음의 관점에서(hēi on) 볼 때 있는 것에 대해서는 탐구하지 않고, (b) '무엇'[52]에 대해서도 아무 설명도 하지 않은 채, 그것을 출발점으로 삼은 뒤—어떤 학문들은 그것을 감각에 분명한 것으로 받아들이고, 어떤 학문들은 '무엇'을 전제로 취한다[53]—그런 방식으로 자신들이 다루는 부류에 그 자체로서 속하는 것들을—그 필연성의 정도에 차이가 있

---

51 '사유 중심의 학문(epistēmē dianoētikē)'은, 1025b 21에서 분명하게 드러나듯이, 실천적인 학문(praktikē)이나 제작적인 학문(poiētikē)에 맞서 있는 이론적인 학문(theōretikē)을 가리킨다.

52 'ti esti'의 쓰임과 의미에 대해서는 VII 1, 1028a 16 ff.를 참고하라.

53 "가설(hypothesis)을 통해 '무엇'을 정립한다"는 말은 어떤 대상에 대한 본질적인 규정을, 더 이상 설명할 수 없는 전제, 즉 학문적인 논증의 출발점 또는 원리(archē)로 내세운다는 것을 뜻한다. 따라서 플라톤이나 아리스토텔레스가 말하는 '가설'이란 오늘날 자연 과학에서 말하는 '작업 가설(working hypothesis)'과 다른 것이다. 이에 대해서는 《분석론 후서》 I 2, 72a 20과 그에 대한 Ross의 주석을 참고하라. 플라톤, 《국가》 510C와 533B f.도 함께 참고하라.

는—논증을 통해 밝힌다.[54] 그러므로 실체와 '무엇'에 대해 논증이 존재하지 않는다는 사실은 〔15〕 그런 종류의 귀납을 통해 분명히 드러나는데, (실체와 '무엇'에 대해서는—옮긴이) 다른 방식의 해명이 있다. (c) 이렇게 개별 학문들은 그들이 탐구하는 부류가 있는지 없는지에 대해 아무 설명도 하지 않으니, 그 까닭은 어떤 것이 '무엇'인지와 그것이 있는지 여부를 밝히는 것은 하나의 동일한 사유에 속하는 일이기 때문이다.

(2.a) (i) 자연학(physikē epistēmē) 또한 있는 것 가운데 한 부류를 대상으로 삼는데(왜냐하면 그것은 〔20〕 운동과 정지의 원리를 자기 안에 갖고 있는 실체에 대한 것이기 때문이다[55]), 그것은 분명 실천적인 것도 제작적인 것도 아니다(왜냐하면 제작적인 학문들의 경우 그 원리는 제작자 안에 있으니, 정신이나 기술이나 어떤 능력이

---

54 개별 학문의 일반적 성격과 방법에 대한 이런 설명은《분석론 후서》, 특히 I 1-10의 논증 이론 가운데 소개되어 있다. 이에 따르면 개별적인 학문은 언제나 하나의 류(genos)를 고유한 대상으로 삼지만, 그 류의 실재 여부나 그것의 본질, 곧 그것이 '무엇'인지는 따로 설명하지 않고 그것을 다만 원리로서 전제할 뿐이다. 그렇게 원리로서 설정된 대상의 본질로부터 어떤 것들이 따라나오는지를 논증을 통해 제시하는 데 개별적인 학문의 관심이 있다. 이렇게 대상의 본질에 의거해서 논증되는 것들을 일컬어 아리스토텔레스는 'ta kath' hauta hyparchonta' 또는 'ta kath' hauta symbebēkota'라고 부른다. 이런 것들은 각 대상에 본성적으로 또는 각 대상 자체에 속한다는 점에서는 대상의 본질과 같지만, 그것들은 본질 그 자체가 아니라 다만 본질로부터 따라나오는 것들이다. IV 1, 1003a 26에 대한 각주를 참고하라.

55 《자연학(Physica)》 II 1, 192b 13 ff.를 참고하라.

그 원리에 해당하고, 실천적인 것들의 경우 그 원리는 행위자 안에 있으니, 선택(prohairesis)이 그 원리인데, 그 까닭은 실천 행동의 대상과 선택의 대상은 동일하기 때문이다). (ii) [25] 따라서 만일 모든 사유가 실천적이거나 제작적이거나 이론적이라면, 자연에 대한 사유는 이론적인 것이지만, 다만 운동 능력이 있는 것과, 보편적인 로고스에 따라 규정되기는 하지만 혼자 분리되어 있을 수 없는 실체[56]를 대상으로 삼는 이론적 사유일 것이다. (iii) 하지만 본질(to ti ēn einai)과 로고스가 어떤 방식으로 있는지를 눈에서 놓쳐서는 안 되는데, 그것이 없다면 [30] 탐구는 아무것도 이루지 못하기 때문이다. 정의 대상들과 '무엇'에 해당하는 것들 가운데 어떤 것들은 딱부리와 같은 방식으로 있고, 또 어떤 것들은 볼록함과 같은 방식으로 있다.[57]

---

56 1025b 28은 "peri ousian tēn kata ton logon hōs epi to poly, hōs ou chōriston monon"으로 읽었다. 여기서 말하는 '보편적인 로고스에 따라 규정되기는 하지만 혼자 분리되어 있을 수는 없는 실체'란 형상(eidos)이라는 뜻의 실체를 가리키는 것으로 보아야 할 것이다. 자연물의 형상은 로고스의 대상이긴 하지만 구체적인 질료와 분리되어 있을 수 없다. 그것이 분리 가능하다면, 오로지 로고스에서 그럴 뿐이다. VII 3, 1029a 30에 대한 각주를 참고하라.

57 아리스토텔레스가 드는 예는 'simon(snub nose)'과 'koilon(concavity)'이다. simon은 우리말의 '안장코'에 해당하는 표현으로, 콧날이 우묵하게 들어간 코를 가리킨다. 아리스토텔레스는 simon을 질료(코)와 형상(우묵한 형태)이 결합된 복합체의 사례로 자주 인용한다. 하지만 이 글에서는 볼록 튀어나온 눈을 가리키는 말인 '딱부리'(=눈딱부리)와 '볼록한 형태'로 예를 바꿨다. 'simotēs'나 'simon'이라는 표현의 쓰임과 관련해서 아리스토텔레

그것들 사이의 차이는, 딱부리는 질료와 결합되어 있는 반면(왜냐하면 딱부리는 불룩 튀어나온 눈이기 때문이다), 불룩함은 감각적인 질료 없이 있다는 데 있다. 그래서 모든 자연적인 것들이 〔1026a〕 딱부리와 같은 방식으로 진술의 대상이 된다면, 예컨대 코, 눈, 얼굴, 살, 뼈는 물론 생명체 전체가 그렇고, 잎사귀, 뿌리, 나무 껍질은 물론 식물 전체가 그런데(왜냐하면 그것들 가운데 어떤 것도 운동 없이는 로고스를 통해 진술될 수 없고, 언제나 질료를 포함하기 때문이다[58]), 자연적인 것들의 경우 우리가 어떻게 '무엇'을 탐구하고 정의해야 할지는 분명하며, 〔5〕 그런 이유 때문에 영혼의 어떤 부분들, 즉 질료 없이는 있지 않은 부분들에 대한 사유도 자연 학자의 몫이다.[59] (b) 자연학이 이론적인 학문이라는 사실은 지금까지 말한 것으로부터 분명하지만, 수학적인 학문도 이론적인 학문이다. 하지만 그것이 운동하지 않고 분리된 것들을 대상으로 삼는지 여부는 지금으로서는 분명치 않다. 분명한 것은 일부 수학적인 학문들이 수학적인 대상들을 부동적이고 분리된 것으로서(hēi akinēta kai hēi chōrista) 간주하면

스가 지적하는 난점들을 좀 더 분명하게 드러내기 위해서 그렇게 했다. 이런 난점들에 대해서는 VII 5, 1030b 28 ff.에서 이야기된다.

58 XI 7, 1064a 23 f.를 참고하라. 이 두 구절의 의미에 대한 더 자세한 설명은 VII 11, 1036b 24 ff.에서 얻을 수 있는데, 여기서 아리스토텔레스는 생명체를 정의할 때 질료를 배제할 수 없는 이유에 대해 설명한다.

59 《동물의 부분에 대하여》 I 1, 641a 18-33을 참고하라. 이에 따르면 육체에 매어 있지 않은 정신(nous)를 제외한 다른 모든 영혼의 기능들, 예컨대 영양 섭취 능력, 운동 능력 등은 자연 학자의 탐구 대상이다.

서 [10] 이론적 탐구를 행한다는 사실이다. (c) 하지만 만일 영원하고 부동적이고 분리된 어떤 것(ti aidion kai akinēton kai chōriston)이 있다면, 이것에 대한 앎은 이론적인 학문에 속함에 틀림없지만, 그것은 자연학의 몫도 [자연학은 운동하는 것들을 대상으로 삼기 때문이다] 수학적인 학문의 몫도 아니고 그 둘보다 앞선 학문의 몫이다. 왜냐하면 자연학은 분리되어 있지만 부동적이지 않은 것들에 대한 것이고, 수학적인 학문들 가운데 몇몇은 [15] 부동적이지만 분리되지 않고 질료 안에 들어 있는 것들에 대한 것이기 때문인데,[60] 그에 반해 제일 학문은 분리되고 부동적인 것들에 대한 것이다.

(3.a) 그런데 모든 원인은 영원할 수밖에 없지만, 방금 말한 것들이 특히 그런데, 그 까닭은 그것들이 신적인 것들 가운데 눈에 보이는 것들[61]을 주재하는 원인들이기 때문이다. 그러므로 이론적인 철학에는 셋이 있을 터인데, 수학적인 것과 자연학적인 것과 신학적인 것이 그것이다. [20] 왜냐하면 만일 어딘가에 신적인 것(to theion)이 있다면, 그것은 본성적으로 그런 것 안에 놓여 있음에 틀림없고, 가장 존귀한 학문은 마땅히 가장 존귀한 부류에 대한 것이어야 한다. 그러므로 이론적 학문들은 다른 학문들에 비해 추구할 가치가 더 있지만,

---

60 예컨대 기하학적인 형태들은 그 자체로서 분리되어서 있을 수 있는 것이 아니라 질료 안에 있는 것이다. 그것들은 오로지 추상(aphairesis)을 통해 분리될 수 있을 뿐이다. XI 3, 1061a 28 ff.를 참고하라.

61 우리 눈에 보이는 신적인 것들, 즉 천체들을 말한다. VII 16, 1040b 34-1041a 2와 《동물의 부분에 대하여》 I 5, 644a 25 ff.를 참고하라. 천체들의 운동을 낳는 것은 '분리되고 부동적인 것들'(chōrista kai akinēta)이다.

이론적인 학문들 가운데서는 그 학문이 추구할 가치가 더 있다.

(b) 어떤 사람은, 제일 철학(prōtē philosophia)이 보편적인지 (katholou) 아니면 [25] 어느 한 부류, 즉 하나의 자연물에 대한 것인지 의문을 가질 수도 있을 것이다(왜냐하면 수학적인 학문들이 수행하는 탐구도 똑같은 방식을 따르지는 않아서, 기하학과 천문학은 어느 한 자연물을 대상으로 삼는 반면, 보편적인 것[62]은 그것들 모두에 공통적으로 적용되기 때문이다). 그런데 만일 자연적으로 이루어진 실체들과 떨어져서 다른 어떤 실체가 있지 않다면, [30] 자연학이 제일 학문이 되겠지만, 만일 어떤 부동의 실체가 있다면, 이것에 대한 학문이 (자연학에—옮긴이) 앞서고 제일 철학이 될 터이니, 그것은 첫째 간다는 이유에서 보편적이기도 하다. 있는 것을 있는 것으로서 사유하는 것이나 있는 것과 있는 것 자체에 속하는 것들이 무엇인지 사유하는 것도 그 학문이 할 일이다.[63]

---

62   수학적인 학문들 가운데는 기하학, 천문학, 산수(arithmetic) 등이 있다. Bonitz에 따르면 아리스토텔레스는 산수를 들어 '보편적인' 수학이라고 부른다(Bonitz, *Metaphysica* II, p. 285). 하지만 '보편적인' 수학이란—Ross가 추측하듯이—기하학이나 산술보다 더 적용 범위가 넓은 학문을 가리키는 것일 수도 있다. 이에 대해서는 Ross, *Metaphysics* I, p. 356 f.를 보라.

63   1026a 23-32의 논변을 Ross는 다음과 같이 요약한다: "신학은 다른 이론적인 학문들보다 더 먼저 선택해야 한다. 왜냐하면 만일 그것이 보편적인지 아니면 어떤 특정한 부류의 있는 것을 탐구하는지를 물음으로 제기한다면, 우리의 대답은 이렇기 때문이다: 그것은 첫째가는 종류의 있는 것을 탐구하며, 그것은 다른 모든 있는 것에 근본이 되는 것을 제시한다. 그러므로 그것은 첫째가는 것이면서 보편적이며, 그 두 가지 의미에서 학문들 가운데 최

《형이상학》 XI권 7장, 1063b 36-1064b 14

신학으로서 제일 철학: 1. 개별 학문들. 2. 자연에 대한 학문(자연학). (a) 자연학은 제작을 위한 학문이 아니라 이론적인 학문이다. (b) 그것은 질료와 결합된 상태에 있는 사물들을 대상으로 삼아 그것들이 무엇(ti esti)인지를 묻고 그에 대한 정의(logos tēs ousias)를 찾는다. 3. 철학. (a) 있는 것을 있는 것으로서 다루는 학문은 자연학이나 수학과 다르다. (b) 자연학, 수학, 신학. 4. 제일 학문은 보편적인가?

(1.) 모든 학문은 그에 포섭되는 인식 대상들 가운데 각 대상과 관련해서 어떤 원리들과 원인들을 찾는데, 이를테면 의학과 체육학이 그렇고 [1064a] 그 밖의 제작적인 학문들과 수학적인 학문들에 속하는 하나하나의 학문이 그렇다. 왜냐하면 그것들 각각은 어떤 부류를 자기의 대상으로 한정한 뒤, 그것을 눈앞에 놓인 것이자 있는 것으로서 간주하고 탐구를 수행하기 때문인데, 그렇다고 해서 그것을 있음의 관점에서 다루지는 않으니, 그런 학문들 이외에 다른 어떤 학문이 있다. 위에서 [5] 말한 학문들 각각은 일정한 방식으로 각 부류 안에서 '무엇'에 해당하는 것을 파악한 다음, 나머지 것들을—느슨

고의 자리를 차지한다." 다음의 글들도 함께 참고하라. Bonitz, *Metaphysica* II, p. 285; Patzig, 앞의 글, S. 191 f.; Barnes (ed.), 앞의 책, p. 106 f.; Ch. Kirwan, *Aristotle's Metaphysics Books Γ, Δ, E*, Oxford 1984 (¹1971), p. 188 f.

고의 자리를 차지한다." 다음의 글들도 함께 참고하라. Bonitz, *Metaphysica* II, p. 285; Patzig, 앞의 글, S. 191 f.; Barnes (ed.), 앞의 책, p. 106 f.; Ch. Kirwan, *Aristotle's Metaphysics Books Γ, Δ, E*, Oxford 1984 (¹1971), p. 188 f.

하게든 엄밀하게든—밝히려는 시도를 수행한다. 어떤 학문들은 '무엇'을 감각을 통해서, 어떤 것들은 전제를 통해서 파악하는데, 결국 그런 종류의 귀납을 통해 보면, 실체와 '무엇'에 대한 논증이 없다는 것은 분명하다.

〔10〕(2.a) 자연에 대한 어떤 학문이 있으니, 이것은 분명 실천적인 것이나 제작적인 것과 다르다. 제작적인 학문의 경우 운동의 원리가 제작되는 것 안에 들어 있는 것이 아니라 제작자 안에 들어 있기 때문인데, 기술이나 다른 어떤 능력이 바로 그런 원리이다. 마찬가지로 실천적인 것의 경우 운동은 실천 행동 안에 들어 있기보다는 〔15〕실천하는 사람들 안에 들어 있다. 그러나 자연학자의 학문은 자체 안에 운동의 원리들을 갖고 있는 것들을 대상으로 삼는다. 그러므로 이런 점들을 놓고 볼 때, 자연학이 실천적인 것도 제작적인 것도 아니고 이론적인 것일 수밖에 없다는 것이 분명하다(왜냐하면 자연학은 이 세 부류 가운데 어느 하나에 속해야 하기 때문이다). (b) 그런데 각 학문은 반드시, 어떤 방식으로든 '무엇'에 대해 〔20〕알고 그것을 원리로 사용해야 하기 때문에, 자연학자는 어떻게 정의를 해야 하고 어떻게 실체에 대한 로고스를 파악해야 하는지, 다시 말해서 딱부리 모양을 정의할 때처럼 해야 하는지, 아니면 불룩한 모양을 정의할 때처럼 해야 하는지의 문제를 눈 밖에 두어서는 안 된다. 왜냐하면 이 가운데 딱부리에 대한 로고스는 대상의 질료와 함께 진술되는 반면, 불룩함에 대한 로고스는 질료 없이 진술되기 때문이다. 〔25〕그 까닭은 딱부리 모양은 눈에 생겨나고, 그래서 그것에 대한 로고스는 눈과 함께 이론적인 고찰의 대상이 되기 때문인데, 딱부리는 불룩한

눈이기 때문에 그렇다. 그렇다면 살과 눈과 나머지 부분들에 대한 로고스는 언제나 질료와 함께 제시해야 함이 분명하다.

(3.a) 있는 것을 있는 것이면서 분리된 것으로서[64] 다루는 어떤 학문이 있기 때문에, 그것을 [30] 자연학과 동일한 것으로 놓아야 할지 아니면 다른 것으로 놓아야 할지를 탐색해야 한다. 그런데 자연학은 운동의 원리를 자체 안에 가지고 있는 것들을 다루는 반면, 수학은 이론적인 학문이지만 이 학문은 정지 상태에 있으되 분리되어 있지 않은 것들을 다룬다. 따라서 분리되어 부동의 상태에 있는 것에 대해서는 이 두 학문과 다른 어떤 학문이 있으니, [35] 그런 종류의 실체, 즉 분리되고 부동적인 실체가 있다면 그럴 터인데, 바로 이것을 밝히기 위해 우리는 힘을 쓸 것이다. 그리고 만일 그런 종류의 자연물이 있는 것들 가운데 속해 있다면, 바로 거기에 신적인 것이 자

---

64 'on hēi on kai chōriston(being qua being and capable of existing apart—Ross)'을 다루는 학문을 일컬어 이어지는 부분에서는 '신학' (theologikē, 1064b 3)이라고 부른다. 따라서 'on hēi on kai chōriston'이 'to chōriston on kai akinēton'(1064a 33 f.)과 함께 신적인 존재를 가리키는 것으로 볼 수 있다. 이런 해석 가능성에 의지해 P. Merlan은 'on hēi on'이 있는 것 일반을 가리키는 표현이 아니라 신적인 존재를 가리키는 것이라고 주장한다(Merlan, 앞의 글, S. 256 f.). 하지만 'on hēi on kai chōriston'은 형이상학적 탐구의 양면성, 즉 그것이 있는 것을 있음의 관점에서 다루면서 동시에 분리된 신적인 존재를 다룬다는 사실을 드러내기 위해 쓰인 것이라고 볼 수도 있다. 실제로 아리스토텔레스는 1064b 6 ff.에서 on hēi on을 다루는 학문의 그런 이중적인 성격을 분명히 하는 데 주력한다.

리잡고 있을 것이고, 그것은 〔1064b〕 첫째가는 가장 지배적인 원리일 것이다. (b) 그러므로 이론적 학문들 가운데는 세 부류, 즉 자연학, 수학, 신학이 있음이 분명하다. 이론적인 학문들의 부류가 가장 뛰어나지만, 〔5〕 이들 가운데서는 마지막에 말한 것이 가장 뛰어나다. 왜냐하면 그것은 있는 것들 가운데 가장 존귀한 것을 다루며, 각 학문은 그에 고유한 인식 대상에 따라 그 우열이 갈리기 때문이다.

(4.) 어떤 사람은 있는 것을 있는 것으로 다루는 학문을 보편적인 것으로 내세워야 할지 그렇지 않은지에 대해 의문을 가질 수도 있을 것이다. 왜냐하면 수학적인 학문들에 속하는 각 학문은 어느 한 부류를 떼어내어 그것을 대상으로 삼는 반면, 보편적인 수학은 모든 것에 대해 공통적이기 때문이다. 〔10〕 그래서 자연적인 실체들이 있는 것들 가운데 첫째가는 것들이라면, 자연학이 학문들 가운데 첫째가는 것이겠지만, 다른 자연물, 즉 분리되고 부동적인 실체가 있다면, 그것을 대상으로 삼는 다른 어떤 학문이 있고 그것은 자연학에 앞서며, 앞선다는 이유에서 보편적일 수밖에 없다.

III

존재론과 실체론

아리스토텔레스 존재론의 핵심은 실체(ousia)에 대한 이론이다. 실체는 있는 것들 가운데 첫째로 있는 것(prōton on)이요 다른 것들은 모두 그것에 의존해서 있기 때문에, 있는 것에 대한 탐구는 실체에 대한 논의를 중심으로 이루어져야 한다는 것이 아리스토텔레스 존재론의 기본 관점이다. 그런 뜻에서 《형이상학》 VII권 1장, 1028b 2-7에서 그는 이렇게 말한다. "그러므로 옛날이나 지금이나 언제나 탐구 대상이 되고 언제나 의문거리인 것, 즉 있는 것은 무엇인가라는 물음은 실체란 무엇인가라는 물음이니……, 우리는 가장 많이, 가장 먼저 그리고 거의 전적으로, 그런 뜻으로 있는 것에 대해 그것이 무엇인지를 이론적으로 탐구해야 한다."

'실체'라고 불릴 수 있는 것들의 종류와 그것들 각각의 본성에 대한 논의는 아리스토텔레스의 저술 여러 곳에 흩어져 있지만, 그 가운데 가장 대표적인 곳은 보통 '실체에 대한 책들(Substanzbücher)'이라고 불리는 《형이상학》 VII권-IX권이다.[1] 《형이상학》의 이 부분은 예전이나 지금이나 아리스토텔레스 철학에 대한 연구에서 가장 비중 있게 다루어지는 부분이다. 그런데 《형이상학》 VII권-IX권의 실체론의 세부 문제들에 대해서는 지금까지 수없이 많은 논란이 있었지만, 그 가운데 가장 기본적인 것은 바로 그 실체론과 아리스토텔레스의

---

[1] 이런 명칭은 물론 아리스토텔레스의 저술에 나오는 다음과 같은 표현들을 근거로 해서 붙여진 것이다: 'tois peri tēs ousias logois'(1037b 10); 'peri tēs ousias hē skepsis'(1038b 1); 'en tois peri tēs ousias logois'(1049b 27 f.); 'peri tēs ousias hē theōria'(1069a 18).

초기 저술인《범주론》과 실체론 사이의 관계를 둘러싼 논쟁이다. 그러므로 여기서는 먼저 이 논쟁의 내용을 간단하게 소개하는 것이 좋을 듯하다.

잘 알려져 있듯이,《범주론》에 따르면 '실체'는 있는 것들을 가르는 열 개의 범주들(katēgoriai) 가운데 첫째 범주를 가리킨다. 그 글에서 아리스토텔레스는 실체의 범주에 속하는 것들을 두 부류로 나누는데, 첫째로, '이 사람', '이 말', '이 소'처럼 지시 가능한 감각적 개별자(to kath' hekaston)들이 실체이다. 널리 인용되는 실체 정의에 따르면, "가장 주요하고 첫째가며 엄밀한 뜻에서 실체라고 불리는 것은 기체(hypokeimenon)에 대해 술어가 되지도 않고 기체 안에 들어 있지도 않은 것, 예컨대 이 사람이나 이 말이다."(《범주론》5, 2a 11-14) 이 정의에 따르면, 다른 어떤 것에 대해 술어가 되지도 않고 다른 어떤 것 안에 들어 있지도 않은 것, 다시 말해서 진술의 주어이자 속성의 담지자인 주체, 바로 이런 것이 가장 엄밀한 뜻에서의 실체 또는 '첫째 실체(prōtē ousia)'이다. 둘째로, 그런 개별적인 실체가 '무엇(ti esti)'인지를 밝히는 진술 속에서 술어 노릇을 하는 것들도 실체라고 불린다. 이를테면 어떤 사람을 앞에 두고 "이것은 무엇인가?"라고 묻는다면, 당연히 '사람' 또는 '생물'이라고 대답할 터인데, 이때 제시되는 '사람'이나 '생물'와 같은 종(eidos)과 류(genos)가 실체라고 불린다. 주어 없이는 어떤 말도 성립할 수 없기 때문에 주어가 술어보다 중요하다고 생각한 아리스토텔레스는 주어 구실을 하는 개별자에 대한 술어인 종과 류 같은 보편자(katholou)를— '첫째 실체'인 개별자와 구별해서— '둘째 실체(deutera ousia)'라고 부른다.

우리가 이제 다루려는 《형이상학》 VII권의 실체론은 《범주론》의 실체론보다 훨씬 복잡하다. 거기서 새롭게 드러나는 몇 가지 중요한 점을 나열하면 다음과 같다. 1) 《형이상학》 VII권에서는, 《범주론》에서 '첫째 실체'라고 일컬어졌던 개별자가 두 구성 부분으로 분석된다. 질료(hylē)와 형상(eidos)이 바로 그 구성 부분인데, 《형이상학》 VII권에서는 개별자뿐만 아니라 그것의 구성 원리인 질료와 형상에 대해서도 '기체'라는 이름이 쓰인다. 2) 개별자는 질료와 형상으로 이루어져 있다는 이유에서 '복합적인 실체(synolos ousia)' 또는 '복합체(synolon)'라고 불리고, 그에 비해 그 복합체를 구성하는 원리 가운데 하나인 형상(eidos)에 대해 '첫째 실체'라는 말이 쓰인다. 3) 이미 그 명칭에서도 드러나듯이, '첫째 실체'라고 불리는 형상은 그것을 구성 원리로 포함하고 있는 개별자에 비해 더 우월한 지위를 차지한다. 그 이유는 각 개별자에 속하는 본질적 특성들은 바로 형상에 의해 규정되기 때문이다. 그런 점에서 형상은 개별자의 '존재의 원인(aition tou einai)', '각자의 실체(ousia hekastou)', '본질(to ti ēn einai)'에 해당한다. 이렇듯 형상에서 드러나는 '각자의 실체'와 '본질'이 《형이상학》의 '실체에 대한 책들'의 중심 주제라고 보아도 좋다.

　　《범주론》의 실체론과 《형이상학》 VII권의 실체론의 이런 차이는 자주 논란을 낳곤 했다. 특히 '첫째 실체'라는 용어의 다양한 쓰임이 논란의 불씨가 되었다. 어째서 아리스토텔레스는 《범주론》에서는 개별자를 '첫째 실체'라고 부르다가 《형이상학》 7권에 이르러서는 형상에 '첫째 실체'의 지위를 부여하는가? 여러 연구자들은 이런 질문을 던지면서 아리스토텔레스 실체론에 어떤 모순이 있으며, 이 모순은 아리스토텔레스의 존재론 안에 내재한 틈새를 보여주는 것이라고 주장한다. 이런 주장들은 다양한 형태로 제기되었지만, 그 핵심 논점은 이렇다. 즉 아리스토텔레스는 《범주론》에서는, 보편적인 형상 또는 이데아를 참된 의미에서 있는 것이라고 보았던 플라톤에 맞서 개별적인 감각물을 '첫째 실체'라고 부르면서 종이나 류와 같은 보편자들보다 감각적인 개별자들에 존재론적인 우위성을 부여했다가, 나중에 《형이상학》의 실체론을 저술하던 시기에 와서는 먼저 입장을 바꿔 다시 보편적 형상을 '첫째 실체'라고 부르면서 개별적인 감각물보다는 '보편적인' 형상에 높은 자리를 허락하게 된다는 것이다.

《형이상학》 VII권의 실체론이 《범주론》의 실체론에 담긴 반(反)플라톤적 입장에서 친(親)플라톤적 입장으로의 전향을 보여준다는 주장은 그럴듯하게는 들리지만, 사실에는 어긋난 주장에 불과하다. 왜냐하면 그런 주장은, 똑같이 'eidos'라고 불리지만 존재론적 위치는 전혀 다른 두 대상, 즉 종(species)과 형상(form)을 주의 깊게 구별하지 않은 부주의와 속단의 산물이기 때문이다. 예컨대 아리스토텔레스가 《범주론》에서 'eidos'를 두고 그것이 '둘째 실체'라고 말한다면, 그때 'eidos'는 종(species)을 가리킨다. 종은 물론 여러 개별자들에 대해서 술어가 되고, 여러 개별자들을 그 안에 포섭한다는 점에서 보편자(katholou)이다. 반면 《형이상학》에서 'eidos'를 '첫째 실체'라고 부를 때, 이 'eidos'가 가리키는 것은 보편적 종(사람, 말, 개 등)이 아니라 각각의 개별적인 실체 안에 있는 개별적인 형상(the indwelling form, to eidos to enon, 1037a 29)이다. 예컨대 소크라테스나 코리스코스와 같은 개개인들이 저마다 가지고 있는 자신들의 영혼이나 몸의 형태가 그런 형상이다. 《범주론》은 오직 주어-술어의 관계 속에서 실체에 대한 연구를 진행하면서 주어 노릇을 하는 개별자를 '첫째 실체'라고 불렀지만, 이제 《형이상학》의 실체론은 거기서 한 걸음 더 나아가 그런 실체의 내적인 구성과 존재 근거를 분석하면서 그것의 구성 원리로서 형상을 밝혀내고, 이 형상이 감각물의 존재의 원인이라는 이유를 들어 '첫째 실체'라고 부르게 되는 것이다. 그런 점에서 《형이상학》 VII권과 그에 이어지는 부분의 실체론은 《범주론》의 실체론의 폐기가 아니라 지양(止揚)이라고 말해야 할 것이다. 이런 점을 분명하게 통찰했던 연구자들 가운데 한 사람인 아크릴은 《범주론》 5장의 내용과 《형이상학》 VII권과 VIII권의 실체론을 비교하면서 이렇게 단언한다 : "실체에 대한 《형이상학》 VII권과 VIII권의 논의는 《범주론》의 이 장(즉 5장—옮긴이)에서 한 것보다 훨씬 깊은 수준에서 이루어진다."[2] 한편 《범주론》에서 시작된 실체에 대한 탐구가 《형이상학》 속에서 어떻게 심화되는지를 회화적(繪畵的)으로 보여주는 것은 애거의 다음과 같은 기술이다 : "실재 위에 범주들로 짠 그물을 던진 다음, 여러 진술 가능성으로부터 자립적인 '이것'을 골라 그것을 철학적 사유의 '실체'로 천명하고 이제 이 개념의 갱도 속으로 내려가 질료, 형상, 본질, 보편자, 가능성과 현실성의 층상들을 차례로 벗겨내는 것, 그것은 분명 하나의 체계적인 사유이다."[3]

---

2   J.L. Ackrill, *Aristotle's Categories and De Interpretatione*, Oxford 1963, p. 81.

우리는 실체를 연구 주제로 삼는《형이상학》VII권-IX권에서 이런 뜻에서 '체계적인 사유'를 만나게 된다. 물론 이때 말하는 '체계'는 '도그마의 건축물'(얘거)이라는 뜻의 체계가 아니라 살아 있는 사유의 조직적 활동이라는 뜻에서의 체계이다. 우리는 이제 이 사유의 활동에 동반자가 되어 실체 개념이 어떻게 해명되고, 그 과정에서 드러나는 '질료, 형상, 본질, 보편자, 가능성과 현실성의 층상들'이 어떤 것인지를 보게 될 것이다.

---

3   W. Jaeger, *Aristoteles. Grundlegung einer Geschichte seiner Entwicklung*, Berlin 1923, S. 400.

1. 실체의 일반적 본성과 종류

《형이상학》 VII권 1장-2장

아리스토텔레스 존재론의 출발점은 "있는 것은 여러 가지 말뜻으로 쓰인다(to on legetai pollachōs)" (1028a 1)는 테제이다.《형이상학》 VII권의 실체론은 이 테제의 의미에 대한 설명으로 시작한다.

아리스토텔레스는 있는 것의 다의성(多義性)에 대한 테제를 다양한 종류의 진술 형태를 이끌어들여 설명한다. "소크라테스는 하얗다", "소크라테스는 키가 170cm이다", "소크라테스는 사람이다"와 같은 진술들을 예로 들어보자. 이 진술들에서 술어로 쓰인 '하양', '170cm의 크기', '사람'은 각각 성질, 양, '무엇'을 가리키는데, 이것들은 모두 '있는 것'이지만, 그것들 각각의 있음의 의미는 저마다 다르다. 아리스토텔레스는 이렇듯 진술의 종류 및 그에 상응하는 술어의 종류를 갈라냄으로써, 그로부터 각각의 술어가 가리키는 '있는 것'의 부류를 구분한다. 그리고 이렇게 나뉜 술어의 부류에 '범주(katēgoria)'라는 이름을 붙이는데, 이런 범주들은 술어의 부류(ta schēmata tōn katēgoriōn, 1051a 35)이자 동시에 각각의 술어가 가리키는 있는 것의 부류(katēgoriai tou ontos, 1024b 13; 1045b 28)이기도 하다.

이렇게 진술의 여러 가지 방식을 분석해서 얻어낸 10개의 범주들 가운데 첫째 범주는 '실체'의 범주이다. 그리고 이 범주에 속하는 것들, 즉 실체들은 '첫째로 있는 것(prōton on)'이라고 불린다. VII권 1장에서 아리스토텔레스는 첫째로 있는 것에 해당하는 것으로 두 가지를 든다. 그 하나는 '실체를 가리키는 "무엇(to ti estin, hoper sēmainei tēn ousian)"(1028a 14 f.)'이다. "소크라테스의 얼굴빛은 어떤 색인가?"라고 묻는다면, 우리는 그에 대해 "그는 하얗다"라고 말하면서 어떤 성질을 내세운다. 하지만 "소크라테스는 무엇인가?"라는 물음에 대해서는 "그는 사람이다"거나 "그는 생물이다"라고 대답하면서 그가 속하는 종(eidos)이나 류(genos)를 제시한다. 또는 "아폴론은 무엇인가?"라고 묻는다면, "그는 신이다"라고 대답할 것이다. 이렇듯 어떤 것이 '무엇'인지에 대한 대답으로 제시되는 것(종이나 류)이 먼저 실체의 범주에 속한다. 실체의 범주에 속하는 다른 하나는 '소크라테스'처럼 진술의 주어가 가리키는 개별자이다. 예를 들어 걷기, 건강하기, 앉기 등은 그 자체로서 분리되어서 있을 수 없다. 실제로 있는 것은 걷는 것, 건강한 것, 앉아 있는 것이다. 다시 말해서 걷기나 건강하기 같은 것들은 모두 어떤 '것' 안에 속해 있을 뿐 그것과 떨어져서 따로 있을 수 없는 반면, 걷기와 같은 활동이나 건강 같은 상태 밑에 놓여서 그것들의 담지자가 되는 개별자는 따로 떨어져서 독립적으로 존재하는 실체이다. 아리스토텔레스는 이런 개별자와 '무엇'을 '첫째로 있는 것' 또는 실체라고 부르는데, 이 구분은 《범주론》에서 소개한 '첫째 실체'와 '둘째 실체'의 구분에 상응한다.

실체가 어떤 뜻에서 '첫째로' 있는 것인지를 아리스토텔레스는 세 가지 측면에서 설명한다. 첫째로, 실체는 그것에 속해 있는 다른 것들보다 시간의 측면에서나 있음의 측면에서 앞선다. 왜냐하면 걸음이나 건강 같은 활동이나 상태가 있으려면, 언제나 그것들이 속하는 개별자가 먼저 있어야 하기 때문이다. 둘째로, 어떤 진술, 로고스가 성립하려면 주어에 해당하는 실체가 먼저 제시되어야 한다. 물론 "하양은 색깔이다"처럼 겉보기에는 실체에 대한 언급이 없는 로고스도 있을 수 있으나, 그런 로고스는 궁극적으로 "어떤 개별적인 것에 속성으로 속하는 하양은 색깔이다"는 진술로 바뀔 수 있다. 이처럼 모든 로고스는 궁극적으로 개별자를 주어로 갖는다는 점에서 실체는 로고스에서 다른 것들에 앞선다. 셋째로 실체는 앎에서도 앞선다. 어떤 것이든 우리는 그것이 '무엇'인지를 알 때 그것에 대해 가장 잘 안다고 생각하기 때문이다.

이렇듯 실체는 여러 가지 측면에서 '첫째로 있는 것'이요 다른 것들은 모두 그것에 의존해서 있다는 이유 때문에 있는 것에 대한 물음은 실체에 대한 물음으로 귀결된다(1028b 2-7) : "그러므로 옛날이나 지금이나 언제나 탐구 대상이 되고 언제나 의문거리인 것, 즉 있는 것은 무엇인가라는 물음은 실체란 무엇인가라는 물음이니(왜냐하면 그것을 두고 어떤 사람들은 그것이 하나라고 말하는 반면, 어떤 사람들은 하나 이상의 여럿이라고 말하고, 또 어떤 사람들은 수가 정해져 있다고 말하고, 어떤 사람들은 수가 정해져 있지 않다고 말하기 때문이다), 우리는 가장 많이, 가장 먼저 그리고 전적으로, 그런 뜻으로 있는 것에 대해 그것이 무엇인지를 이론적으로 탐구해야 한다." 이 말로써 아리스토텔레스는 실체에 대한 탐구를 존재론의 중심 과제로 내세우는 한편, 실체에 해당하는 것에 어떤 것들이 있는지, 실체의 본성이 어떤 것인지를 그런 탐구의 내용으로 제시한다.

　이어지는 2장은 실체에 대해 앞 세대 철학자들이 내세운 의견들을 소개하는 간략한 학설사인데, 이에 따르면 실체에 대한 의견은 크게 두 가지 입장으로 갈라진다. 그 하나는 사람들이 일반적으로 받아들이는 입장으로, 물질적인 것들, 즉 물, 불, 흙과 같은 단순한 물체들, 그것들로 이루어진 동물과 식물들, 해, 달, 별들과 같은 천체들을 실체로 보는 입장이다. 반면 피타고라스 학파와 플라톤주의자들은 그와 다른 입장에 서서 비물질적인 것들을 실체로 내세우는데, 피타고라스 학파에 따르면 물체들이 가지고 있는 한계들(perata)(면, 선, 점, 하나)이 실체이고, 플라톤을 따르는 아카데미아 학파의 철학자들에 따르면 형상들 및 수학의 대상들이 실체에 해당한다. 이런 개관에 잇대어 다시 한번 아리스토텔레스는 실체론의 중심 문제들을 소개한다. 1028b 27 ff.의 문제 제기에 따르면《형이상학》의 실체론은 크게 세 개의 탐구 영역으로 나뉜다. 1) 감각적인 실체들과 떨어져서 어떤 실체들이 있는지 없는지, 2) 감각적인 실체들은 어떤 방식으로 있는지, 3) 분리된 어떤 실체가 있는지, 어떤 이유 때문에 있고 어떤 방식으로 있는지가 탐구의 관건이다. 대체적으로 말해서 1)의 물음은《형이상학》의 XIII권과 XIV권에서, 2)는 VII권에서 IX권, 3)은 XII권에서 논의된다고 보면 된다.

《형이상학》 VII권 1장, 1028a 10-b 7

실체(ousia): 첫째로 있는 것(prōton on): 1. 첫째 범주에 속해 있는 것과 다른 범주들에 속해 있는 것. (a) 범주 안에서 있는 것. (b) 첫째 범주에 속해 있는 것: '무엇'과 '이것'(ti estin kai tode ti). (c) 다른 범주들에 속한 것들은 도대체 있는 것인가라는 의문. 2. 로고스(logos)와 인식(gnosis)과 시간(chronos)에서 실체가 갖는 선행성. 3. 있는 것에 대한 물음(ti to on)은 실체에 대한 물음(tis hē ousia)이다.

〔10〕 (1.a) 앞서 말의 여러 가지 뜻에 대한 글[4]에서 우리가 자세히 말했듯이, '있는 것(on)'은 여러 가지 말뜻으로 쓰인다. 왜냐하면 그것은 어떤 때는 '무엇'과 '이것'을 가리키고, 어떤 때는 성질, 양 또는 그와 같은 방식으로 술어가 되는 것들(katēgoroumena) 가운데 어느 하나를 가리키기 때문이다. (b) '있는 것'은 이처럼 여러 가지 말뜻으로 쓰이지만, 그 가운데 첫째로 있는 것은, 〔15〕 실체를 가리키는 '무엇'인 반면(그 이유는 이것이 어떤 성질의 것인지를 말할 때 우리는 '좋다'거나 '나쁘다'고 말하지, '(크기가) 석 자다'거나 '사람이다'고 말하지 않고, 반면 그것이 '무엇'인지 말할 때는 '희다'거나 '뜨겁다'거나 '(크기가) 석 자다'라고 말하는 대신 '사람이다', '신이다'라고 말하기 때문이다) 다른 것들은 모두 그렇게 있는 것에 속하는 크기라거나 성질이라거나 상태라거나 〔20〕 그런 유의 다른 어떤 것이라

---

4   V 7, 1017a 11 ff.를 가리킨다.

는 이유에서 '있다'고 불린다. (c) 그러므로 걸음과 건강함과 앉아 있음을 두고 어떤 사람은 그것들 하나하나가 있는 것인지 있지 않은 것인지 의문을 가질 수 있을 것이고, 그와 같은 종류의 다른 것들에 대해서도 똑같은 의문을 품을 수 있을 터인데, 그 까닭은 그것들 가운데 어느 것도 그 자체로서(kath' hauto) 있거나 실체와 분리되어서(chorizesthai) 있을 수는 없고,[5] 오히려 만일 어떤 것이 있다면, 걷는 것, [25] 앉아 있는 것, 건강한 것이 있는 것들에 속하기 때문이다. 하지만 이것들은 분명, 그것들 밑에 일정한 기체(hypokeimenon)가 (이것은 실체요 개별자(kath' hekaston)이다) 놓여 있기 때문에 있는 것이고, 그것은 그런 종류의 술어(katēgoria) 속에서 함께 드러나는데, 그 까닭은 '좋은'이나 '앉아 있는'이라는 말은 그것 없이는 쓰이지 않기 때문이다. 그렇다면 앞서 말한 것들 [30] 각각은 바로 이것[6] 때문에 있다는 것이 분명하며, 따라서 첫째로 있는 것, 즉 어떤 제한된 뜻에서 있는 것(ti on)이 아니라 무제한적으로 있는 것(haplōs on)[7]은 실체일 것이다.

---

5 《범주론》2, 1a 24 f.와 5, 2b ff.를 참고하라.

6 실체, 즉 개별자를 두고 하는 말이다.

7 VI 1, 1025b 9에서도 아리스토텔레스는 'peri ontos haplōs'라는 표현을 써서 'on haplōs'를 어떤 제한된 뜻에서 있는 것을 가리키는 'on ti'와 대비시킨다. 하지만 VII 1에서 그 표현이 의미하는 바는 그 경우와 다르다. VI 1에서는 'on haplōs'이 'on hēi on'와 동의적인 표현으로서 무제한적인 뜻에서 있는 것, 있는 것 자체를 가리키는 반면, VII 1에서는 다른 어떤 것에 의존함이 없이 있는 것, 즉 실체를 가리킬 따름이다.

(2.) 그런데 '첫째(prōton)'라는 말은 여러 가지 뜻으로 쓰이지만, 모든 측면에서 실체는 첫째인데, 로고스에서, 인식에서, 시간에서 그렇다.[8] 그 이유는 이렇다. 술어 노릇을 하는 다른 것들 가운데 어떤 것도 분리되어 있지 않고, 오로지 실체만이 그럴 수 있다.[9] 또한 그것은 로고스에서 [35] 첫째이며(왜냐하면 각 대상에 대한 로고스 가운데는 실체에 대한 로고스가 들어 있기 때문이다[10]), 우리는 사람

---

8 아래의 VII 13, 1038b 27 ff.와 XII 1, 1069a 19 ff.를 함께 참고하라. 뒤의 구절에서 아리스토텔레스는 다음과 같이 말한다: "우리의 이론은 실체에 대한 것이니, 그 까닭은 우리가 찾는 것은 실체의 원리들이요 원인들이기 때문이다. 왜냐하면 만일 온 세상이 어떤 전체라면 실체는 그것의 첫째 부분이요, 또한 그것이 연속적인 계열에 의해서 있는 것이라면, 그런 경우에도 역시 실체는 첫째요, 그 다음에 성질이 있고, 그 다음에 양이 있기 때문이다."

9 이 구절의 뜻에 대해서는 논란이 많다. "술어 노릇을 하는 다른 것들 가운데 어떤 것도 분리되어 있지 않고, 오로지 실체만이 그럴 수 있다"는 표현은 다른 곳에서는 '실체나 본성에서의' 우선성을 가리킬 때 쓰이며, 이런 우선성은 시간적인 우선성과 구별되기 때문이다(V 11, 1018b 14 ff.; 1019a 2 f.; IX 8, 1049b 11 f.를 참고). 하지만 지금 논의 맥락에서는 다만, 앉아 있음이나 걸음 등이 있으려면 그것에 앞서서 그런 상태나 활동의 주체가 되는 개별적 실체가 '먼저' 있어야 한다는 뜻으로 받아들여야 할 것이다. VIII 1, 1042a 32 ff.를 참고하라.

10 사람들은 보통 여기서 쓰인 'logos'가 '정의(horismos)'를 가리키는 것으로 보면서, 아리스토텔레스의 발언을 "다른 술어에 대한 정의 가운데는 실체에 대한 정의가 포함되어 있어야 한다"는 뜻으로 풀이한다(Ross, *Metaphysics* II, p. 165). 하지만 로고스를 굳이 '정의'의 뜻으로 좁혀서 해석할 아무런 이유도 없다. 왜냐하면 로고스는 낱말, 구문, 문장 등 여러 수준의 언어적

이나 불이 '무엇'인지 알 때 가장 탁월한 뜻에서 각 대상을 안다고 생각하며, 성질이나 [1028b] 양이나 장소 등을 두고도 그것들 각각에 대해 양이 '무엇'인지 성질이 '무엇'인지를 알 때, 그것을 안다고 말한다.[11]

(3.) 그러므로 옛날이나 지금이나 언제나 탐구 대상이 되고 언제나 의문거리인 것, 즉 있는 것은 무엇인가라는 물음은 실체란 무엇인가라는 물음이니[12] (왜냐하면 그것을 두고 어떤 사람들은[13] 그것이 하나라고 말하는 반면, [5] 어떤 사람들은 하나 이상의 여럿이라고 말하고, 또 어떤 사람들은[14] 수가 정해져 있다고 말하고, 어떤 사람들은[15]

표현을 뜻하기 때문이다. 그래서 아리스토텔레스의 발언은, 1028a 28 ff.의 진술과 같은 뜻에서, '좋은'이나 '앉아 있는'이라는 말을 비롯해서 다른 범주에 속하는 것들을 가리키는 말(logos)이 언제나 그런 것들이 속해 있는 실체와 관련해서만, 즉 그런 실체를 가리키는 말과 관련해서만 쓰일 수 있다는 뜻으로 이해해야 할 것이다.

11 '무엇'은 물론 실체들에 대한 보편적 술어들, 이를테면 종(eidos)이나 류(genos)를 가리킨다. 하지만 우리는 실체가 아닌 '하양'과 같은 성질에 대해서도 그것이 '무엇'인지 말할 수 있다. 그런 뜻에서 '무엇'은 첫째로는 실체의 범주에서 쓰이지만, 파생적으로는 다른 범주에서도 쓰인다. 이에 대해서는 VII 4, 1030a 17 ff.를 보라.

12 이 부분은 플라톤의 대화편 《소피스테스(Sophistes)》의 한 구절을 연상시킨다. 플라톤은 이 대화편 244A에서 '손님'의 입을 빌려 이렇게 묻는다. "…… '있는 것'이라는 말을 쓸 때, 당신들이 가리키려는 것은 도대체 무엇인가……? 왜냐하면 분명 당신들은 그에 대해 이미 알고 있지만, 우리는 이전에는 알고 있다고 생각했는데, 지금은 어려움에 처해 있다."

13 밀레토스 학파의 철학자들을 두고 하는 말이다. I 3, 983b 6 ff.를 참고하라.

수가 정해져 있지 않다고 말하기 때문이다), 우리는 가장 많이, 가장 먼저 그리고 전적으로, 그런 뜻으로 있는 것에 대해 그것이 무엇인지를 이론적으로 탐구해야 한다.

《형이상학》 VII권 2장, 1028b 8-32[16]

실체에 대한 다양한 의견들: 1. 일반적인 의견: 물체들(sōmata)이 실체(ousia)에 해당한다. 2. 다른 철학자들의 이론. (a) 사물들의 한계들(perata)이 실체이

---

14 수를 모든 것의 원리로 내세운 피타고라스 학파나 네 뿌리들(rhizomata)을 말한 엠페도클레스가 그런 사람들에 해당한다. H. Diels-W. Kranz (Hrsg.), *Die Fragmente der Vorsokratiker*, Zürich-Hildesheim ⁶1964, 58 B 4, B 5와 31 B 6를 참고하라. 다음부터는 'Diels-Kranz'로 줄여 인용한다.

15 아낙사고라스와 원자론자들은 각각 무수한 씨앗들(spermata)이나 원자들(atoma)이 모든 것의 원리들이라고 말한다. Diels-Kranz 59 B 4, 67 A 7, 68 A 37, A 57을 참고하라.

16 플라톤은 《소피스테스》 244A에서 '손님'의 입을 빌려 '있는 것'이 가리키는 것이 무엇인가라는 질문을 던진 뒤, 246A ff.에서 있는 것 또는 실체(ousia)의 본성을 둘러싼 거인들의 전쟁(gigantomachia, 246A)을 소개하면서 실체에 대한 두 가지 입장을 소개한다. 한 부류는 '바위와 떡갈나무를 손으로 잡고 모든 것을 천상의 보이지 않는 데서 지상으로 끌어내'리면서 물질적인 것을 실체라고 부르는 사람들이고, 다른 부류는 '천상의 보이지 않는 곳에서 조심스럽게 자신을 변호하면서 지성(知性)에 알려지는 비물질적인 어떠한 형상들'이 참된 실체라고 주장하는 사람들이다. VII 2에서 아리스토텔레

(1.) 일반적인 의견에 따르면, 실체가 물체들에 속한다는 것은 더 없이 분명하다(그 때문에 우리는 동물들과 식물들과 그것들의 부분들을 〔10〕 실체라고 부르며, 자연적 물체들, 이를테면 불, 물, 흙을 비롯해서 그런 종류의 것들 각각과 그것들의 부분들이나 그것들로 이루어진 것—그것들 가운데 일부로 이루어진 것이건 그것들 모두로 이루어진 것이건 아무 차이가 없다—이를테면 하늘과 그것의 부분들인 별들과 달과 태양을 우리는 실체라고 부른다). 하지만 오로지 이것들만이 실체인지 아니면 다른 실체들도 있는지, 그것들 가운데 일부가 실체인지 아니면 다른 것들도[17] 그런지, 〔15〕 또는 그것들 가운데 어떤 것도 실체가 아니고 다른 어떤 것들이 실체인지, 이런 문제를 탐구해야 한다.[18]

(2.a) 어떤 사람들은 물체들이 갖는 한계들, 이를테면 면, 선, 점, 하나가 실체들이며, 그것들이 물체나 입방체보다 더 높은 수준의 실체라고 생각한다.[19] 또한 어떤 사람들은 그런 종류의 것들이[20] 감각

스가 소개한 실체에 대한 이론들도 그런 두 가지 진영, 즉 물질주의적 입장과 관념론적 입장으로 나뉠 수 있다.

17 1028b 14의 'kai allōn'은 Ross를 따라 'kai allai'로 읽었다.

18 여기 소개된, 실체에 해당하는 물질적인 것들의 목록은 V 8, 1017b 10-14 에서 제시된 것과 일치한다. 다만 아리스토텔레스는 VII 16에서 물, 불, 흙, 공기나 식물과 동물의 부분들은 다만 가능적인 뜻에서(dynamei) 실체라고 불릴 수 있다고 분명히 말한다. VII 16, 1040b 5 ff.를 참고하라.

적인 것들과 떨어져서(para ta aisthēta) 있지 않다고 생각하는 데 반해, 다른 사람들은 수도 더 많고 실재성의 정도도 더 높은 영원한 것들이 있다고 생각하는데, [20] 플라톤은 형상들과 수학적인 것들을 두 종류의 실체로 내세우고, 세 번째 실체로 감각적인 물체들을 내세운다.[21] 그런가 하면 스페우시포스는 하나에서 시작해서 여러 종류의 실체들을 이끌어내고, 각각의 실체에 대해 서로 다른 원리들을 상정하는데, 그는 수들의 원리와 공간적인 연장물들의 원리와 영혼의 원리를 내세우면서, 이와 같은 방식으로 실체들을 늘려간다.[22] 한편, 어떤 사람들은 [25] 형상들과 수들은 본성이 똑같으며, 이것들에 뒤따라 다른 것들, 즉 선과 면이 뒤따라 나오고, 마침내 자연 세계 전체(ouranos)의 실체와 감각적인 것들이 있게 된다고 말한다.[23]

---

19 피타고라스 학파의 이론이 이에 해당한다. V 8, 1017b 17 ff.를 참고하라.

20 앞에서 나열한 면, 선, 점과 같은 것들을 말한다. 이런 수학적 대상들에 대한 정의에 대해서는 V 6, 1016b 24 ff.를 참고하라.

21 이런 이론에 대해서는 다음의 구절들을 참고하라: XIII 4, 1078b 31 ff.; 6, 1080b 16 ff.; XIV 3, 1090a 30 ff.

22 스페우시포스(Speusippos)의 이론에 대해서는 XII 10, 1075b 37 ff.와 XIV 3, 1090b 20 ff.를 참고하라. 여기서 아리스토텔레스는 스페우시포스의 이론을 두고, 그것은 자연 전체를 구성이 엉성한 비극처럼 '삽화적인 것'으로 만든다고 비판한다.

23 크세노크라테스(Xenokrates)의 이론을 두고 하는 말인 듯하다. 이에 대해서는 다음의 구절들을 참고하라: XII 1, 1069a 35 ff.; XIII 6, 1080b 22, 28; 9, 1086a 5 ff.; XIV 3, 1090b 28 ff. 1083b 2의 평가에 따르면, 크세노크라테스의 이론은 수에 대한 아카데미아 학파의 이론들 가운데 '가장 뒤떨어진 것'이다.

(3.) 그러면 먼저 실체가 무엇인지 개관한 뒤에는, 그런 견해들을 두고 어떤 이론이 옳고 어떤 이론이 옳지 않은지, 어떤 것들이 실체들인지, 감각적인 실체들과 떨어져서 어떤 실체들이 있는지 없는지, 그것들[24]은 어떤 방식으로 〔30〕 있는지, 분리된 어떤 실체가 있는지, 왜 그것이 있고 어떤 방식으로 있는지, 아니면 감각적인 실체들과 떨어져서는 어떤 실체도 없는지를 탐구해야 한다.[25]

---

24 감각적 실체들을 말한다.

25 이런 탐구 기획에 대한 언급으로는 예컨대 VII 11, 1037a 11 ff.와 17, 1041a 7 ff.를 참고하라.

2. 실체와 기체

《형이상학》 VII권 3장

《형이상학》 VII권 3장에서 아리스토텔레스는 앞으로 탐구하게 될 실체의 후보자로 넷을 꼽는데, 본질(to ti ēn einai), 보편자(katholou), 류(類, genos), 기체(基體, hypokeimenon)가 그것이다. 마지막에 든 후보자인 기체는 3장의 논의 주제이다.

3장 첫머리(1028b 33-36)의 발언은 VII권 전체 실체론의 논의 방향을 가늠하게 해주기 때문에 중요하다. 그에 따르면 VII권의 실체론의 논의 방향은 크게 두 가지 실체 개념에 맞춰져 있다. 그 하나는 기체로서의 실체에 대한 개념이다. 이것은 이미 《범주론》에서나 앞서 다룬 VII권 1장에서 여러 차례 거론된 실체 개념인데, 이제 아리스토텔레스는 이 개념을 더 포괄적인 논의 틀 속에서 탐구하려고 한다. 다른 실체 개념은 '각 사물의 실체' 또는 '각자의 실체(ousia hekastou)'라는 표현에 담긴 실체 개념이다. 여기서 말하는 '실체'는, 2격의 부가어와 함께 쓰인 데서 알 수 있듯이, 《범주론》에서 말한 실체의 범주에 속하는 것들(개별자들이나 종과 류)을 가리키는 것이 아니라 그런 것들 각자에게 속해 있는 고유한 있음(einai)을 가리킨다. 그런 뜻에서 'ousia hekastou'는 '각자의 본질' 또는 '각자의 본질적 존재'에 해당한다. 4장부터는 이런 뜻의 실체 개념을 중심으로 논의가 진행된다.

실체론의 탐구 기획을 시사하는 발언에 뒤따르는 '기체'에 대한 논의는 기체에 대한 정의에서 시작한다. 이 정의에 따르면, 기체란 '다른 것들은 그것에 대해 술어가 되지만 그것 자체는 다른 어떤 것에 대해서도 술어가 되지 않는 것'이다. 아리스토텔레스는 이미 《범주론》에서도 똑같은 정의를 내세워 실체를 규정하면서, 개별자들을 그런 뜻의 실체로 제시한 바 있다. 하지만 VII권 3장에서는 그런 '기체' 개념의 사용 범위가 넓어지는데, 《범주론》에서는 오로지 개별적인 감각물들만을 기체라고 불렀던 반면, 이제는 그런 개별적인 사물의 구성 원리인 질료(hylē)와 형상(eidos)까지 기체라고 부른다. 알기 쉽게 호메로스의 조각상을 예로 들어보자. 호메로스 상은 그 자체가 하나의 실체이다. 하지만 이 조각상은 대리석으로 이루어져 있는데, 이 대리석은 호메로스 상의 재료(질료, hylē)이다. 물론 대리석 덩어리를 아무렇게나 세워둔다고 해서 곧바로 조각상이 되지는 않는다. 대리석 덩어리에 어떤 형태(형상, eidos)가 덧붙여져야 조각상이 된다. 다시 말해서 조각 상은 재료와 형태가 합쳐진 것, 복합체[26]이다. 자연물의 경우도 마찬가지이다. 예컨대 사람을 두고 말하자면, 살, 뼈, 피 등으로 이루어진 몸은 사람의 질료에, 사람의 생김새는 형

---

26 복합체는 'to ek toutōn'(1029a 3, 1035a 1), 'synolon'(1035b 22) 'synolos ousia'(1033b 17 f., 1037a 30), 'synthetē ousia'(1070a 14) 등 여러 가지 방식으로 지칭된다.

상에 해당한다. 몸과 생김새가 합쳐져서 사람이라는 복합체가 된다. 《형이상학》에서는 감각적인 개체뿐만 아니라 그것들의 구성 원리인 질료와 형상까지도 기체라고 부른다.

기체 개념의 사용 범위가 넓어지면서, 《범주론》에서 다룬 적이 없는 새로운 문제가 떠오른다. 《범주론》에서처럼 진술의 주어 (subject)이자 속성의 담지체 또는 기체(substratum) 구실을 하는 개별자를 실체라고 부르는 데 그치지 않고, 개별적 실체의 내적인 존재를 더욱 파고들어 분석하면, 우리는 다음과 같은 점에 생각이 미칠 수 있다. 어떤 것의 밑바탕에 놓여 있는 것, 즉 기체를 일컬어 실체라고 부른다고 하자. 예컨대 조각 상은 어떤 성질이나 크기의 밑바탕에 놓여 있는 것으로서 실체라고 불린다고 하자. 하지만 조각 상 자체를 두고 그 구성 요소를 분석해 들어가면, 그것은 재료와 형태로 나뉠 것이고, 그 가운데 재료에 해당하는 대리석이 조각 상의 기체가 될 것이다. 따라서 기체가 실체라면, 조각 상보다는 오히려 그것의 재료인 대리석을 더욱 참된 뜻에서 실체라고 불러야 하지 않을까? 한 걸음 더 나아가 이렇게 생각해볼 수도 있다. 대리석은 조각 상에 비하면 재료이지만, 다시 대리석 그 자체를 두고 보면, 그것 역시 더 단순하고 기본적인 재료와 형태가 합쳐져서 이루어진 복합체이다. 사실 우리가 경험 세계에서 만나는 모든 제작물이나 자연물은 더욱 단순한 재료가 일정한 형태에 따라 결합된 복합체이다. 그렇다면, 만일 모든 자연물이나 제작물의 가장 궁극적인 재료에 해당하는 것이 있다면, 그것이야말로 참된 의미에서 밑바탕에 놓여 있는 기체요 실체가 아닐까? 그리고 그런 기본 재료는―적어도 논리적으로 볼 때―

어떤 형태적 특성, 다시 말해서 어떤 성질이나 크기로써도 한정할 수 없는 것, 예컨대 아낙시만드로스의 무한정자와 같은 것이어야 하지 않겠는가? 결국 기체가 실체라는 주장을 고집하는 한, 우리는 성질도 없고, 크기도 없어서 도무지 어떤 것이라고도 말할 수 없는 궁극적인 기체를 실체로 받아들일 수밖에 없지 않은가?

아리스토텔레스는 실체를 기체로서 정의할 때 마지막에 도달하는 이런 결론 앞에서 반대 입장을 분명히 한다(1029a 26-30) : "이런 관점을 따르는 사람에게는 질료가 실체라는 결론이 따라 나온다. 하지만 이는 불가능한 일이다. 왜냐하면 일반적인 견해에 따르면 분리성(chōriston)과 '이것(tode ti)'은 주로 실체에 속하기 때문인데, 이런 이유로 말미암아 형상과 두 구성 부분의 복합체가 질료보다 더 높은 수준에서 실체로 드러날 것이다." 기체성(subjecthood)은 실체의 한 가지 징표이긴 하지만, 그것만으로는 실체를 충분히 규정할 수 없다는 것이 아리스토텔레스의 논변이다. 그런 뜻에서 그는 따로 떨어져 있으면서 '이것'이라고 지시할 수 있는 대상이 실체라고 말한다. 다시 말해서 분리성과 '이것'이 실체의 징표라는 말이다. 그리고 이런 관점에서 아리스토텔레스는 질료와 형상의 복합체와 형상을 질료보다 더 탁월한 뜻의 실체로 치켜세운다. 우리 앞에 있는 호메로스 상은 일정한 형태를 가진 것으로서 분리되어 있으며 우리는 그것을 '이것'이라고 가리킬 수 있다. 이 호메로스 상의 형태 또는 형상 역시―이를테면 이순신 장군의 동상의 형태와 구별해서― '이' 형태라고 가리킬 수 있다는 뜻에서 지시 가능한 개별자, 즉 '이것'이면서 또 어떤 뜻에서는 분리된 것이다. 대리석이라는 재료에 구현되지 않은 호메로스 상의 형태를 머릿속으로 생각할 수 있다는 뜻에서 그렇다. 한편, 복합체와 형상을 비교하면서 아리스토텔레스는, 복합적인 실체보다는 형상에 더 우월한 지위를 부여한다. 그 이유는 호메로스의 조각 상이 있기에 앞서, 조각가의 머릿속에 호메로스의 형상(eidos)이 먼저 있기 때문이다. 이런 맥락에서 형상이 복합적 실체에 비해 '첫째 실체(prōtē ousia)'라고 불리며, 그것이 '질료 없는 실체(ousia aneu hylēs)'라고 불리는 것도 같은 맥락에서이다. VII권의 실체론에서 아리스토텔레스는 더 이상 말하지 않아도 분명한 감각적 실체보다는 그것의 본질에 해당하는 형상(첫째 실체)을 주된 탐구 대상으로 삼는다.

《형이상학》 VII권 3장, 1028b 33-1029b 12

기체(基體, hypokeimenon)로서의 실체: 1. 실체의 네 가지 뜻: 본질, 보편자, 류, 기체. 2. 모든 규정들 밑에 놓여 있는 것은 가장 엄밀한 뜻에서 실체라는 것이 일반적 견해이다. (b) 기체: 질료(hylē), 형상(eidos), 그 둘의 복합체. (c) 요약. 3. 실체에 대한 2의 견해에 따르면 결국은 질료가 실체인 셈이 된다. (a) 모든 규정들 밑에 놓여 있는 것은 질료이다. (b) 질료에 대한 규정. (c) 질료는 실체일 수 없다. 4. 탐구를 위한 안내. (a) 형상에 대해 탐구해야 한다. (b) 탐구 방법에 대한 일반적인 설명

(1.) '실체'라는 말은, 더 많은 뜻에서가 아니라면, 주로 네 가지

뜻으로 쓰이는데, 그 까닭은 일반적 견해에 따르면 본질, 보편자, 〔35〕 류가 각 사물의 실체이고, 그 가운데 네 번째 것은 기체이기 때문이다.[27]

(2.a) 그런데 기체란, 다른 것들은 그것에 대해 술어가 되지만 그것 자체는 다른 어떤 것에 대해서도 술어가 되지 않는 것이기에, 우리는 첫째로 〔1029a〕 이것에 대해 정의를 내려야 하는데, 그 까닭은 첫째 기체[28]가 실체라는 것은 가장 일반적인 견해이기 때문이다. (b) 그런 종류의 것으로는 어떤 뜻에서 보면 질료가, 어떤 뜻에서는 형상

---

27 여기 나열된 실체의 네 후보자는 크게 두 부류로 나뉜다. 본질(to ti ēn einai), 보편자(katholou), 류(genos)는 '각 사물의 실체' 또는 '각자의 실체'(ousia hekastou)라는 뜻의 실체의 후보자들이라면, 기체(hypokeimenon)는 그렇지 않다. 이 가운데 기체라는 뜻에서의 실체 개념은 일반적으로 인정되는 것이면서 아리스토텔레스 자신도 이미 《범주론》에서 수용했던 것이다(5, 2a 11 ff.를 참고). 반면 'ousia hekastou'로서의 실체 개념은 《형이상학》 VII에서 새로운 탐구 주제로 등장한다. 다시 말해서 《형이상학》의 실체론, 특히 VII–IX의 과제는 한편으로는 이미 《범주론》에서 내세웠던 기체로서의 실체 개념을 반성적으로 검토하면서, 다른 한편으로는 'ousia hekastou'를 새로운 실체 개념으로 도입하면서 그런 뜻에서 실체에 해당하는 것이 무엇인지를 탐구하는 데 있다고 보아야 할 것이다. 졸고, 〈아리스토텔레스 본질론의 생물학적 측면: *Metaphysica* VII권을 중심으로〉, 《철학연구》 제56집, 2002, 199–202쪽을 참고하라. 아래에서는 〈본질론〉으로 줄여 인용한다.

28 '첫째 기체(to hypokeimenon prōton)'는 진술의 궁극적인 주어 구실을 하는 개별자를 가리키는 것으로 볼 수 있다. 예컨대 개별자가 아닌 보편적인 종(種, eidos) 개념 '사람'도 "사람은 이성적인 동물이다"와 같은 진술의 주어가 될 수 있지만, 궁극적인 주어가 되지는 못한다. 그런 점에서 사람, 말

이,[29] 셋째로는 그것들의 복합체가 있는데(내가 말하는 질료는 구리와 같은 것이고, 형상은 겉보기의 〔5〕 형태이고, 그것들의 복합체는 사람의 조각 상이다), 따라서 형상이 질료보다 더 앞서고 더 높은 정도로 있는 것이라면, 똑같은 논리에 의해 그것은 그 둘의 복합체에 비해서도 그럴 것이다. (c) 실체가 도대체 무엇인가라는 물음에 대해서, 그것은 기체에 대해 술어가 되지 않지만 나머지 것은 그것에 대해 술어가 된다는 사실을 이제 개괄적으로 이야기했지만, 그렇게만 남겨두어서는 안 되는데, 그것만으로는 충분하지 않으니, 〔10〕 왜냐하면 그런 규정 자체가 불분명할 뿐더러 그렇게 보면 질료가 실체가 되기 때문이다.[30]

(3.a) 왜냐하면 만일 그것[31]이 실체가 아니라면, 다른 어떤 것이 남는지 알 수 없게 되는데, 다른 것들을 제거하고 나면, 분명 밑에 남

과 같은 종은 '첫째 기체'일 수 없다. 《범주론》 5, 2b 19 ff.를 참고하라.

29 형상(eidos), 이를테면 사람의 영혼이 어떤 뜻에서 기체, 즉 'pathos'의 담지자가 될 수 있는지에 대해서는 다음의 구절을 참고하라: 《범주론》 2, 1a 25 ff.; VIII 7, 1049a 27 ff.; 《영혼론》 I 1, 402a 9를 참고하라.

30 기체가 실체라는 주장을 초지일관 고수할 경우 속성 밑에 놓여 있는 기체, 즉 감각적 개별자보다는 오히려 감각적 개별자 밑에 놓여 있는 기체, 즉 질료가 더욱 엄밀한 뜻에서 실체가 될 것이고, 그 결과 질료가 실체라는 결론에 이르게 되는데, 아리스토텔레스는 그런 결론을 받아들이지 않는다. 그래서 그는 이어지는 1029a 10 ff.에서, 기체가 실체라는 생각에 따르면 감각적 개별자보다 그것의 질료가 실체의 자리를 차지하게 됨을 밝히는 한편, 그에 덧붙여 그런 결론의 부당성을 보인다.

31 질료를 가리킨다.

아 있는 것이 아무것도 없기 때문이다. 그 이유는 이렇다. 다른 것들은 물체들의 상태이거나 그것들로써 만들어진 것이거나 그것들의 능력이고, 그런가 하면 길이나 넓이나 깊이는 양적인 것들이지 〔15〕 실체들이 아니요(양적인 것은 실체가 아니기 때문이다), 반대로 그런 것들을 자기 안에 속하는 것으로 가지고 있는 첫째가는 것, 바로 이것이 실체이다. 그러나 길이와 넓이와 깊이를 덜어내면, 우리는 이것들에 의해 한정된 어떤 것을 빼놓고는 아무것도 남지 않음을 보게 되는데, 결국 이런 관점에서 그 문제를 다루는 사람들에게는 질료가 유일한 실체로 드러날 수밖에 없다.[32] 〔20〕 (b) 그런데 내가 여기서 말하는 질료란 그 자체로 보아서는 어떤 종류의 것도 아니고 양적인 것도 아니며, 있는 것을 규정하는 수단[33]이 되는 다른 어떤 것이라고도 부를 수 없는 것이다. 왜냐하면 이것들 하나하나를 술어로 취하는 어떤 것이 있으니, 그것에게 속하는 있음(to einai)은 술어들 하나하나와 다른 것이어서(왜냐하면 다른 것들은 실체에 대해 술어가 되지만, 이것 자체는 질료에 대해 술어가 되기 때문이다), 결국 그 가장 끝에 있는 것(to eschaton)은 그 자체로서는 어떤 종류의 것도 아니요 양적인 것도 아니요 〔25〕 다른 어떤 것도 아니기 때문이다.[34] 심지어는

---

32 아리스토텔레스는 초기 그리스 자연 철학자들의 입장이 이런 것이라고 본다. I 3, 983b 6 ff.를 참고하라.

33 범주들을 말한다.

34 나무나 돌은 각각 책상이나 조각 상의 질료이다. 하지만 이런 뜻의 질료는 그것을 재료로 삼아 만들어진 책상이나 조각 상에 비교해볼 때 형태를 갖고 있지 않지만, 그 자체로는 그 나름의 형태, 예컨대 나무나 돌 자체의 형태와

그것들의 부정태들(apophaseis)도 아니니, 그 까닭은 이것들은 부수적으로 그것에 속할 것이기 때문이다. 이런 관점을 따르는 사람에게는 질료가 실체라는 결론이 따라 나온다. (c) 하지만 이는 불가능한 일이다. 왜냐하면 일반적인 견해에 따르면 분리성과 '이것'은 주로 실체에 속하기 때문인데, 이런 이유로 말미암아 형상과 두 구성 부분의 복합체가 질료보다 [30] 더 높은 수준에서 실체로 드러날 것이다.[35]

(4.a) 그런데 두 부분으로 이루어진 실체는―즉 질료와 형상으

성질을 가지고 있다. 반면에 아리스토텔레스가 VII 3에서 말하는 질료는 완전히 무규정적인 것, 이를테면 아낙시만드로스의 무한정자(apeiron)와 같은 것을 가리킨다. Diels-Kranz B 1, A 9, A 16을 참고하라.

35 아리스토텔레스는 '분리성(chōriston)'과 '이것(tode ti)'을 실체의 두 가지 본질적인 징표로 제시함으로써, 'hypokeimenon' 개념을 통해 실체를 정의할 때 그로부터 따라나오는 부당한 결론을 피하려고 한다. 질료와 형상으로 이루어진 복합적인 실체(예를 들어 이 말이나 이 사람)는 혼자 떨어져 있고 지시 가능한 것이라는 점에서 분리된 것이자 '이것'이다. 그에 반해 형상은 질료에서 분리해서 정의할 수 있는 것이라는 이유에서 분리된 것, 즉 '로고스에서 분리된 것(tōi logōi chōriston)'(VIII 1, 1042a 29.《자연학》II 1, 193b 3 ff.도 함께 참고)이다. 형상은 '이것'이라고 불리는데, 이 표현의 뜻에 논란이 많다. 하지만 아리스토텔레스는 사물 안에 들어 있는 형상이 각 사물에 고유한 것이요 개별적인 것임을 분명히 하기 위해 형상에 대해 '이것'이라는 표현을 쓴 것으로 보인다. 이를테면 호메로스의 조각 상 형태는 하나의 개별적인 형태이며, 다른 조각 상의 형태, 이를테면 이순신 장군의 조각 상 형태와 다르다. 마찬가지로 각 사람의 형상, 즉 각 사람의 생김새나 영혼은 저마다 다르며, 그런 뜻에서 '이것'이다. 이에 대한 더 자세한 논의는 D.-H. Cho, *Ousia und Eidos in der Metaphysik und Biologie des*

로 이루어진 실체를 말한다―제쳐두어야겠는데, 이것은 뒤에 오는 것이요 분명하기 때문이다. 질료 역시 어떻게 보면 분명하다. 그래서 세 번째 실체에 대해 탐구해야 하는데, 이것은 가장 어려운 주제이기 때문이다. 실체들이 감각적인 것들 가운데 있다는 것이 일반적인 의견이니, 이것들 가운데 먼저 실체를 찾아야 한다. 〔1029b 3〕〔〔(b) 왜냐하면 그런 뒤에 더 잘 알려질 수 있는 것으로 나아가는 것이 유용하기 때문이다. 왜냐하면 이렇듯 배움(mathesis)은 어떤 경우에든 본성적으로 덜 알려질 수 있는 것을 거쳐 〔5〕 더 잘 알려지는 것들에게로 나아가기 때문이다.[36] 이것이 바로 해야 할 일이니, 여러 가지 행동의 경우 각자에게 좋은 것들에서 시작해서 무제한적으로 좋은 것들을 각자에게 좋은 것으로 만들어야 하듯이, 자신에게 더 잘 알려질 수 있는 것에서 시작해서 본성적으로 잘 알려지는 것을 자신에게 알려지는 것으로 만들어야 한다. 개개인들에게 알려질 수 있고 가장 먼저 있는 것들은 흔히 아주 적은 정도로 알려질 수 있는 것이며, 〔10〕 실재성이 적거나 전혀 없다. 그렇지만 하찮은 정도이긴 하지만 각자에게 알려질 수 있는 것들에서 시작해서 무제한적으로 알려질 수 있는 것을 아는 데 이르도록 힘써야 하는데, 앞서 말했듯이, 그런 것들을 거쳐 앞으로 나아가야 하는 것이다.〕〕

Aristoteles, Stuttgart 2003, S. 44-47을 참고하라(다음부터는 *'Ousia und Eidos'*로 줄여 인용한다).

36 18쪽의 주 4를 보라.

3. 실체와 본질

《형이상학》 VII권 4장-6장

아리스토텔레스는 3장에서 기체를 다룬 데 이어, 4장에서는 실체의 네 후보자 가운데 하나인 본질(to ti ēn einai)[37]을 주제로 삼아

---

[37] 'to ti ēn einai'의 구문 구조에 대한 설명으로는 졸고, 〈본질론〉, 199쪽 아래와 D.-H. Cho, *Ousia und Eidos*, S. 68 ff.를 참고하라. 여기서는 간단히 다음과 같은 점을 지적하는 것으로 충분하다. 예컨대 "소크라테스는 사람이다"와 "소크라테스는 음악적이다(=교양이 있다)"는 말을 예로 들어보자. 앞의 진술에서는 주어 '소크라테스'와 술어 '사람'이 연결어(繫辭, copula) '이다'에 의해 결합되어 있고, 뒤의 진술에서는 '이다'에 의해 주어 '소크라테스'와 술어 '음악적'이 결합되어 있다. 하지만 그리스 말에서 "소크라테스는 사람이다"는 보통 "Sōkratei symbebēke to anthrōpōi einai"이나 "Sōkratei hyparchei to anthrōpōi einai"와 같은 형식으로 표현된다(981a 20, 1017a 12). "소크라테스는 음악적이다" 역시 "Sōkratei symbēbeke to mousikōi einai"의 형식을 통해 표현된다. 따라서 그 두 진술을 우리말로 직역하면, "소크라테스에게 사람임(to anthrōpōi einai)이 속한다(To be a man attaches to Socrates 또는 to be a man belongs to Socrates)" 또는 "소크라테스에게 음악적임이 속한다(To be musical attaches to Socrates)"로 바꿀 수 있다. 즉 "갑이 을이다" 또는 "S is F"와 같은 형식의 진술을 그리스어로 바꾸면 "을임은 갑에 속한다" 또는 "To be F belongs to S"가 된

논의를 펼친다. 이 논의는—13장에서 16장까지의 부분을 제외한—VII권 전체에 걸쳐 있는데, 그런 정도로 본질에 대한 이론은 아리스토텔레스 실체론의 중심 축 구실을 한다. 그런데 아리스토텔레스가 거기서 의도하는 것은 "과연 본질은 각 사물의 실체인가?"라는 데 대한 탐구가 아니다. 각 사물의 본질이 각 사물의 실체(ousia hekastou)가 된다는 생각은 이미 전체 논의의 밑바탕에 깔려 있다. 본질에 대한 논의에서 아리스토텔레스는 먼저 '본질'이 무엇인지를 논리적인 관점에서 규정하고, 사물과 본질의 관계를 밝히는 데 몰두한다(4장-6장). 그런 뒤 각 사물의 생성 과정에서 본질이 어떤 자리를 차지하는지를 설명하고(7장-9장), 본질과 정의(horismos)의 관계를 규명하며(10장-12장), 본질을 각 사물의 존재 원인(aition tou einai)으로서 확정한다(17장). 물론 VII권의 이런 본질론 전체는 3장 끝머리에

다. 한편 위에서 예로 든 두 진술은 한 가지 점에서 서로 다르다. 뒤의 진술에서 'to mousikōi einai(to be musical)'는 소크라테스에게 부수적인 뜻에서 또는 우연적인 뜻에서(kata symbebēkos) 속하지만, 뒤의 진술에서 to anthrōpōi einai(to be a man)는 그에게 그 자체로서(kath' hauto) 속하기 때문이다. 이렇게 어떤 대상에 그 자체로서 속하는 것들, 다시 말해서 어떤 대상이 그 자체로서 소유하고 있는 것들이—예컨대 소크라테스 자체에 속하는 to be a man, to be rational, to be two-footed 등—함께 합쳐서 그 대상의 to ti ēn einai가 된다. 따라서 그리스어의 진술 방식을 염두에 둔다면, to ti ēn einai는 '본질'보다는 '본질적 존재(essential being, das wesentliche Sein)'라고 옮기는 것이 더 적절할 것이다. 왜냐하면 to ti ēn einai는 어떤 대상 자체에 속하는 'to be F'들 전체를 가리키며, 그런 뜻에서 그 대상에 속하되 다만 부수적인 뜻에서 속하는 것들, 즉 '부수적인 존재(accidental being)', 예컨대 소크라테스에게 속하는 'to be musical'나 'to be in the agora'와 구별되기 때문이다.

서 '첫째 실체'이자 탐구의 대상으로 천명한 형상에 대한 논의와 깊이 맞물려 있다. 왜냐하면 아리스토텔레스의 실체론에 따르면, 각 사물의 본질은 무엇보다도 그 사물의 형상에서 드러나기 때문이다.

아리스토텔레스는 4장 첫머리에서 본질을 순전히 로고스의 관점에서(logikōs) 규정하려고 한다. 그리고 그런 의도에 따라 각 사물의 본질을 'ho legetai kath' hauto'라고 정의한다. 로스(W.D. Ross)는 이 구절을 "The essence of each thing is what it is said to be *propter se*"라고 옮겼는데, 우리말로 풀이하면, '갑'에 대해 그것이 '그 자체로서' '을'이라고 말한다면, 바로 이 '을'에 해당하는 것이 갑의 본질이라는 뜻이다.

본질에 대한 이런 정의가 무엇을 뜻하는지는 이어지는 논의에서 보다 분명해진다.[38] 아리스토텔레스는 먼저 각 사물의 본질을 그 사물에 부수적으로(kata symbebēkos)[39] 속하는 것과 구별한다. 이에

---

38 VII, 4-6에서 아리스토텔레스는 'to ti ēn einai'를 그것이 사용되는 언어적 문맥에서 분석한다. 다시 말해서 VII권의 본질론은 to ti ēn einai가 정의 (logos)의 대상이라는 사실을 실마리로 삼아 사물에 대한 정의 방식을 분석하는 데서 출발한다. 여기서 쓰인 'logikōs'라는 말은 그런 점에서 '언어적으로', '말과 관계해서' 또는 '정의와 관계해서' 등의 뜻으로 이해할 수 있을 것이다. 아리스토텔레스는 보통 logikōs를 physikōs와 대비되는 뜻으로 쓴다. Th. Buchheim, 'Genesis und substantielles Sein. Die Analytik des Werdens im Buch Z der Metaphysik (Z 7-9)', in: Ch. Rapp (Hrsg.), *Aristoteles. Metaphysik Die Substanzbücher* (Z,H,), Berlin 1996, 107쪽, 각주 5를 참고하라.

39 IV 1, 1003a 25에 대한 각주를 참고하라.

따르면 너의 본질(to soi einai)은 음악적임(to mousikōi einai)이 아
니다. "너는 음악적이다"라고 말을 한다면, 이 진술에서 '음악적이
다' 또는 '음악적임'이라는 술어는 너에게 속한 어떤 상태를 가리키지
만, 그것은 너에게 '그 자체로서(kata sauton)' 속하는 것이 아니라
다만 부수적이거나 우연적인 뜻에서 너에게 속하는 것이기 때문에
너의 본질이 될 수 없다.[40] "네가 너 자체로서 일컬어지는 바로 그것
이 너의 본질이다." 또한 다른 종류의 진술, 예컨대 "표면은 하얗다"
는 진술에서 술어로 쓰인 '하얗다' 또는 '하양'도 표면의 본질을 드러
내는 것이 아닌데, 그 이유는 "표면은 무엇인가?"라고 물었을 때, 그
물음에 대해 "표면은 하얗다" 또는 "표면은 색깔이 있다"라고는 말하
지 않기 때문이다.[41] 물론 하양이나 색깔은 표면 자체에 속하는 고유
한 속성들(idia, properties) 가운데 하나이다. 이는 마치 굽음이나 곧
음이 선분의 고유한 속성으로서 선분 자체에 속하는 것과 마찬가지
다. 하지만 본질과 그런 종류의 속성은 서로 구별해야 한다는 것이
아리스토텔레스의 생각인데, 그는 다른 저술 《토피카》에서도 똑같은
주장을 내세운다.[42] '하양임'이 표면의 본질이 아님을 밝힌 뒤, 아리

---

40 V 7, 1017a 17 ff.를 참고하라. 거기서의 설명에 따르면, 어떤 사람을 두고
    그가 음악적이라고 말한다면, 여기서 말하는 '음악적임'은 그 사람에게 부
    수적으로(우연적으로) 속한다. 어떤 사람도 본성적으로 리라를 연주하는
    능력을 타고나는 것은 아니기 때문이다.

41 크기가 있는 모든 사물의 표면은 그 자체로서 색깔을 갖는다는 뜻으로 받아
    들여야 좋을 것이다. 앞의 67쪽의 주 42를 참고하라. XII 4, 1070b 20 f.도
    함께 참고하라.

스토텔레스는 "나아가서 그 둘의 결합체, 하얀 표면임 역시 표면의 본질은 아닌데, 그 까닭은 표면 자체가 거기에 부가되어 있기 때문이다"라고 덧붙인다. 하얀 표면임이 표면의 본질이 아닌 이유는 말하지 않아도 분명하다. "표면은 하얀 표면이다"라고 말한다면, 이 진술 가운데는 정의되어야 할 것(definiendum) 자체, 즉 '표면'이 들어 있어서 표면의 본질을 드러내는 정의로서 부적합하다. 그런 뜻에서 아리스토텔레스는 "정의 대상 자체는 포함하지 않으면서 그 대상이 무엇인지를 말하는 로고스, 이것이 각자의 본질에 대한 로고스이다"라고 말한다.

지금까지의 논의가 본질을 부수성 및 속성과 구별하는 데 초점을 맞추었다면, 이어지는 부분(1029b 22 ff.)에서는 어떤 것이 본질을 갖는가 또는 어떤 것이 정의될 수 있는가의 문제를 다룬다. 먼저 '하얀 사람'처럼 실체의 범주에 속하는 것(사람)과 다른 범주에 속하는 것(하양)이 결합된 우연적인 복합체가 검토 대상이다. '하얀 사람'과 같은 종류의 복합체에는 본질이 속하는가? 하얀 사람을 일컬어 '두루마기'[43]라고 부른다고 해보자. 이 두루마기의 본질은 무엇인가? 아리스토텔레스는 먼저 1029b 14에서 내세운 '본질'에 대한 정의에 맞추어 본질에 대한 로고스가 갖추어야 할 조건을 제시(1029b 28-1030a

---

42 《토피카》 I 5, 102a 18 ff.를 보라.

43 아리스토텔레스는 'himation'이라는 말을 쓰는데, 이 말은 본래 '겉옷'을 뜻한다. 하지만 그 말은 그저 임의적으로 선택한 용어에 지나지 않기 때문에 어떤 말로 옮기든 크게 문제되지 않는다. 그래서 여기서는 '두루마기'라는 말로 옮긴다.

2)한 뒤, "두루마기의 본질은 도대체 본질에 해당하는 것인가, 그렇지 않은가?"라고 묻고, 두루마기가 본질을 가질 수 없는 두 가지 이유를 제시한다. 첫째로, 두루마기는 실체가 아니기 때문에 본질을 가질 수 없다. 풀어 말하자면, 본질은 '이것'이라고 지시할 수 있는 실체에 그 자체로서 속하는 것인데, 두루마기, 즉 하얀 사람은 그런 단순한 실체가 아니라 사람이라는 실체와 하양이라는 색깔의 복합체이기 때문에 본질을 가질 수 없다는 말이다. 둘째로, 어떤 대상을 가리키는 이름이 있고 그 이름이 가리키는 대상에 대해 진술하는 로고스가 있다고 해서 그런 로고스가 언제나 대상에 대한 정의가 되는 것은 아니다. 아리스토텔레스에 따르면, '첫째가는 것(prōton ti)'을 대상으로 삼는 로고스만이 정의가 될 수 있고, 따라서 오로지 첫째로 있는 것에 해당하는 '어떤 류에 속하는 종들(eidē genous)'만이 정의의 대상이요 본질을 가질 수 있다. 예를 들어보자. "두루마기는 무엇인가?"라는 물음과 "사람은 무엇인가?"라는 물음에 대해 우리는 각각 "두루마기는 하얀 사람이다", "사람은 두 발 가진 동물이다"라고 대답할 수 있다. 그런데 이 두 진술의 겉보기 구조는 똑같아도, 사실 '하양'과 '사람'의 관계는 '두 발 가진'과 '동물'의 관계와 본성이 다르다. 하양이라는 성질은 사람에게 부수적으로 속하는 것에 불과하지만, 두 발 가진이라는 성질은 동물이라는 류를 사람이라는 종으로 규정하는 종차이기 때문이다.

그렇다면 실체 범주에 속하는 것들을 빼놓고는 어떤 것도 정의될 수 없고, 본질도 가질 수 없다는 말인가? 우리는 실체가 아닌 '하양'이라는 색깔에 대해 "하양은 이러저러한 색깔이다"라고 정의를 내릴 수 있는데 이 경우는 어떻게 설명할 수 있는가? 또한 '암컷'을 '새끼를 낳는 동물'이라고 정의한다면, 이런 정의는 또 어떻게 설명할 수 있는가? 아리스토텔레스는 '있다(esti)'와 '무엇(ti esti)'의 유비적인 쓰임을 실마리로 삼아 그 물음에 대한 대답을 찾는다. '있다'라는 말이 여러 가지 뜻으로 쓰이고 그에 따라 어떤 것이 '무엇(ti esti)'이라고 말할 때도 여러 가지 뜻이 있을 수 있으며, 따라서 어떤 것이 그 자체로서 무엇인지를 기술하는 진술이 드러내는 본질도 여러 가지 뜻으로 쓰일 수 있다는 말이다. 다만 그런 다의적인 쓰임에도 불구하고 변하지 않는 점은, '있다'가 첫째로는 실체에 대해서, 파생적으로 다른 범주에 속해 있는 것들에 대해서 쓰이듯이, 본질도 첫째로는 실체에, 파생적으로는 다른 것들에 속한다는 사실이다. 아리스토텔레스 자신의 말을 그대로 옮기면, "본질은─'무엇'이 그렇듯이─첫째가는 뜻에서나 무제한적인 뜻에서는 실체에 속하고 그 다음으로는 다른 것들에 속할 것이니, 이것은 무제한적인 뜻에서의(haplos) 본질이 아니라 성질의 본질이거나 양의 본질이다." 따라서 양, 성질 등에 대해 본질이나 정의가 있다면, 그것은 첫째가는 뜻에서가 아니라 파생적인 뜻에서 그럴 뿐이다.

5장에서는 '하얀 사람'과는 다른 종류의 결합물을 대상으로 삼아, 그것에 대해 본질과 정의가 있는지를 논의한다. 예컨대 '딱부리'[44]가 그런 결합물에 해당한다. (눈)딱부리는 툭 불거진 눈이다. 그것은

---

44 아리스토텔레스가 드는 예는 simon(안장코)이다. 하지만 여기서는 사례를 '딱부리'로 바꾸었다. 이에 대해서는 앞의 78쪽의 주 57을 참고하라.

눈과 불룩한 형태가 결합된 것이고, 그런 점에서 사람과 하양이 결합된 하얀 사람과 같다. 하지만 하양은 사람에게 부수적으로 속하는 반면, 딱부리 모양은—딱부리는 그 자체로서 '불룩한 눈'이기 때문에—눈에 본질적으로 속한다. 하양은 그것이 속하는 사람 없이도 정의될 수 있지만, 딱부리 모양은 그것이 속하는 주체인 눈 없이는 정의될 수 없다는 뜻에서 그렇다. 이는 '남성(男性)'이나 '여성'이 동물에 본질적으로 속하고, '홀수성'이나 '짝수성'이 수에 본질적으로 속하는 것과 마찬가지다. 그러면 그런 '딱부리' 또는 '딱부리 모양'도 본질을 갖는가? 아리스토텔레스에 따르면, 그런 것들, '홀수성', '남성', '딱부리' 등에 대해서는 본질과 정의가 있지 않거나, 만일 있다면, 그것은 실체에 본질과 정의가 속하는 것과 다른 방식으로 있다. 즉 위에서 말했듯이, 성질이나 크기가 파생적으로 본질과 정의를 갖는다는 뜻에서 그런 것들도 본질과 정의를 가질 수 있다는 말이다. 5장의 마지막 부분은 다시 한번 본질과 정의의 다의적 쓰임에 대해 말하면서, '가장 엄밀하고 첫째가며 무제한적인 뜻에서는' 오로지 실체만이 본질을 갖는다는 점을 강조한다.

6장에서는 본질과 각 사물의 동일성의 차이를 다룬다. 두 종류의 대상이 논의거리로 등장한다. 하나는 하얀 사람과 같은 '부수적인 통일체들(ta legomena kata symbebēkos)'인데, 이것들 각각은 자신의 본질과 동일하지 않다. 아리스토텔레스는 그 둘의 차이성을 귀류법적으로 증명한다(1031a 19-28). 이어지는 부분(1031a 28 ff.)에서 다루는 다른 한 종류의 대상은 '그 자체로 있는 것들'인데, 이런 것들은 각자의 본질과 필연적으로 동일하다. 아리스토텔레스는 플라톤주의자들이 '그 자체로 있는 것들(ta kath' hauta legomena)'로 내세우는 이데아들을 예로 들어, 그 자체로 있는 것과 그것의 본질 사이의 동일성을 논증한다. 각각의 이데아와 그것의 본질 사이의 동일성에 대한 논변으로부터 아리스토텔레스는 '그 자체로 있는 것' 모두에 대한 일반적 결론을 이끌어내는데, 그에 따르면, "첫째가면서 그 자체로서 있는 것들의 경우 각 사물과 각자의 본질은 똑같다."

4장에서 6장에 걸친 아리스토텔레스의 본질론은 매우 추상적이고 사변적이다. 따라서 거기서 본질에 대한 어떤 완결된 논의나 구체적 해명을 찾아내려고 하는 사람은 만족을 얻지 못할 수도 있다. 하지만 그 이론은 오늘날까지 끊임없이 계속된 본질에 대한 탐구의 원형적인 모습이 어떤 것이고, 그 근본 문제가 어떤 것인지를 분명하게 보여준다는 뜻에서 큰 의의가 있다.

《형이상학》 VII권 4장, 1029b 1-1030b 13

어떤 것들이 본질(to ti ēn einai)을 갖는가?: 1. 본질에 대한 보편적 규정: 어떤 것이 그 자체로서 무엇인지를 말하는 진술 속에서 드러나는 것. (a) 그에 대한 설명. (b) 그 규정의 내용에 대한 의미 제한. (c) 첫째 범주와 다른 범주로 이루어진 복합된 것은 본질을 갖는가? (d) 본질에 대한 규정, 즉 정의(horismos)는 오로지 종(eidos)에 대해서만 있다. 2. '있는 것'이 다양한 뜻으로 쓰이는 만큼 정의의 의미도 다양하다. (a) 어떤 것이 '무엇'인가라는 물음(to ti esti)은 첫째로는 첫째 범주에 관계하고, 파생적으로는 다른 범주들과도 관계한다. (b) 따라서 첫째로는 실체가 본질을 갖고, 부차적인 의미에서는 나머지 범주에 속해 있는 것들도 본질을 갖는다. (c) 요약.

〔1〕 (1) 처음에[45] 우리는 실체를 규정하는 여러 가지 방식을 구별했는데, 일반적인 견해에 따르면 그 가운데 하나는 본질이므로, 〔13〕 이것에 대해 탐구해야 한다. 먼저 로고스의 관점에서(logikōs) 그것과 관련된 몇 가지 점을 말해보기로 하자. 어떤 대상이 그 자체로서 무엇인지를 말하는 진술 속에서 드러나는 것, 그것이 각자의 본질이다.[46] (a) 이를테면 너의 〔15〕 본질은 음악적임이 아닌데,[47] 그 까닭은

---

45 VII 3, 1038b 33-6.

46 아리스토텔레스는 각 사물의 본질(to ti ēn einai hekastōi)을 'ho legetai kath' hauto'라고 규정한다. 즉 우리가 어떤 대상 '갑'에 대해, 그것이 '그 자체로서' '을'이라고 말할 수 있다면, 바로 이 '을'이 갑의 본질이라는 말이다. Ross는 그 구절을 "The essence of each thing thing is what it is said to be *propter se*"라고 옮겼는데, 우리말로써는 원문의 표현을 그대로 옮기기 힘들기 때문에 여기서는 내용에 따라 풀어 옮겼다. 다음의 번역도 함께 참고하라. Bonitz: "Zuerst nun wollen wir darüber einiges im allgemeinen sagen, nämlich daß das Wesenswas für ein jedes Ding das ist, als welches es an sich bezeichnet wird." Frede-Patzig: "Und zunächst wollen wir darüber einiges rein formale Bemerkungen machen, nämlich daß das 'Was es heißt, dies zu sein' einer jeden Sache das ist, als was sie von ihr selbst her bezeichnet wird."

47 원문은 "ou gar esti to soi einai to mousikōi einai"이고, Ross는 이를 "For being you is not being musical"로 옮겼다. 원문에 따라 보면, 앞의 'to soi einai'는 'to ti ēn einai soi'와 바꿀 수 있는 표현이고, 따라서 '너의 본질'로

너는 너 자체로서 음악적이 아니기 때문이다. 네가 너 자체로서 무엇이라고 일컬어진다면, 그 '무엇'에 해당하는 것이 너의 본질이다. (b) 하지만 이런 것 전부가 본질은 아닌데, 그 까닭은 "표면은 하얗다"라고 말할 때와 같은 방식으로 각 대상이 그 자체로서 무엇인지 말하는 진술 속에서 드러나는 것은 본질이 아니기 때문인데, 표면의 본질은 하양임이 아니기 때문에 그렇다. 나아가서 그 둘의 결합체, 하얀 표면임 역시 표면의 본질은 아닌데, 그 까닭은 표면 자체가 거기에 부가되어 있기 때문이다.[48] 그러므로 정의 대상 자체는 포함하지 않으면서 [20] 그 대상이 무엇인지 말하는 로고스, 이것이 각자의 본질에 대한 로고스이니, 따라서 하얀 표면임이 부드러운 표면임과 같다면, 하양의 본질과 부드러움의 본질은 같은 것이요 하나일 것이다.[49] (c)

옮겨야 한다. 하지만 뒤의 'to mousikōi einai'를 예컨대 '음악성의 본질'로 옮겨서 "너의 본질은 음악성의 본질이 아니다"고 말하는 것은 아무 뜻이 없다. 앞에서(53쪽) 말했듯이, 'to mousikōi einai'가 쓰인 이유는 다음과 같다. "너는 음악적이다"는 그리스어로 "soi hyparkei to mousikōi einai" 또는 "soi symbebēke to mousikōi einai(너에게 음악적임이 속한다)"로 옮길 수 있다. 그리고 이때 'to mousikōi einai'는 주어인 '너'에게 속하는 '음악적임(to be musical)', 즉 음악적인 존재를 가리킨다. "ou gar esti to soi einai to mousikōi einai"가 말하려고 하는 바는, "soi symbebēke to mousikōi einai"와 같은 진술에서 너에게 귀속된 '음악적인 존재(to mousikōi einai)'는 너 자체에 속하는 것, 즉 너의 본질이 아니라는 뜻으로 보아야 할 것이다.

48 "표면은 하얀 표면이다"라고 말한다면, 이 말 속에는 정의 대상인 '표면' 자체가 부가되어 있어(prosesti) 표면에 대한 정의로는 적당하지 않다. 그것은 일종의 동어 반복(tautology)이기 때문이다.

하지만 다른 범주들에 걸쳐 두루두루 복합체(syntheta)가 있기 때문에(왜냐하면 질적인 것, 양적인 것, 〔25〕 때, 장소, 운동과 같은 것 각각의 경우 어떤 기체가 그 밑에 놓여 있기 때문이다), 그런 것들 각각의 본질에 대한 로고스가 있는지, 이를테면 하얀 사람[50]과 같은 종류의 것들에 본질이 속하는지 여부를 탐구해야 한다. 그것의 이름을 '두루마기'라고 해보자. 두루마기의 본질은 무엇인가? 그것은[51], 어떤 것이 그 자체로서 무엇인지를 말하는 진술의 대상이 아니다. 아니, 어떤 것이 그 자체로서 무엇인지를 말하는 진술이 아니라고 말할 때, 거기에는 〔30〕 두 가지 뜻이 있는데, 하나는 부가(prosthesis)에 의해 진술이 이루어질 경우이고 다른 하나는 그렇지 않은 경우이다. 한 경우는 정의 대상이 다른 것에 부가되어서 진술이 이루어지는 경우인데, 이를테면 하양의 본질을 정의하면서 하얀 사람에 대한 로고스를 제시하는 경우가 그에 해당한다. 다른 경우는 다른 것이 정의 대상에 부가되어 있는 경우인데, 이를테면 '두루마기'가 하얀 사람을 가리킨다고 가정할 때 '두루마기'를 '하얀 것'으로서 정의한다면 그런 상황이 빚어진다.[52] 〔1030a〕 하얀 사람은 하얗지만, 그렇다고 하더

---

49 이것은 물론 받아들일 수 없는 결론이다.

50 피부색이 하얀 사람 또는 얼굴이 창백한 사람을 가리키는 듯하다.

51 두루마기의 본질(to himatiōi einai)을 가리킨다.

52 예컨대 '하얀 사람'은 '사람'에 '하양'이 부가되어 있는 복합체인데, 이런 복합성을 무시하고 '하얀 사람'을 정의하면서 오로지 '하양'에 대한 로고스를 제시한다면, 이는 부가의 오류에 반대되는 오류, 즉 생략의 오류를 범하는 셈이다(아래 1030a 33을 참고). M. Frede und G. Patzig, Aristoteles

라도 하양의 본질은 아니다. 아니, 두루마기의 본질은 도대체 본질에 해당하는 것인가, 그렇지 않은가? 왜냐하면 '이것'이 무엇인지를 말할 때, 바로 이 '무엇'에 해당하는 것이 본질이기 때문이다.[53] 어느 하나가 다른 하나에 대해 술어가 될 때, 이런 진술은 '이것'이 무엇인지를 드러내는 것이 아니다. 이를테면 (5) '하얀 사람'은 '이것'이 무엇인지를 드러내는 표현이 아닌데, '이것'은 오직 실체들에만 속하기 때문이다.[54] 그러므로 어떤 대상들에 대한 로고스가 정의(horismos)일 때 그런 대상들에 본질이 속한다. (d) 그런데 이름(onoma)이 로고스와 똑같은 것을 가리킨다고 해서 정의가 성립하는 것은 아니고

'Metaphysik Z'. Text und Übersetzung und Kommentar, Bd. 1. Einleitung, Text und Übersetzung, Bd. 2. Kommentar, München 1988, S. 63을 함께 참고하라. (다음부터는 'Metaphysik Z I'과 'Metaphysik Z II'로 줄여 인용한다.)

53 여기서는 1030a 3의 "hoper gar <tode> ti esti to ti ēn einai"를 그 의미에 따라 풀어 옮겼다.

54 실체들만이 지시 가능한 '이것'이고, 엄밀한 의미에서 본질을 가질 수 있다. 그에 반해 '하얀 사람'은 실체와 성질이 결합된 우연적 복합체이기 때문에 엄밀한 뜻에서 본질을 가질 수 없고, 따라서 정의될 수도 없다. '두루마기'에 대한 로고스, "두루마기는 하얀 사람이다"는 '사람'에 대한 정의, "사람은 두 발 가진 동물이다"와 겉보기에는 비슷하지만, 실제의 내적 구조는 전혀 다르다. 그 구조적 차이에 대해서는 121쪽의 해제를 참고하라. 실체들만이 지시 가능한 '이것'이고, 엄밀한 의미에서 본질을 가질 수 있다는 말은 본질의 개별성을 인정하는 말로 해석할 수 있는데, 사실 다음과 같은 여러 표현들이 그런 해석을 뒷받침한다: to ti ēn einai Kalliai(1022a 27), to soi einai(1029b 14), <to> Sōkratei einai (1032a 8), <to> psychēi einai (1036a 1), to tēide tēi oikia <einai>(1039b 25).

(왜냐하면 그렇다면 모든 로고스가 정의일 것이니, 그 까닭은 어떤 종류의 로고스에 대해서나 이름이 있을 것이고, 결국《일리아스》역시 정의에 해당할 것이기 때문이다[55]), 로고스가 〔10〕 첫째가는 것 (protou tinos)을 대상으로 할 때 정의가 성립하는데, 이런 종류의 것들에 대한 진술은 어느 하나가 다른 하나에 대해 술어가 되는 진술 형태를 취하지 않는다. 그러므로 어떤 류(genos)에 속하는 종(eidos)들을 제외하고는 어떤 것에도 본질은 속하지 않을 것이고, 오직 그런 종류의 것들에게만 속할 것이다[56](왜냐하면 일반적인 견해에 따르면 이것들에 대한 진술은 관여의 관계나 주체와 속성의 관계에 의거한 것도, 우연적인 관계에 의거한 것도 아니기 때문이다). 다른 것들 각각의 경우 그것에 대해 이름이 있다면 〔15〕 그 이름이 가리키는 것이 무엇인지를 진술하는 로고스, 즉 이것이 저것에 속한다는 사실을 말하는 로고스가 있을 것이고, 또 단순한 로고스 대신 자세한 부연 설

---

55 이름과 로고스가 똑같은 것을 가리킨다고 해서 그때 쓰인 로고스가 모두 정의가 되는 것은 아니다. 이를테면 '일리아스'라는 이름과 서사시 작품《일리아스》— 이 또한 넓은 의미에서 로고스이다 — 는 똑같은 것을 가리키지만, 그렇다고 해서 작품《일리아스》전체가 정의는 아니다.

56 1030a 12의 "ouk estai ara oudeni tōn mē genous eidōn hyparchon to ti ēn einai"를 Frede-Patzig는 "Daraus folgt, daß nichts, was nicht zu den Formen einer Gattung gehört, ein 'Was es heißt, dies zu sein' besitzt"로 옮긴다. 하지만 거기서 말하는 'eide'는 '형상(form)'이 아니라 '종(種, species)'을 가리킨다. 다시 말해서 종이 정의에 합당한 본질을 갖는다는 말이다. 이에 대한 자세한 논의는 D.-H. Cho, *Ousia und Eidos*, S. 59-61을 참고하라.

명을 하는 로고스가 있을 것이지만, 그렇다고 해서 정의나 본질이 있는 것은 아닐 것이다.

(2.) 아니, 정의나 '무엇(ti esti)'은 여러 가지 말뜻으로 쓰이는가? (a) 왜냐하면 '무엇'은 어떤 방식으로는 실체와 '이것'을 가리키지만, 어떤 방식으로는 [20] 술어에 해당하는 것 하나하나를, 즉 양이나 질이나 그런 종류의 다른 것들을 가리키기 때문이다. 그 이유는 이렇다 : '있다(esti)'는 모든 것에 속하지만 똑같은 방식으로 그런 것이 아니라 어떤 것에는 첫째가는 뜻으로, 다른 것들에는 파생적인 뜻으로(hepomenōs) 속하는데, 이와 마찬가지로 '무엇'은 무제한적으로는 실체에, 제한적으로는 다른 것들에게 속한다.[57] 왜냐하면 우리는 성질에 대해서도 그것이 '무엇'인지 말할 것이기 때문인데, 결국 성질은 '무엇'에 해당하는 것들 가운데 하나이지만, [25] 무제한적인 뜻에서 그렇지는 않고, 마치 있지 않은 것을 두고 어떤 사람들이— 언어적으로—있지 않은 것이 있다고 말할 때 이것이 무제한적인 뜻에서 그런 것이 아니라 있지 않다는 뜻에서 그렇듯이,[58] 성질의 경우에도 마찬가지이다. (b) 그렇다면 우리는 각 대상이 있는 방식보다는 각 대상에 대한 진술이 따라야 하는 방식에 대해서 탐구해야 한다. 그런데 지금까지 말한 것은 이제 분명하기 때문에, 본질은— '무

---

57 '있다'라는 말이 첫째로는 실체의 범주에 속하는 것들에 대해서, 파생적으로는 다른 범주에 속하는 것들에 대해서 쓰이듯이, '무엇'도 첫째로는 실체의 범주 안에서, 파생적으로는 다른 범주 안에서 쓰일 수 있다는 말이다.

58 이를테면 우리는 '둥근 삼각형'이나 '황금 산'처럼 있지 않은 것들을 두고 "있지 않은 것이 있다"고 말할 수 있다.

엇'이 그렇듯이—[30] 첫째가는 뜻에서나 무제한적인 뜻에서는 실체에 속하고 그 다음으로는 다른 것들에 속할 것이니, 이것은 무제한적인 뜻에서의(haplos) 본질이 아니라 성질의 본질이거나 양의 본질이다. 왜냐하면 그것들이 '있는 것'이라고 불리는 것은 동음이의적인 뜻에서나(homōnymōs) 또는 부가 및 생략에 의해서이기 때문인데, 이는 마치 인식되지 않은 것이 인식되었다고 말하는 것과 같다.[59] 사실 말의 그런 쓰임은 동음이의적인 것도 아니고 [35] 일의적인(hōsautōs) 것도 아니며, 마치 '의술적'이라는 말이 그렇듯이 같은 것 어느 [1030b] 하나와의 관계(pros hen)에 따라서 쓰이는 것이지, 같은 것 어느 하나를 뜻하는 것이 아니고 그렇다고 해서 동음이의적인 뜻으로 쓰이는 것도 아닌데, 그 까닭은 몸과 행위와 도구는 모두 '의술적'이라고 불리지만 그 말은 동음이의적인 것도 아니고 어떤 한 가지 뜻으로 그런 것도 아니며 어떤 하나와의 관계에 따라서 그렇게 쓰이기 때문이다.[60] (c) 하지만 둘 중 어떤 방식으로 사실을 표현하려고 하건 아무런 차이가 없지만, [5] 분명한 것은 첫째가고 무제한적인 뜻에서의 정의와 본질은 실체들에 속한다는 사실이다. 그것들은 다른 것들에도 똑같이 속하지만, 다만 첫째가는 뜻에서는 그렇지 않다. 왜냐하면 우리가 이런 사실을 전제한다면, 〈이름과〉로고스가 똑같은 것을 가리킬 경우 그런 대상에 대해서 정의가 있다는 결론이 필연

---

59 "신들이 알 수 없는 존재임을 알았다"고 말한다면, 이 경우가 그에 해당할 것이다.

60 IV 2, 1003b 1 ff.를 보라.

적으로 따라 나오는 것은 아니기 때문인데, 특정한 로고스만이 정의 구실을 한다. 이런 경우는 로고스가 어느 하나를 대상으로 하되,《일리아스》나 [10] 서로 연결된 말들처럼 연속성에 의해서 형성된 하나가 아니라 '하나'라는 말의 여러 가지 뜻에 상응해서 하나일 때 성립한다.⁶¹ '하나'는 '있는 것'과 똑같은 방식으로 쓰이는데, '있는 것'은 어떤 때는 '이것'을, 어떤 때는 양적인 것을, 어떤 때는 질적인 것을 가리킨다. 그러므로 하얀 사람에 대해서도 로고스와 정의가 있겠지만, 하양이나 사람에 대한 것과는 다른 방식으로 정의가 있다.

《형이상학》 VII권 5장, 1030b 14-1031a 14

결합물들(syndedyasmena)에 대한 정의는 있는가?: 1. 결합물들에 대한 정의의 어려움들 (a) 그런 정의는 속성들을 부가함으로써 얻을 수밖에 없을 것이다. (b) 그런 대상들의 본질을 가정하면 무한 퇴행에 빠지게 될 것이다. 2. 따라서 본질은 (a) 실체에 대해서만 있거나, 아니면 (b) 부수적인 의미에서 보면 다른 범주들에 대해서도 있다. (c) 요약.

(1.a) 만일 어떤 사람이 [15] 부가(prosthesis)에 의해 생겨난 로고스가 정의임을 부정한다면, 단순하지 않고 결합된 것들 가운데 어

---

61 '하나(hen)'의 여러 가지 뜻에 대해서는 V 6, 1015b 16 ff.와 X 3, 1054a 32 ff.를 참고하라.

떤 것에 대해 정의가 있을까라는 문제가 생기는데, 그 까닭은 그것들에 대한 로고스는 분명 부가에 의해 생겨날 수밖에 없기 때문이다. 내 말의 뜻은 이렇다. 예컨대 눈과 불룩한 모양이 있고, 그 가운데 어떤 하나가 다른 하나에 속함으로써 그 둘로부터 생겨난 것이 딱부리 모양인데[62], 볼록한 모양이나 딱부리 모양은 우연적인 뜻에서(kata symbebēkos) 눈에 속하는 속성이 아니라, 그 자체로서(kath' hauten) 눈에 속한다.[63] [20] 그 귀속은 하양이 칼리아스나 사람에게 속하는 방식을 따르는 것이 아니라(왜냐하면 사람임은 하얀 칼리아스에 속해 있기 때문이다[64]), '남성'이 동물에, '같음'이 양에 속하는 방식을, 즉 '그 자체로서' 속한다고 일컬어지는 모든 것들이 속하는 방식을 따른다.[65] 그런데 그것들에 대한 말 가운데는 그 속성의 담지자에 대한 로고스나 이름이 들어가며, 따로 떨어져서는 해명될 수 없

---

62 아리스토텔레스가 드는 예는 simotēs(snubness, 안장코의 형태)이다. 하지만 여기서도 앞에서와 마찬가지로 불룩 튀어 나온 눈을 가리키는 우리말인 '딱부리'로 예를 바꿨다. 이에 대해서는 78쪽의 주 57을 참고하라.

63 모든 눈이 '그 자체로서(즉 본성적으로 kath' hauto)' 딱부리 눈은 아니다. 하지만 '딱부리'를 '불룩하게 튀어나온 눈'이라고 정의한다면, 그 정의 가운데는 '눈'이 필연적으로 들어간다. 그런 뜻에서 '딱부리 모양'은 눈에 '그 자체로서' 속한다고 말한다. '그 자체로서'(kath' auto)의 이런 의미에 대해서는《분석론 후서》I 4, 73a 34 ff.를 보라.

64 "칼리아스는 하얗다"는 하양이 칼리아스에 속함을 뜻한다. 그런데 칼리아스는 사람이다. 따라서 하양은 칼리아스에 속할 뿐만 아니라 사람에도 속한다. "'사람임'이 하얀 칼리아스에 속한다"는 식의 표현법에 대해서는 I 1, 981a 20에 대한 주석을 참고하라.

65 '딱부리 모양'를 정의하려면 그것을 속성으로 갖는 주체인 '눈'을 언급하지

으니, [25] 이는 마치 '하양'에 대해서는 '사람'을 언급하지 않고서도 말을 할 수 있지만, '여성'에 대해서는 '동물'을 언급하지 않고서는 말을 할 수 없는 것과 같다. 그러므로 그것들 가운데 어떤 것에 대해서도 본질과 정의가 존재하지 않거나, 만일 존재한다면, 앞서 말했듯이 다른 방식으로 있을 것이다.

(b) 그것들과 관련된 또 다른 문제도 있다. 그 이유는 이렇다. 만일 딱부리 눈과 불룩한 눈이 똑같은 것이라면, 딱부리 모양과 불룩한 모양은 똑같은 것이다. [30] 그러나 만일 그렇지 않고, 그 이유가 딱부리 모양에 대해서는, 그런 모양을 그 자체에 속하는 속성으로서 갖는 것을 떠나서는 말을 할 수 없다는 데 있다면(왜냐하면 딱부리 모양은 눈 안에 있는 불룩한 모양이기 때문이다), '딱부리 눈'이라는 말을 쓰는 것이 불가능하거나 아니면 똑같은 말을 두 번 써서 '불룩한 눈 눈'이라고 말할 수밖에 없을 것이다(왜냐하면 '딱부리 눈'은 '불룩한 눈 눈'이 될 것이기 때문이다). 그런 이유 때문에 그런 것들에는 본질이 속하는 것은 당치 않게 될 것이다. [35] 그렇지 않다면, 무한퇴행이 생겨나, 딱부리 눈 눈에는 또다시 다른 것이 속할 것이기 때문이다.[66]

않을 수 없듯이, '남성(男性)'을 정의하려면 그것을 속성으로 갖는 주체인 '동물'을 언급하지 않을 수 없다. 그런 뜻에서 '딱부리 모양'이나 '남성'은 각각 눈과 동물에 '그 자체로서' 속한다고 말한다.

66 이런 논리적 난점에 대해서는《소피스트식 반박》I 31, 181 b 37 ff.를 참고하라. 이 난점에 대한 아리스토텔레스의 해결에 대한 더 자세한 논의는 D.-H. Cho, *Ousia und Eidos*, S. 58 f.를 참고하라.

〔1031a〕 (2.a) 그렇다면 분명 실체에 대해서만 정의가 있다. 왜냐하면 만일 다른 범주들에 대해서도 정의가 있다면, 그 정의는 어떤 것을 부가함으로써 얻을 수밖에 없기 때문이다. 예컨대 〔성질이 그렇고〕 홀수성이 그런데, 홀수성은 '수' 없이는 정의될 수 없고, 여성 또한 '동물' 없이는 정의될 수 없기 때문이다(내가 '부가에 의해서' 말한다고 할 때, 〔5〕 그것은 이런 사례들에서 그렇듯이 우리가 똑같은 것을 두 번 말하게 되는 경우들을 두고 말하는 것이다). 하지만 만일 이것이 참말이라면, 홀수처럼 결합된 것들에 대해서도 정의가 존재하지 않을 것이다.[67] (그러나 이 점은 우리의 로고스들이 엄밀하지 않기 때문에 눈에 드러나지 않는다.) 반면 만일 이것들에 대해서도 정의(horoi)가 있다면, 이는 다른 어떤 방식에 따라서 그렇거나, 아니면 우리가 말했듯이 정의와 본질은 다의적(pollachōs)이어서, 어떤 뜻에서는 실체들 이외에는 어떤 것에도 정의와 본질이 속하지 않지만, 〔10〕 어떤 뜻에서는 그렇지 않다고 말해야 한다. 그렇다면 분명 정의는 본질에 대한 로고스이며, 본질은 가장 엄밀하고 첫째가며 무제한적인 뜻에서는 오로지 실체들에만 속한다.

---

67 홀수는 '수'와 '홀수성'의 결합체이다. '홀수'라는 우리말에서는 그런 사실이 드러나지 않지만 그리스말 'arithomos perittos'나 영어의 'odd number'에서는 그 점이 분명하게 드러난다.

《형이상학》 VII권 6장, 1031a 15-1032a 11

각 사물은 자신의 본질(to ti ēn einai)과 동일한가?: 1. 문제 제기. 2. 부수적인 통일체의 경우 있는 것과 본질은 다르다. 3. 그 자체로서 있는 것(ta kath' hauta onta)은 자신의 본질과 필연적으로 동일한가? (a) 이데아들이 첫째 실체들이라면, 그것들은 자신의 본질과 동일해야 한다. (b) 대상과 본질의 동일성은 인식의 조건이다. (c) 동일성을 지지하는 다른 논변들. 4. 요약.

[15] (1.) 우리는 본질과 각 사물이 같은지 다른지를 탐구해야 한다.[68] 이것은 실체에 대한 탐구에 얼마간 유용하기 때문인데, 그 까닭은 일반적인 의견에 따르면 각 사물은 그 자신의 실체와 다른 것이 아니고 각 사물의 실체를 일컬어 본질이라고 부르기 때문이다.

(2.) 그런데 부수적인 통일체[69]의 경우, 그 둘은 다를 터인데, 예

---

68 여기서 '각 사물'이라고 옮긴 'hekaston'은 'to kath' hekaston'과 구별해야 한다. 'to kath' hekaston'은 개별적인 것, 곧 개별적인 감각물이나 개별적인 종(예컨대 사람, 말, 소)을 가리킬 때 쓰인다(《동물의 부분에 대하여》 I 1, 639a 15 ff.와 I 4, 644a 29 ff.를 참고). 반면 'hekaston'은 개별자를 뜻하는 것이 아니라—개별자나 보편자를 가릴 것 없이—어떤 문맥에서 다뤄지는 각각의 대상을 가리킨다. 그래서 Ross는 'each thing'으로 옮겼다. 따라서 6장에서 논의되는 것은 단순히 감각적인 개별자와 그것의 본질이 동일한가의 문제가 아니라—논의 대상이 보편자인지 개별자인지, 어떤 범주에 속해 있는 것인지를 불문하고—각 대상이 그것의 본질과 동일한가의 문제이다. 1031b 27 ff.에서 아리스토텔레스는 하양이라는 상태를 예로 들어, 그것이 자신의 본질과 동일하다고 말할 수 있는 것은 그 때문이다.

컨대 하얀 사람은 하얀 사람의 본질과 〔20〕 다를 것이다. (그 이유는 이렇다. 만일 그 둘이 같다면, 사람의 본질과 하얀 사람의 본질이 같을 것인데, 그 까닭은, 사람들의 말대로, 사람과 하얀 사람은 같은 것이어서, 결과적으로 하얀 사람의 본질과 사람의 본질은 같을 것이기 때문이다.[70] 아니 우연적 통일체들이 (그것들의 본질과) 같다는 결론이 필연적으로 따라 나오지는 않을 터인데, 〔25〕 그 까닭은 마지막 항들은 똑같은 뜻에서 매개념과 같은 것이 아닐 터이기 때문이다.[71] 하지만 그런 결론이 따라 나온다고 주장할 수도 있을 것이다. 즉 마지막 항들이, 예컨대 하양임과 음악적임이 그렇듯이, 우연적인 뜻에서[72]

---

69 원문의 'ta legomena kata symbebēkota'를 그대로 옮기면 '부수적인 뜻에서 불리는 것들'이라고 해야겠지만, 여기서는 Ross의 번역 'accidental unities'가 본뜻을 적절하게 표현한다고 보기 때문에, '부수적인 통일체'라고 옮겼다.

70 아리스토텔레스는 여기서 부수적인 통일체의 한 사례로서 '하얀 사람'을 취해 그것이 '하얀 사람의 본질'과 동일할 수 없음을 논증한다. 귀류법의 형식을 취한 그 논증의 내용은 이렇다. (1) 하얀 사람＝하얀 사람의 본질이라고 가정해보자. (2) 사람＝하얀 사람이고, (3) 사람＝사람의 본질이기 때문에, 결국 사람의 본질＝하얀 사람의 본질이라는 결론이 나온다. 하지만 이 결론은 참이 아니다. 따라서 처음의 가정 (1)은 참이 아니다.

71 이 구절의 의미를 파악하기는 쉽지 않다. Ross는 이를 다음과 같이 옮겼다. "But perhaps it does not follow that the essence of accidental unities should be the same as that of the simple terms. For the extreme terms are not in the same way identical with the middle term." 그리고 그런 해석에서 출발해서 Ross는 이 구절을 앞의 귀류법적 논증의 타당성을 부정하는 발언으로 받아들인다. 하지만 Ross의 번역은 원문의 "ē ouk anankēhosa kata symbebēkos einai tauta, ou gar hōsautōs ta akra 도

똑같다고 주장할 수도 있을 것이다. 하지만 그렇다는 생각은 들지 않는다[73].)

(3) 그에 반해 그 자체로서 있는 것들[74]의 경우, 그 각각은 각자

---

gignetai tauta"과 상당한 거리가 있다. 필자가 보기에는 Bonitz의 번역이 맥락에 더 알맞다 : "Aber es folgt nicht mit Notwendigkeit, das Ding und Wesenswas bei Akzidenzien dasselbe sei, denn in den Prämissen ist nicht auf gleiche Weise das Prädikat mit dem Subjekt identisch." 이렇게 보면 이 발언은 앞의 귀류법적 논증의 타당성을 부정하기 위한 것이 아니라, 우연적인 통일체와 그것의 본질이 동일하다는 결론이 어떤 경우에 '필연적으로' 따라나오지 않는다는 뜻으로 보아야 할 것이다. 예컨대 (1) 사람=사람의 본질, (2) 사람=하얀 사람을 전제로 삼아 (3) 하얀 사람=하얀 사람의 본질이라는 결론을 이끌어낸다면, 전제 (1)의 경우 동일성은 필연적인 것이지만, (2)의 경우 동일성은 한갓 우연적인 것이기 때문에, 그 두 전제로부터는 (3)의 결론이 '필연적으로' 따라나오지는 않는다. 11장 1037b 5-8을 참고하라. 관련 구절에 대한 더 자세한 분석은 D.-H. Cho, *Ousia und Eidos*, S. 63 f.를 참고하라.

72 1031a 27은, 사본 *Π*를 따라 ta를 삭제하고 'kata symbebēkos'를 부사적으로 읽었다.

73 아리스토텔레스는 앞에서 하얀 사람과 하얀 사람의 본질 사이에 어떤 필연적 동일성도 없다는 사실을 밝힌 다음, 이제 그 둘 사이에는 우연적 동일성도 없다고 말하려는 듯하다. 이를테면 칼리아스가 하얗고 또한 음악적이라면, 하양임과 음악적임은 모두 칼리아스에게 속한다는 점에서 우연적으로 동일하다(V 6, 1015b 19 ff.). 그것들은 우연적으로 칼리아스에게 속해 하나가 되어 있다는 뜻에서 그렇다. 하지만 부수적 통일체와 그것의 본질 사이에는 이런 종류의 우연적 동일성조차도 존재하지 않는다.

74 원문의 'ta kath' hauta legomena'를 Ross는 'self-subsistent things'로 옮겼다.

의 본질과 필연적으로 똑같은가? (a) 예컨대 만일 자신들에 앞서는 다른 어떤 실체도 자연물도 없는 어떤 실체들, 즉 사람들이 이데아들이라고 부르는 것과 같은 종류의 실체들이 있다면, 어떨까? (i) 만일 좋음 자체와 좋음의 본질이 다르고, 동물과 동물의 본질이 다르고, 있는 것의 본질과 있는 것이 다르다면, 방금 말한 것들[75] 이외에 〔1031b〕 다른 실체들과 자연물들과 이데아들이 있게 될 것이며, 또한 만일 본질이 실체라면, 그 다른 것들이 상대적으로 앞서고 〈더 높은 정도의〉 실체일 것이다. (ii) 또한 그것들이 서로 떨어져 있다면, 그들 중 한 부류에 대해서는 학문적 인식(epistēmē)이 있을 수 없을 것이고, 다른 것들은 있는 것이 될 수 없을 것이다〔5〕(좋음 자체에 좋음의 본질(to einai agathōi)이 속하지 않고, 뒤의 것에는 좋음의 상태(to einai agathon)가 속하지 않는다면,[76] 이를 두고 나는 '떨어져 있다(apolelymenai)'라고 말한다). 그 이유는 이렇다. 각 사물에 대한 학문적 인식은 우리가 그것의 본질을 알 때 성립한다. 그런데 좋음에 대해서나 다른 것들에 대해서나 상황은 똑같아서 결국 좋음의 본질이 좋지 않다면, 있는 것의 본질은 있지 않고 하나의 본질은 하나가 아닐 것이니, 모든 본질은 똑같이 있거나 전부 없거나 하기 때문에, 〔10〕 결국 있는 것의 본질이 있는 것이 아니라면, 다른 본질들 가운데 어느 것도 있지 않을 것이다. (iii) 더욱이 좋음의 본질이 속하지 않는

---

75 위에서 말한 좋음 자체(auto to agathon), 동물 자체, 있는 것 자체를 가리킨다. 이런 표현들에 대해서는 VII 16, 1040b 32 ff.를 참고하라.

76 즉 "좋음의 본질이 좋지 않다면".

것은 좋지 않다. (iv) 따라서 필연적으로 좋음과 좋음의 본질, 아름다움과 아름다움의 본질은 하나여야 하는데, 다른 것에 의존해서 있지 않고 그 자체로서 첫째가는 뜻에서 있는 것들[77]은 모두 그렇다. 이는 그런 것들이 굳이 형상들이 아니라고 하더라도 충분히 성립되는 점이지만, [15] 그것들이 형상들이라면 더욱 그럴 것이다. (v) (그와 동시에 분명한 점은, 만일 어떤 사람들이 내세우는 바대로 이데아들이 있다면, 기체는 실체일 수 없다는 사실이다. 왜냐하면 그것들은 실체들이지만, 다른 기체에 대해 술어가 되지 않아야 하는데, 만일 그렇지 않다면, 그것들은 관여(methexis)에 의해서 있을 것이기 때문이다). (b) 이런 논변들에 따르면, 각 사물 자체와 그것의 본질이 하나이고 동일하다는 것은 결코 우연이 아니며, [20] 이는 또한 각 사물을 인식한다는 것이 본질을 인식한다는 것을 뜻한다는 이유에서도 그런데, 결과적으로 사례들을 열거해보아도 그 둘은 필연적으로 하나로 드러난다(그러나 '음악적인 것'이나 '하얀 것'과 같은 부수적인 술어의 경우, 그것들은 두 가지를 가리키기 때문에, 본질과 그것들 각각

---

77 원문의 'hosa me kat' allo legetai, alla kath' hauta kai prota'를 말 그대로 옮기면, '다른 것에 따라서 (어떤 것이라고) 불리지 않고 그 자체로서 첫째가는 뜻에서 (어떤 것이라고) 불리는 것'이라고 바꿀 수 있을 텐데, 플라톤의 이데아들이 그런 것이다. 왜냐하면 이데아론에 따르면, 예컨대 '아름답다'고 불리는 것들은 모두 아름다움의 이데아에 관여함으로써 '아름다운 것'이라고 불리지만, 아름다움의 이데아 자체는 다른 것들에 앞서 그 자체로서 첫째가는 뜻에서 '아름다운 것'이라고 불리기 때문이다. 플라톤의 《파이돈(Phaidon)》 78D와 100C를 참고하라.

이 똑같다고 말하는 것은 옳지 않다. 하양이 속하는 대상과 부수적 속성이 모두 하얀 것이기 때문에[78], 어떤 뜻에서는 부수적 것과 그것의 본질은 동일하지만, 어떤 뜻에서는 그렇지 않다. [25] 왜냐하면 하양의 본질은 하얀 것에 해당하는 사람이나 하얀 사람과는 동일하지 않지만, 하양의 상태(pathos)와는 동일하기 때문이다).[79] (c) 만일 본질들 하나하나에 어떤 이름을 배정한다면, 그로부터 부당함이 분명해질 터인데,[80] 그 까닭은 첫째가는 것 이외에 또 다른 본질이 있을 것이기 때문이니, [30] 예컨대 말의 본질에 두 번째 본질이 속할 것이다. 하지만 본질이 실체라고 한다면, 어째서 처음부터 어떤 것들이 곧바로 본질이 될 수 없다는 말인가? [1032a] 하지만 지금까지 했던 말로부터 분명하게 드러나듯이, 사실 각 사물과 그것의 본질은 하나일 뿐만 아니라 그것들에 대한 로고스 역시 동일하다. 왜냐하면 하나의 본질과 하나가 하나임은 우연적인 일이 아니기 때문이다. 더욱이 그것들이 서로 다르다면, 그 과정은 무한히 계속될 것이니, 그 까닭은 하나의 본질과 하나가 있을 것이고, 그것들에 대해서도 똑같은 논변이 적용될 것이기 때문이다.[81]

---

78 우리는 하얀 색깔뿐만 아니라 하얀 물건에 대해서도 '하얀 것'이라고 말한다.

79 하얀 사물을 두고 '하얀 것'이라고 말할 경우, 그때 하얀 것은 하양의 본질과 똑같지 않지만, '하얀 것'이라는 말이 '하양' 색깔을 가리킨다면, 이때 하얀 것은 하양의 본질과 똑같다.

80 1031b 3에서 말한 것과 같은 뜻의 분리(apolelymenai)의 부당함을 말한다.

〔5〕(4.) 그렇다면 분명 첫째가면서 그 자체로서 있는 것들의 경우 각 사물과 각자의 본질은 똑같다. 이 입장에 대한 소피스트식 반박들이나 소크라테스와 소크라테스의 본질이 똑같은 것인가라는 문제는 똑같은 해결 방법을 통해 해결된다. 왜냐하면 어떤 예들을 취해 문제를 제기하건 어떤 예들을 취해 해답을 제시하건 아무 차이도 없기 때문이다. 그렇다면 우리는 지금까지, 어떻게 본질은 각 사물과 똑같고 어떻게 똑같지 않은지를 이야기했다.

---

81 만일 하나의 본질이 하나와 다르다면, 하나의 본질의 본질은 또다시 하나의 본질과 다를 것이며, 그렇듯 무한 퇴행이 이어질 것이다.

4. 실체와 생성

《형이상학》 VII권 7장-9장

생성을 주제로 삼는 7장-9장은 하나의 독립된 강의록 형태를 취하면서, 본질에 대한 4-6장이나 10-12장의 논의 맥락에서 얼마간 벗어나 있다. 그래서 많은 연구자들은 7장-9장이 나중에 삽입된 것이라고 추측한다. 하지만 사실이 그렇다고 하더라도, 7장-9장의 생성 이론이 실체와 본질에 대한 논의 전체에서 갖는 의의를 결코 무시해서는 안 된다. 왜냐하면 VII권의 다른 장들은 주로 정의와 관련해서 본질을 다룬다면, 7장-9장은 본질을 생성의 관점에서 다룸으로써 본질에 대한 언어적·논리적 분석을 보충하는 한편, 감각적 실체의 존재 방식을 분명히 보여주기 때문이다.

7장의 생성 이론은 생성의 세 가지 형태를 구분하면서 그것들의 공통된 계기들을 확인하는 데서 시작한다. 그 구분에 따르면 생성에는 본성적인 생성, 기술적인 제작, 자발적인 생성이 있는데, 그것들은 모두 어떤 것의 작용에 의해서, 어떤 것으로부터, 어떤 것이 된다는 점에서 구조적으로 동일하다. 동물이나 식물의 생성과 같은 본성적인 생성의 경우, 세 가지 계기 모두 본성적인 것 또는 자연적인 것이다. 다시 말해서 작용인(causa efficiens), 질료인(causa materialis),

형상인(causa formalis) 또는 목적인(causa finalis)이 모두 자연물이라는 말이다. 예컨대 사람이 사람을 낳는데, 이 경우 아비가 제공한 정액 속에 든 형상에 따라 어미에게서 온 질료(頸血)가 형태를 얻음으로써 새로운 사람이 생겨난다. 생성의 두 번째 형태인 기술적 제작의 경우에도 역시 제작의 원리 구실을 하는 것은 형상이지만, 이 경우 형상은 제작자의 영혼 안에 있다. 이 영혼 안에 있는 형상을 질료 안에 실현하는 것이 바로 제작인데, 전체 제작 과정은 두 단계로 나뉜다. 하나는 제작자가 자신의 영혼 속에 미리 놓여 있는 형상을 실현하는 데 필요한 단계들을 분석하는 사유의 과정(noēsis)이고, 다른 하나는 이렇게 생각된 단계들을 거꾸로 밟아 올라가면서 형상을 실제로 질료에 구현하는 제작의 과정(poiēsis)이다. 그런 점에서 건축이나 치료와 같은 기술적인 제작 과정은 질료 없는 형상이 질료 안에 구현된 형상으로 바뀌는 과정이며, 아리스토텔레스는 질료 없는 형상을 일컬어 질료 없는 실체(ousia aneu hylēs) 또는 본질(to ti ēn einai)이라고 부른다.

생성의 세 번째 형태인 자발적인 생성(genesis apo tautomatou)이란 치료를 받지 않았는데도 저절로 병이 낫는 경우에 해당한다. 이런 종류의 생성에서는, 기술적 제작에서 사유 과정에 해당하는 과정은 없고, 실행의 출발점에 해당하는 것이 직접 생성의 출발점 구실을 한다. 다시 말해서 의술에 의거해서 치료를 할 때 의사는 환자의 건강을 회복하기 위해서는 몸의 균형 상태가 필요하고, 이 균형 상태에 이르기 위해서는 열기가 필요하다고 생각한 끝에 마찰을 통해 열기를 만들어낸다면, 자발적인 생성의 경우 아픈 사람의 몸에서 저절로 생겨난 열기 자체가 건강하게 되는 과정의 출발점 구실을 한다. 생성의 세 가지 형태에 대한 이런 분석으로부터 아리스토텔레스는 모든 생성에 대해 타당한 한 가지 근본적인 사실을 이끌어낸다. 그것은 바로 "아무것도 먼저 있지 않으면 생성은 불가능하다"(1032b 31)는 점이다. 다시 말해서 생성이 이루어지기 위해서는 생겨날 것의 어떤 부분, 즉 질료가 먼저 있어야 한다. 그렇게 보면 생성은 처음에는 형상을 결여한 상태에 있던 질료가 형상을 얻어나가는 과정인 셈이다. 우리는 집을 '벽돌로 된 것'이라고 부르고, 건강을 얻은 사람을 두고는 그가 '병든 상태로부터 건강하게 되었다'고 말하는데, 이때 생성의 결과 생겨난 집이나 건강한 사람에 대한 이런 표현에서 우리는 생성의 전제가 되는 질료나 결여 상태를 언급한다.

물론 그렇다고 해서 질료가 생성의 유일한 필요 조건이라는 말은 아니다. 실제로는 질료뿐만 아니라 형상도 생성의 필요 조건이다. 아리스토텔레스는 8장에서 형상의 선재성(preexistence)을 기술적인 제작의 예를 들어 설명한다. 그에 따르면 어떤 개별적인 사물('이것')을 만든다는 것은 특정한 재료에 특정한 형태를 부여한다는 것을 말한다. 예컨대 구리 공을 만든다는 것은 구리를 재료로 삼아 공의 형태를 만든다는 말이다. 하지만 이때 구리 자체나 공의 형태 자체는—적어도 구리 공을 만들어낸다는 것과 똑같은 뜻에서—만들어지는 것이 아니다. 만일 공의 형태를 만든다면, 구리 공을 만들 때와 똑같이 어떤 재료와 어떤 형태가 있어야 할 것이고, 이 과정은 무한히 되풀이될 것이다. 아리스토텔레스는 그런 뜻에서 이렇게 말한다(1033b 16-19): "형상이나 실체라고 불리는 것은 생겨나지 않지만, 이것에 따라 이름을 얻는 복합적인 실체(synolos ousia)는 생겨난다. 모든 생겨나는 것 안에는 질료가 들어 있으며, 그 한 부분은 이것이고, 다른 한 부분은 저것이다."

하지만 이렇듯 형상이 생성 과정을 통해 만들어지는 것이 아니라 생성에 앞서 있다면, 그것은 어떤 방식으로 있는가? 우리 눈앞에 있는 "이 개별적인 공들과 떨어져서(para) 어떤 공이 있거나 이 벽돌들과 떨어져서 집이 있는가?"(1033b 19-21) 플라톤주의자들은 보편적인 것, 예컨대 보편적인 공이나 보편적인 집을 개별적인 것들에 앞세우지만, 아리스토텔레스는 그런 생각을 받아들이지 않는다. 보편적인 공이나 보편적인 집은 '이것(tode ti)'이 아니라 '이러저러한 것(toionde)'이며, 그런 것은 생성의 결과로서 생겨난 개별적인 실체에 속하는 보편적인 규정에 불과하다는 것이 그의 반론이다. 그런 이유에서 아리스토텔레스는, 개별자들과 떨어져 있는 보편적인 형상들을 내세운 플라톤주의자들에 맞서, 그런 형상들은 실체도 아니고 생성을 설명하는 데 아무런 도움도 되지 않는다고 잘라 말한다. 아리스토텔레스에 따르면, 자연물들의 생성은 종(種, eidos)이 같은 개별자가 다른 개별자를 낳는 데서—"사람이 사람을 낳는다"—성립하는 것이므로 생성을 설명하기 위해 이데아론을 끌어들여야 할 이유는 없다. "낳는 자는 무엇을 만들어내고 또 질료 안에 형상이 있도록 하는 원인에 되기에 충분하다."(1034a 4 f.)

9장은 자발적인 생성의 조건에 대한 물음으로 시작한다. 왜 건강은 저절로 생겨날 수 있는데, 집은 그렇지 않은가? 이어지는 답변에서 아리스토텔레스는 자발적인 생성의 가능성을 생성에 참여하는 질료의 본성 탓으로 돌린다. 예를 들어 벽돌이나 나무 같은 재료는 집을 짓는 데 필요한 방식으로 스스로 움직일 수 있는 능력이 없기 때문에, 저절로 집을 만들어낼 수 없지만, 사람의 몸은 제 힘으로 열기를 만들어낼 수 있기 때문에 이로부터 저절로 건강이 생겨날 수 있다. 한편 자발적 생성의 조건에 대한 이런 설명과 앞 장에서 제시된 다른 형태의 생성에 대한 설명으로부터 아리스토텔레스는 자신의 생성 이론의 또 다른 중요한 원리를 이끌어낸다. "어떤 측면에서는 모든 것은 이름이 같은 것으로부터 생겨나거나……, 같은 이름으로 불리는 부분으로부터 생긴다"(1034a 22-25)는 생성의 동종성 원리(Synonymitätsprinzip)가 바로 그것이다. 기술적 생성에서는 집은 집으로부터, 즉 건축가의 정신에 의해 파악된 집의 형상으로부터 생긴다. 몸에서 열기가 생겨 몸이 저절로 건강을 회복하는 때도 마찬가지인데, 왜냐하면 몸의 열기는 그 자체가 '건강이거나 건강의 한 부분'이기 때문이다. 자연적인 생성에서는 생성의 동종성 원리가 더욱 분명하게 드러나는데, 그 까닭은 사람이 사람을 낳기 때문이다(암말과 수당나귀 사이에서 노새가 태어나는 경우는 예외이지만, 이런 경우에도 암말과 수당나귀는 같은 류에 속한다). 그리고 이때 본성적인 생성은, 마치 기술적인 제작이 기술자의 영혼 속에 있는 형상에 의해 진행되듯이, 낳는 자의 씨 또는 정액(sperma) 속에 잠재적으로 놓여 있는 형상에 의해 이루어지는데, 그런 뜻에서 생성 과정은―논리적 추론이 그렇듯이―실체와 본질[82]을 출발점으로 삼는다.

---

82 1032b 1-2에서 말하듯이, 형상은 질료 없는 실체이자 본질이다.

9장의 마지막 부분, 1034b 7-19을 얘거는 나중에 삽입된 부분으로 추정한다. 여기서 아리스토텔레스는 7장 첫머리(1032a 14-15)의 주장을 되새기면서 실체의 범주 이외의 다른 범주에서의 생성, 즉 양의 증가와 감소, 질의 변화, 장소 이동 등에 대해 말한다. 그가 지적하는 실체의 생성과 다른 범주에서 일어나는 생성의 공통점과 차이점은 다음과 같다. 실체의 범주에서 일어나는 생성의 경우 형상 자체가 생겨나는 것이 아니라 그 형상을 가진 개별자가 생겨나는데, 이는 다른 범주에 속하는 생성의 경우에도 마찬가지이다. 예를 들면 생물의 크기가 자란다면, 이때 생겨나는 것은 크기 자체가 아니라 일정한 크기를 가진 생물이다. 하지만 실체가 생겨날 때는 그것을 만들거나 낳는 다른 실체가 완성된 상태에(entelecheiai) 미리 있어야 하지만, 크기의 변화나 질의 변화에는 그렇지 않아서 생겨나는 크기나 질은 오로지 가능성의 상태에(dynamei) 미리 있을 따름이다. 이것은 실체의 생성과 다른 범주의 생성 사이의 차이점이다.

《형이상학》 VII권 7장, 1032a 12-1033a 23

여러 종류의 생성(genesis)의 구조: 0. 일반적 구조. 1. 본성적인 생성. 2. 기술적인 생성. (a) 예비적 설명들. (b) 기술자의 영혼 안에 있는 형상: 기술적인 제작의 조건. (c) 제작 과정의 단계들. (d) 요약: (i) 질료 없는 형상은 제작의 출발점. (ii) 사유와 제작. 3. 자발적인 생성. 모든 종류의 생성에 개입된 운동인과 작용인. (a) 운동의 원리. (b) 질료. (i) 질료 선재의 필연성. (ii) 언어적 고찰

(0.) 생겨나는 것들 가운데 어떤 것은 본성에 따라서, 어떤 것들은 기술에 의해서 또 어떤 것들은 저절로 생겨나지만, 생겨나는 것은 모두 어떤 것의 작용에 의해, 어떤 것으로부터 어떤 것이 된다.[83] 그런데 여기서 내가 말하는 [15] '어떤 것'은 어떤 범주에나 속하는데, 그것은 '이것'일 수도 있고, 어떤 크기일 수도 있고, 어떤 성질일 수도 있고, 어떤 장소에서 일어날 수도 있기 때문이다.[84]

(1.) 본성적인 생성들이란, 본성에서 시작해서 생겨나는 것들의 생성들을 말하는데,[85] 생성의 출발점을 일컬어 질료라고 하고, 생성의 작용인은 본성에 따라 있는 것들 가운데 하나이며, 생성의 결과로서 생겨나는 어떤 것은 사람이거나 식물, 또는 우리가 가장 일반적으로 실체라고 부르는 그런 것들 중 어느 하나이다 ─ [20] 생겨나는 것은 모두, 본성에 따라 생겨나건 기술에 의해 생겨나건, 질료를 갖는데, 그 까닭은 그것들 각각은 있을 수도 있고 있지 않을 수도 있는데,

---

83 7장의 첫머리에는 4원인설이 간략하게 표현되어 있는데, 그에 따르면 본성적 생성, 기술적 제작, 자발적 생성은 모두 작용인, 질료인, 목적인을 계기로 갖는다. 그리고 생성이 지향점이 되는 목적인은 생성 과정을 통해 실현되는 형상인과 동일하다. 4원인설에 대해서는 V 2, 1013a 24 ff.와 《자연학》 II 3, 195a 15 ff.를 함께 참고하라.

84 생성은 네 범주에서 일어난다. 실체의 범주에는 생성(genesis)과 소멸(phthora), 양의 범주에는 증가(auxēsis)와 감소(phthisis), 질의 범주에서는 질적인 변화(alloiōsis), 장소의 범주에서는 공간 이동(phora)이 있다. VIII 1, 1042a 32 ff.와 XII 2, 1069b 9 ff.를 참고하라.

85 생성의 시초 및 원리로서 physis의 의미에 대해서는 V 4, 1014b 18 ff.를 참고하라.

이런 가능성은 바로 각 사물 안에 있는 질료에 있기 때문이다. 일반적으로 생성의 출발점(ex hou)도 본성이고, 생성의 지향점(kath´ ho)[86]도 본성이며(왜냐하면 생겨나는 것은 본성을 갖기 때문인데, 이를테면 식물이나 동물이 그렇다) 또한 생성의 작용인(hyph´ hou)은 형상이라는 뜻의 본성인데, 이 본성은 종적으로 동일하다(homoeides). [25] (하지만 그것은 다른 것 안에 있으니, 그 까닭은 사람이 사람을 낳기 때문이다.)[87]

(2.a) 본성에 따라서 생겨나는 것들의 생성 방식은 이렇지만, 다른 생성들은 제작(poiēsis)이라고 불린다. 모든 제작은 기술이나 능력(dynamis)이나 생각(dianoia)에서 비롯된다. 하지만 그것들 가운데 어떤 것들은 저절로 또는 우연(tychē)에 의해 생겨나는데, [30] 그 과정은 본성으로부터 생겨나는 것들의 생성 과정과 비슷하다. 왜냐

---

86 Ross(*Metaphysics* II, p. 182)의 지적대로 'kath´ ho'는 위에서 말한 생겨나는 '어떤 것(ti)'에 해당한다.

87 본성적인 생성이 형상의 작용에 의해 이루어진다는 말은, 집짓기가 건축가의 머릿속에 있는 집의 형상에 의해 이루어진다는 것과 같은 뜻으로 받아들여야 할 것이다. 사람에게서 사람이 태어날 때 실제로 작용인 구실을 하는 것은 아비가 제공한 정액 속의 열기이며, 이 열기가 그와 함께 정액 속에 들어 있는 형상에 따라 작용해서 새로운 사람이 생긴다(졸고, 《〈동물의 생성에 대하여〉를 통해 본 아리스토텔레스의 생성 이론〉, 《서양고전학연구》 제18집, 2002, 108쪽 아래를 참고. 이하에서는 〈생성 이론〉으로 줄여 인용한다). 이때 낳은 자와 생겨난 자의 형상은 사람의 형상이라는 점에서 종적으로 같지만, 다른 개별자 안에 있다. 형상의 내재성에 대해서는 1033a 34와 1033b 7 f.를 참고하라.

하면 그런 경우 똑같은 것이 씨(또는 정액 sperma)로부터 생겨나기도 하고 씨 없이 생겨나기도 하기 때문이다.[88] (b) 이런 것들에 대해서는 나중에 살펴보아야 하지만, 기술에 의해 생겨나는 것들의 경우 〔1032b〕 그 형상은 영혼 안에 있다(나는 각 사물의 본질(to ti ēn einai hekastou)과 첫째 실체(prōtē ousia)를 일컬어 형상이라고 부른다). 서로 반대되는 것들에는 어떤 측면에서 보면 동일한 형상이 속하는데, 그 까닭은 결여 상태의 실체는 그와 반대되는 실체인 바, 예컨대 건강은 질병의 실체이며, 앞의 것이 없음으로써 〔5〕 질병이 있고, (c) 건강은 영혼 속에 있는 로고스이고 앎이기 때문이다. 건강한 것은 다음과 같은 생각의 과정을 거쳐 생긴다 : 이런저런 것이 건강이기 때문에, 건강해지려면 필연적으로 이런저런 것, 이를테면 균형 상태가 먼저 있어야 하고, 이것이 있으려면, 열기가 있어야 한다. 의사는 이렇게 마지막 지점, 즉 그가 치료 행위를 실행할 수 있는 지점에 이르기까지 계속 생각(noein)을 해나간다. 〔10〕 이 지점으로부터 시작되는 운동을 제작(poiein)이라고 하는데, 그 목적은 건강하게 하는 데 있다. (d) (i) 그러므로 어떤 측면에서 보면 건강은 건강으로부터 생겨나고, 집은 집으로부터 생겨나는데, 즉 질료 없는 것으로부터 질료 있는 것이 생겨난다.[89] 왜냐하면 의술이나 건축술은 건강의 형상이요

---

88 《동물의 생성에 대하여(De gen. an.)》 I 1, 715a 18 ff.를 참고하라.

89 아직 질료 안에 실현되지 않은 형상으로부터 질료 안에 실현된 형상이 생겨난다. 다시 말해서 질료 없는 실체(형상)로부터 질료 있는 실체(감각적 실체)가 생겨난다. 이때 '질료 없는'이라는 표현의 의미에 대해서는 E. Tu-

집의 형상이기 때문인데, 질료 없는 실체(ousia aneu hylēs)를 일컬어 나는 본질(to ti ēn einai)이라고 부른다. 〔15〕 (ii) 여러 단계의 생성과 운동 가운데 하나는 사유(noēsis)라고 불리고, 다른 하나는 제작(poiēsis)이라고 불리는데, 출발점, 즉 형상에서 시작하는 것은 사유이고, 사유의 종착점에서 시작하는 것은 제작이다. 중간(metaxy)에 있는 다른 것들도 각각 이와 같은 방식으로 생겨난다. 내 말뜻은 이렇다. 예컨대 건강하게 하려면, 몸이 균형을 이루어야 한다. 그러면 몸이 균형을 이룬다는 것은 무엇인가? 그것은 이러저러한 것이고, 〔20〕 이것은 몸이 열기를 얻을 때 생겨날 것이다. 그러나 이것[90]은 또 무엇인가? 이러저러한 것이다. 그리고 이것은 실현 가능한 상태에 놓여 있으며, 이 가능성은 이미 의사의 능력에 속하는 것이다.

(3.a) 제작의 원리(to poioun)와 건강하게 만드는 운동[91]의 출발점은, 그 운동이 기술에서 비롯되는 경우, 영혼 안에 있는 형상이다.[92] 그에 반해 저절로 그렇게 되는 경우, 그 과정은, 어떤 사람이 기

gendtat의 다음과 같은 주석을 참고하라. "Der Ausdruck 'ohne hylē' ist also bei Aristoteles zweideutig: das gleiche eidos, von dem gesagt werden kann, es sei 'ohne hylē'(1032b12, b14), weil es keine hyl *enthält*, ist 'nicht ohne hylē'(194a14, 414a20, 1026a6), weil es auf eine hylē wesensmäßig *bezogen* ist." E. Tugendhat, *TI KATA TINOS. Eine Untersuchung zu Struktur und Ursprung aristotelischer Grundbegriffe*, Freiburg/München 1958, S. 114, Anm. 37.

90 즉 몸의 열기를 회복한다는 것.
91 치료 과정을 말한다.
92 《동물의 생성에 대하여》I 18, 724b 2-6을 참고하라. 우리는 어떤 뜻에서

술에 의거해서 제작을 할 때 그 제작의 출발점으로 삼는 것에서 비롯되는데, 〔25〕 이는, 마치 치료를 할 때 그 과정이 열기를 만들어내는 데서 시작하는 것과 마찬가지다(의사는 마찰을 통해 그런 일을 한다). 따라서 몸 속의 열기는 건강의 일부이거나, 아니면 그 열기에 뒤이어 〈직접 또는〉 여러 단계를 거쳐서 건강의 일부가 따라 나온다. 그런데 이것, 즉 (건강의―옮긴이) 일부를 만들어내는 것은 가장 끝에 있는 것이면서 동시에 그 자체가 건강의 한 부분인데, 〔30〕 집의 경우에나(예를 들어 돌이 그에 해당한다) 다른 경우에나 이와 같다. (b) (i) 그러므로 사람들이 말하듯이, 아무것도 먼저 있지 않으면 생성은 불가능하다.[93] 그렇다면 어떤 부분이 필연적으로(ex anankēs) 놓여 있어야 함이 분명한데, 왜냐하면 질료는 부분이기 때문이다(이것은 생성 과정 가운데 놓여 있고 〔1033a〕 바로 그것이 생성을 거쳐 어떤 것이 되기 때문이다). 그러나 그것은 로고스 안에 있는 것들에도 속하는가?[94] 우리는 구리 원에 대해 그것이 무엇인지, 두 가지 방식으

건축가의 머릿속에 든 설계도가 집을 '만든다'고 말할 수 있다. 이런 뜻에서 eidos는 'to poioun'이라고 불릴 수 있다. 하지만 이 말은 물론, eidos에 따라 모든 건축 과정이 진행된다는 뜻일 뿐, 건축 과정에서 일꾼들이나 도구들이 하는 일을 eidos가 수행한다는 뜻은 아니다. 이렇듯 설계도와 건축 도구들의 기능이 서로 다르듯이, 형상과 작용인의 기능은 서로 다르다. 전통적으로 연구자들은 형상이 비물질적인 작용을 수행하는 것처럼 생각했는데, 이런 생각은 받아들이기 힘들다. 이에 대해서는 D.-H. Cho, *Ousia und Eidos*, S. 265와 S. 274를 참고하라.

93 질료의 선재(先在)는 모든 생성의 필요 조건이다. 형상의 선재 역시 마찬가지이다. 아래 1034b 12 f.를 보라.

로 말할 수 있는데, 질료를 두고 말할 때는 그것이 구리라고 말할 수 있고, 형상을 두고 말할 때는 그것이 이런저런 형태라고 말할 수 있다. 그리고 이것[95]은 (구리 원이—옮긴이) 속하는 첫째 류(genos)이다. 〔5〕 구리 원은 그래서 그의 로고스 안에 질료를 포함한다.[96] (ii) 질료라는 뜻에서 생성의 출발점이 되는 것을 두고 말하자면, 생겨나는 것들을 부를 때 (그 질료의 이름을 따라—옮긴이) '어떤 것(ekeino)'이라고 부르지 않고, '어떤 것으로 된(ekeini-non)'이라고 부르는데, 예를 들어 조각 상은 '돌'이 아니라 '돌로 된' 것이다. 하지만 건강하게 되는 사람은, 건강하게 되는 과정의 출발점에 해당하는 것에 따라 불리지 않는다. 왜냐하면 생성의 출발점은 결여 상태(sterēsis)이고 밑바탕에 놓인 기체(hypokeimenon)인데, 이것을 우리는 〔10〕 질료라고 부르기 때문이다(예를 들어 사람이 건강하게 된다고도 말할 수 있고, 병자가 건강하게 된다고도 말할 수 있다). 하지만 보통, 사람으로부터 건강하게 된다고 말하기보다는 결여 상태, 예를 들어 병든 상태로부터 건강하게 된다고 말할 때가 더 많은데, 그 이유는 건강한 사람은 병자라고 불리지 않지만, 사람이라고는 불리며, 사람이 건강하기 때문이다. 하지만 결여 상태를 부르는 분명한 이름이 없을 때가 있으

---

94 이 물음의 의미와 그에 대한 아리스토텔레스의 대답에 대해서는 아래 1035a 25 ff.의 논의를 참고하라.

95 원의 형태 또는 형상을 말한다.

96 '구리 원'을 '구리로 된 이러저러한 형태'라고 정의한다면, 이 정의 안에서는 질료, 즉 구리가 언급된다. 그런 뜻에서 구리 원에 대한 정의 방식은 안장코나 딱부리에 대한 정의 방식과 같다. VI 1, 1025b 34 ff.를 참고하라.

니, 예를 들어 구리가 어떤 형태를 결여한 상태에 있거나 [15] 벽돌이나 목재가 집을 이루지 못한 상태에 있을 경우가 그런데, 병든 상태로부터(건강이 생기듯이—옮긴이), 바로 그것들로부터 생성이 이루어진다. 그러므로 앞서 말한 경우 그것이 생겨날 때 출발점이 되는 것에 따라 생겨난 것에 이름을 붙이지 않듯이, 방금 말한 경우에도 조각 상은 나무가 아니라 나무로 된 것이고, 구리가 아니라 구리로 된 것이고, 돌이 아니라 돌로 된 것이다. 집은 벽돌로 된 것이지 벽돌이 아니다. 왜냐하면, 잘 살펴보면, [20] 나무로부터 조각 상이 생겨나고 벽돌로부터 집이 생겨난다고 아무런 조건 없이 말하지는 않기 때문인데, 그 까닭은 생성의 출발점이 되는 것은 그대로 남아 있는 것이 아니라 변화를 겪어야 하기 때문이다. 그래서 우리는 그렇게 표현한다.[97]

《형이상학》 VII권 8장, 1033a 24-1034a 8

형상(eidos)은 생겨나지 않는다: 1. 생겨나는 것은 구체적인 사물('이것', tode

---

[97] 논지를 요약하면 다음과 같다. 조각 상은 그 질료의 이름을 따서 돌로 된 것이라고 부른다. 그에 반해 조각 상의 형태를 결여한 상태에 대한 이름은 따로 없기 때문에, 결여 상태에 따라서는 이름을 부르지 않는다. 반면 병자가 건강하게 되는 경우, 건강이 생겨나게 되는 질료에 해당하는 것은 사람이기 때문에, "사람이 건강하게 되었다"고 말하기도 하고, 건강의 결여 상태인 병든 상태에 따라 "병자가 건강하게 되었다" 또는 "병든 상태로부터 건강하게 되었다"고 말하기도 한다.

ti)이다. (a) 기술자는 형상도 질료도 만들지 않는다. (b) 생겨나는 것은 개별적인 사물이다. (c) (a)에 대한 해명과 확인. (d) (b)의 해명과 확인. (e) 요약. 2. 구체적인 집들 이외에 집이 있는가? (a) 이데아 이론은 생성을 설명하는 데 아무런 기여도 하지 못한다. (b) 질료에 형상을 부여하는 원인은 낳는 자이다.

(1.a) 생겨나는 것은 어떤 것의 작용에 의해([25] 생성의 시초가 되는 것을 두고 하는 말이다), 어떤 것으로부터(이것을 결여 상태가 아니라 질료라고 하자. 어떤 뜻에서 우리가 그렇게 말하는지는 앞에서 이미 말한 바 있다), 어떤 것이(이것은 구형이나 원형 또는 그런 것들 가운데 어느 하나이다) 되기 때문에, 밑바탕에 놓인 기체, 예컨대 구리를 만들지 않듯이, 구형도 만들지 않는다.[98] (형상을—옮긴이) 만든다고 말하면, 이는 오직 [30] 부수적인 뜻에서, 즉 구리 공은 공이고 그 구리 공을 만든다는 뜻에서 그럴 뿐이다.[99] (b) '이것'을 만든다는 것은 말 그대로(holōs) 밑에 놓여 있는 기체로부터 '이것'을 만든다는 것을 뜻한다(구리 그릇을 만든다는 것은 그릇 모양이나 원형을 만든다는 것이 아니라 다른 어떤 것을 만든다는 것임을 염두에 두고 하는 말이다. 즉 이 형태(to eidos touto)를 다른 어떤 것 안에 만든다는 뜻이다. 왜냐하면 만일 이 형상을 만든다면, [1033b] 다른 어떤 것

---

98 XII 3, 1069b 35 f.를 참고하라.

99 어떤 개별적인 공을 만드는 사람은 부수적인 뜻에서는 공을 만드는 셈이다. 왜냐하면 그가 만든 개별적인 공은 공이기 때문이다. 이는 마치 한 사람의 개인을 치료하는 의사가 부수적인 뜻에서는(kata symbebēkos) 사람을 치료하는 것과 마찬가지이다. 이에 대해서는 I 1, 981 a 18 ff.를 참고하라.

으로부터 그것을 만들어야 할 것이고, 그 어떤 것이 밑에 놓여 있어야 할 것이기 때문이다. 예를 들어 구리 공을 만든다면, 이는 곧 이것, 즉 구리를 재료로 삼아, 이것, 즉 공의 형상을 만드는 것이다). 그래서 만일 이것 자체까지 만든다면, 그 만드는 방식은 앞서와 똑같을 것이 분명하고, 생성들은 무한히 퇴행할 것이다.[100] 〔5〕 (c) 그렇다면 분명 형상은―우리가 감각적인 것 안에 있는 형태(morphē)를 어떤 이름으로 부르건 마찬가지이다―생겨나지 않고 그것의 생성은 없으며, 본질도 생겨나지 않는다[101](왜냐하면 이것은 기술의 작용이나 본성의 작용에 의해서 또는 어떤 능력에 의해서 다른 것 안에 생겨나는 것이다[102]). (d) 만드는 사람은, 구리 공이 있도록 만드는데, 구리와 공의 형상으로부터 그렇게 만든다. 〔10〕 이것 안에 형상을 만드는데, 이것이 바로 구리 공이다. 공의 본질도 마찬가지여서, 만일 그것이 무제한적인 뜻에서(holōs) 생겨난다면, 그것은 어떤 것으로부터 어떤 것이 될 것이다. 왜냐하면 생겨나는 것은 언제나 나눌 수

---

100 어떤 것을 만든다는 것은 어떤 재료로부터 어떤 형태를 만든다는 말이다. 그런데 재료에 부가되는 형태 자체를 만들어낸다면, 그 형태 자체는 다시 어떤 재료와 어떤 형태로부터 만들어내야 할 것이다. 그래서 무한 퇴행이 생겨난다.

101 E. Rolfes, *Aristoteles, Metaphysik*, 2 Bde., Leipzig 1904, Bd. 2의 S. 201, Anm. 37을 보라(다음부터는 '*Metaphysik* 1' 또는 '*Metaphysik* 2'로 줄여 인용한다).

102 예를 들어 집짓기의 경우 건축가의 영혼 안에 있던 집의 형상은 건축 재료에서 실현되고, 사람이 생겨나는 경우 아비의 정액 안에 있던 아비의 형상이 어미가 제공한 질료(경혈)에서 실현된다.

있는 것(dihaireton)이어야 할 것이고, 그 한 부분은 이것이고, 다른 부분은 저것이니, 즉 하나는 질료이고 하나는 형상이기 때문이다. 그래서 공이 '중심으로부터 모든 방향으로 거리가 똑같은 형태'라고 한다면, [15] 그 가운데 한 부분은 사람이 만드는 것을 자기 안에 포함하는 것이고, 다른 부분은 이것 안에 속하는 것이며,[103] 그 전체가 바로 생겨난 것, 예컨대 구리 공이다. (e) 그러므로 지금까지 말한 것으로부터 다음과 같은 사실이 분명해진다. 형상이나 실체라고 불리는 것은 생겨나지 않지만, 이것에 따라 이름을 얻는 복합적인 실체(synolos ousia)는 생겨난다. 모든 생겨나는 것 안에는 질료가 들어 있으며, 그 한 부분은 이것이고, 다른 한 부분은 저것이다.

[20] (2.a) 그러면 (눈앞에 있는) 이 개별적인 공들과 떨어져서 (para) 어떤 공이 있거나 이 벽돌들과 떨어져서 집이 있는가? 만일 그렇다면, '이것'은 결코 생겨나지 못할 것이다. 그런 것은 '이러저러한 것'을 가리키는 것이지, '이것'이면서 규정된 것은 아니다. '이것'으로부터 '이러저러한 것'을 만들거나 낳는다.[104] 그리고 어떤 것이

---

103 여기서 말하는 두 부분은 각각 질료와 형상 또는 류와 종차를 가리킨다.

104 개별적인 공들이나 벽돌과 나무로 이루어진 개별적인 집들은 지시할 수 있는 '이것(tode ti)'이고 규정된 것(hōrismenon)으로서 실체이다. 그에 반해 보편적인 공이나 보편적인 집은 독립적으로 존재할 수 있는 실체가 아니라 (1040b 26 ff.를 참고) 그런 개별적 실체들을 보편적으로 추상한 것이며 (VII 10, 1035b 27 ff.; 11, 1037a 5 ff.를 참고), 따라서 그것은 '이것'이라고 지시 가능한 것이 아니라 '이러저러한 것(toionde)'이라고 기술 가능한 것일 뿐이다. 그래서 아리스토텔레스는 '이것'이라는 표현을 써서 실체를, '이러저러한 것'이라는 표현으로써 보편자나 보편적 속성을 가리킨다(VII

생겨났을 때, 그 생겨난 것은 이러저러한 이것이다.[105] 이것 전체, 칼리아스와 소크라테스는 〔25〕 이 구리 공과 같고, 사람이나 생물은 일반적인 구리 공(sphaira chalē holōs)[106]과 같다. 그렇다면 분명, 형상들[107]로 이루어진 원인(aitia tōn eidōn)은, 만일 형상들을 내세우는 어떤 사람들이 습관적으로 주장하듯 정말 그것들이 개별적인 것들과 떨어져 있다면, 뭇 생성이나 실체와 관련해서 아무 쓸모가 없다. 그리고 이런 이유에서 그것들은 그 자체로 있는 실체들(ousiai kath' hautas)일 수 없을 것이다.[108] 〔30〕 (b) 어떤 경우 분명, 낳는 자는 생겨나는 것과 성질이 똑같은데, 수적으로 똑같다거나 하나라는 뜻이 아니라 종적으로 그렇다는 말이다. 예컨대 자연물의 경우가 그런

13, 1039 a 1과 15를 보라). 그리고 아리스토텔레스에 따르면, '이러저러한 것'에 해당하는 보편성은 언제나 '이것'인 개별자에 부수적으로 따라 나온다. "'이것'으로부터 '이러저러한 것'을 만들거나 낳는다"는 말은 보편성에 대한 개별자의 우선성을 표현한다. 자연적 생성의 경우 어떤 뜻에서 보편자가 개별자를 따르는지에 대해서는 《동물의 생성에 대하여》 IV 3, 768b 5 ff.를 참고하라. 졸고, 《《동물의 생성에 대하여》를 통해 본 아리스토텔레스의 유전 이론》, 《과학철학》 9, 제5권 2호, 2002, 149쪽 아래를 함께 참고하라. 이하에서는 〈유전 이론〉으로 줄여 인용한다.

105 원문의 'tode toionde'는 '이 이러저러한 것'이라고 옮길 수 있는데, 예컨대 이 사람, 이 말, 이 집처럼 어떤 보편성을 갖춘 개별자를 가리킨다. Bonitz와 Ross는 'tode toionde'를 각각 'ein so beschaffenes Etwas'와 'this such'로 옮겼다.

106 개별성을 사상(捨象)하고 일반화해서 말하는(holōs) 구리 공을 말한다.

107 여기서 말하는 '형상들'은 물론 플라톤의 이데아들을 가리킨다.

108 VII 16, 1040b 27 ff.에 나오는 이데아론에 대한 비판을 참고하라.

데―사람이 사람을 낳기 때문이다―암말이 노새를 낳듯이, 본성을 거슬러 어떤 것이 생겨날 때를 제외하고는 언제나 그렇다(하지만 이 것들도 비슷하게 생겼다. 말과 나귀에 공통적으로 적용될 수 있는 것, 즉 바로 위에 있는 류는 〔1034a〕 이름이 없지만,[109] 그것은 그 둘 을 똑같이 포괄할 것이니, 노새의 경우가 그렇다. 그러므로 형상을 본보기(paradeigma)로 내세워야 할 이유가 전혀 없음은 분명하고 (왜냐하면 (만일 형상들이 있다면) 그것을 무엇보다도 이것들에 대 해서[110] 찾아야 할 것이기 때문인데, 이것들이 가장 으뜸가는 뜻에서 (malista) 실체들이기 때문이다[111])), 낳는 자는 무엇을 만들어내고 또 질료 안에 〔5〕 형상이 있도록 하는 원인에 되기에 충분하다. 전체

---

109 원문의 'to engutata genos'는 이른바 '최근류(最近類)'를 말한다. 《동물지 (Hist. an.)》 I 6, 490b 31 ff.에서는 말, 나귀, 노새 등을 포섭하는 최근류를 일컬어 'lophoura(바리짐승)'라고 부른다. 졸고, 〈아리스토텔레스의 논리 학과 생물학에서 게노스와 에이도스의 쓰임〉, 《논리연구》 제5집, 2001, 136쪽 아래를 참고하라. 이하에서 〈게노스와 에이도스〉로 줄여 인용한다.

110 원문의 'toutois'의 의미는 분명치 않다. 하지만 1033b 32의 구절 ousiai gar ai malista hautai과 연관지어 보면, toutois는 자연물들, 가장 으뜸가는 뜻 에서 실체들을 가리킬 것이다. 즉 플라톤주의자들이 이데아를 상정한다면, 무엇보다도 자연물들에 대해 이데아를 상정해야 할 것이라는 말이다. XII 3, 1070a 18 ff.를 참고하라.

111 이 구절이나 VII 7, 1032a 19의 발언을 통해 분명히 알 수 있듯이, 아리스토 텔레스는 《범주론》뿐만 아니라 《형이상학》의 실체론에서도 본성적인 감각 적 실체들이 실체라는 생각을 버리지 않는다. 《범주론》에서와 달리 《형이 상학》에서 아리스토텔레스가 개별적 감각물의 실체성을 부정한다고 보는 견해는 잘못된 것이다.

(hapan), 즉 이 개별적인 살과 뼈 속에 있는 이러저러한 형상이 바로 칼리아스이고 소크라테스이다.[112] 그것들은 질료 때문에 서로 다르지만(질료는 서로 다르기 때문이다), 종에서는 똑같다(종은 나눌 수 없기 때문이다).[113]

---

112 '이러저러한 형상(to toionde eidos)'이라는 표현은 'hē kata to eidos legomenē physis hē homoeidēs'(1032a 24)와 동의(同義)적인 표현이다. 'toionde'나 'homoeidēs'는 모두 형상의 종적인 보편성을 표현한다. 하지만 그런 보편성을 갖는다고 해서 형상이 곧 katholou(보편자)인 것은 아니다. 왜냐하면 아리스토텔레스는 형상을 '이것'이라고 부름으로써 형상의 개별성을 분명히 하기 때문이다. 간단히 말하자면, '이것'과 '이러저러한 것'으로써 표현되는 형상은 종적인 보편성에 따라 그 특징을 기술할 수 있는 개별적인 것이다. 이에 대한 더 자세한 논의에 대해서는 D.-H. Cho, *Ousia und Eidos*, S. 109 ff.를 참고하라.

113 1034a 8의 'eidos'를 '종(species)'으로 옮겨야 할지 아니면 '형상(form)'으로 옮겨야 할지는 판단하기 어렵다. Bonitz와 Ross는 뒤의 해석을, Rolfes와 Frede-Patzig는 앞의 해석을 취한다. 어쨌건 이 구절과 관련해서 다음과 같은 점을 지적해야 할 것이다. 아리스토텔레스 연구자들은 이 구절을 근거로 삼아 질료가 개별성의 원리라고 주장해왔다. 하지만 1034a 5-8은 그저 개별자들이 질료를 가짐으로써 공간적으로 서로 분리되어 있다는 사실을 말할 뿐, 개별자의 모든 개별성이 질료에서 유래한다는 것을 함의하지는 않는다. 아리스토텔레스에 따르면, 사람의 몸과 영혼은 각각 질료와 형상에 해당하는데, 각 개인의 개별성을 몸의 차이에 놓여 있을 뿐이라고 말하는 것은 어불성설이기 때문이다. 개별성의 원인에 대한 설명은 나중에 《동물의 생성에 대하여》 IV에 담겨 있다. 1034a 5-8에 대한 그런 해석으로는 Frede-Patzig, *Metaphysik Z* II, S. 147과 D.-H. Cho, *Ousia und Eidos*, S. 88 ff.를 참고하라. 생물학적 맥락에서 개별성이 어떻게 설명되는지에 대해서는 졸고, 〈유전 이론〉, 142쪽 아래를 참고하라.

《형이상학》 VII권 9장, 1034a 9-b 19

자발적 생성의 조건. 다른 범주에 속하는 것들의 생성: 1. 자발적 생성의 조건들. (a) 자발적 생성의 가능성에 대한 해명. (b) 모든 것은 이름이 같은 것으로부터 생긴다: (i) 기술적인 제작의 경우. (ii) 본성적인 생성의 경우. (iii) 자발적인 생성의 경우. 2. (a) 모든 범주에 해당하는 사실: 형상은 생겨나지 않는다. (b) 첫째 범주와 다른 범주들 사이의 차이.

(1.a) 어떤 사람은 이런 의문을 가질 수도 있을 것이다. 왜 어떤 것들, 예를 들어 건강은 기술을 통해서 생겨나기도 하고 〔10〕 저절로 생겨나기도 하는데, 어떤 것들, 예를 들어 집은 그렇지 않은가? 그 이유는 이렇다. 어떤 경우, 질료는 기술적인 제작물 가운데 어떤 것을 만들거나 그것이 생겨날 때 생성의 출발점이 되고 그것 속에는 생겨날 것의 한 부분이 들어 있지만, 어떤 질료는 제 힘으로 운동할 수 있는 성질을 갖고 있는 반면, 어떤 것은 그렇지 않다. 그리고 그런 성질을 갖고 있는 질료 가운데 또 어떤 것은 일정한 방식으로 운동할 수 있는 데 반해, 어떤 것은 그럴 수 없으니, 〔15〕 그 까닭은 수많은 것들은 제 힘으로(hyph' hautōn) 운동할 수는 있지만, 그 운동이 일정한 방식으로 이루어지지는 않기 때문인데, 예를 들어 춤이 그렇다. 그러므로 그런 성질의 질료, 예를 들어 돌로 된 것들은 다른 것의 작용에 의하지 않고서는 어떤 일정한 방식으로 운동할 수 없지만, 다른 방식으로는 제 힘으로 운동할 수 있다. 〔불의 경우도 그렇다.〕 이런 이유 때문에 어떤 것들은 기술을 가진 자 없이는 있을 수 없지만, 어

떤 것들은 기술을 가진 자 없이도 있을 수 있다. 왜냐하면 운동은 기술을 갖지 않은 것들의 작용에 의해 일어날 수도 있으니, 그런 것들은 [20] 다른 것의 작용에 의해서나 또는 (생겨날 것의—옮긴이) 어떤 부분을 출발점으로 삼아 운동할 수 있는 능력을 갖고 있기 때문이다. (b) 지금 말한 것으로부터 따라 나오는 분명한 사실은, 어떤 측면에서는 모든 것은 이름이 같은 것으로부터 생겨나거나(예를 들어 자연적인 것이 그렇다[114]), 같은 이름으로 불리는 부분으로부터 생겨나거나 (i) (예를 들어 집은 집으로부터, 즉 정신에 의해 파악된 집으로부터 생기는데, 그 까닭은 기술은 형상이기 때문이다) [25] 또는 (생겨날 것의) 어떤 부분을 안에 가진 것으로부터 생긴다.[115] 생성이 부수적인 뜻에서 이루어지는 경우를 제외하면 모두 이와 같은데, 그 이유는 만듦의 원인은 그 만듦에 본질적인 첫 부분이기 때문이다. 말하자면 운동[116] 가운데 있는 열기가 몸의 열기를 만들어냈다. 이것은 건강이거나 (건강의—옮긴이) 한 부분이다. 또는 그것에 뒤이어 건강의 한 부분이 뒤따라 나오거나 건강 자체가 뒤따라 나온다. 그러므로 (건강

---

114 자연적인 생성의 이런 동종성(同種性, synonymity)을 아리스토텔레스는 "사람이 사람을 낳는다"는 말로 형식화한다. 다음의 구절들을 참고하라: VII 7, 1032a 25; XII 3, 1070a 28;《동물의 부분에 대하여》I 1, 640a 25;《동물의 생성에 대하여》II 1, 735a 20 f.

115 1034a 25는 Frede-Patzig를 따라 'ē ex echotos ti meros'로 읽었다. 아리스토텔레스는 집짓기와 치료의 예를 든다. 집짓기의 경우 집은 정신 속에 파악된 집으로부터 생긴다. 치료의 경우 건강은 마찰을 통해 열을 만들어냄으로써 생겨나는데, 이 열기는 건강이거나 건강의 한 부분이다.

116 치료를 위해 의사가 행하는 마찰 운동을 말한다.

하게—옮긴이) 만든다는 말을 하는 이유는, 열기가 〔30〕 어떤 것을 만들어내고 이것을 뒤따라 건강이 따라붙기 때문이다.[117] 그러므로, 추론(syllogismoi)에서 그렇듯이, 모든 것의 시초(archē)는 실체이다. 왜냐하면 '무엇'에 해당하는 것으로부터 추론들이 시작하듯이, 생성들도 거기서 시작하기 때문이다. (ii) 본성에 따라 이루어진 것들의 경우에도 사정은 비슷하다. 왜냐하면 씨(정액)가 어떤 것을 만들어내는 방식은 기술자가 기술에 의해 제작물들을 만들어내는 방식과 비슷한데, 씨는 〔1034b〕 잠재적으로(dynamei) 형상을 그 안에 보유하고 있다.[118] 그리고 씨의 출처는 어떤 경우 이름이 (태어나는 것과—옮긴이) 같다. 왜냐하면 사람에게서 사람이 생겨난다는 식으로 모든 것을 탐구해서는 안 되는데, 남자에게서 여자가 생겨나기 때문이다.[119] 〔태

---

117 마찰 운동의 열기가 몸의 열기를 낳고 이로부터 건강이 생긴다. 1034a 30은 Bonitz에 따라 'tēn hygieian'을 빼고 읽었다. Bonitz, *Metaphysica* II, p. 330을 참고하라.

118 아리스토텔레스에 따르면 '무엇' 또는 본질에 대한 언어적 진술인 정의는 추론의 전제이고, 이로부터 추론이 따라나온다(983a 27). 논증적 추론 (apodeixis)이 실체 또는 본질에 의존하듯이, 생성 과정 전체도 생겨날 것의 본질에 의존한다. 기술적 제작이 어떤 방식으로 질료 없는 실체, 형상, 본질에 의존하는지는 이미 1032b 6-14에서 예시되었다. 본성적 생성의 경우도 마찬가지이다. 왜냐하면 정액 속에 잠재적으로 들어 있는 생명체의 형상은 생겨날 생명체의 본질을 규정하며 발생 과정 전체는 그 형상에 따라 조직되기 때문이다. 그런 뜻에서 아리스토텔레스는 "생성은 실체를 위해서 있다"고 말한다(《동물의 부분에 대하여》 I 1, 640a 16 ff.를 참고). 기술적 제작과 배(embryo) 발생 과정의 평행성에 대해서는 졸고, 〈생성 이론〉, 108쪽 아래를 참고하라.

어난 것이 불완전할 때는 예외인데, 그런 이유 때문에 노새에게서는 노새가 생겨나지 않는다.[120] (iii) 하지만, 앞서 말했듯이,[121] 저절로 (apo tautomatou) 생겨나는 것들의 경우 그것들의 질료는 그 자신의 힘으로 씨가 만들어내는 것[122]과 [5] 똑같은 방식의 운동을 수행할 수 있는 능력을 보유하는 반면, 그런 능력이 없는 질료를 가진 것들의 경우, 오직 그것들과 종이 같은 성체로부터 생겨나는 것 이외의 다른

---

119 남자가 내놓은 씨(정액)에서 여자가 태어날 수도 있다. 이 경우 남자와 여자는 똑같이 사람이라고 불리긴 하지만, 성이 다르다. 아리스토텔레스는 여자 또는 암컷을 'arren peperomenon'('결함 있는 남자 또는 수컷', 《동물의 생성에 대하여》II 3, 737a 27)이라고 부르는데, 그 의미에 대해서는 졸고, 〈생성 이론〉, 138쪽을 참고하라.

120 노새는 불완전한 동물이기 때문에 생식 능력이 없다. 노새의 생식 불능성을 생물학적으로 문제 삼은 최초의 인물 가운데 한 사람은 크로톤의 알크마이온(Alkmaion)으로 알려져 있다. 그에 대한 간접 기록으로는 다음과 같은 말이 전한다: "알크마이온에 따르면 노새들 가운데 수컷은 정액이 묽고 차가워서 생식 능력이 없고, 암컷은 자궁이 벌어지지 않기(anachaskein) 때문에 생식 능력이 없다."(Diels-Kranz 24 B 3)

121 1034a 9-32를 보라. 거기서는 의술의 도움 없이 저절로 병이 낫는 경우를 예로 들어 자발적 생성을 설명한 반면, 지금 논의에서는 자연물의 생성이 저절로 일어나는 경우를 설명한다. 여기서 말하는 생식은 보통 유성 생식과 대비되어 'Urzeugung'이라고 불렸던 생식을 말한다. 이런 종류의 생식에 대한 아리스토텔레스의 견해에 대해서는 D.-H. Cho, *Ousia und Eidos*, S. 256-258을 참고하라.

122 씨 또는 정액이 만들어내는 운동이 어떤 것이고, 그것이 어떻게 생명체를 만들어내는지에 대해서는 졸고, 〈생성 이론〉, 108쪽 아래와 2003, 〈유전 이론〉, 142쪽 아래를 참고하라.

방식으로는 생성이 이루어질 수 없다.

〔〔(2.a) 그러나 우리의 논변은 실체에 대해서 그것의 형상이 생겨나지 않는다는 사실을 드러내줄 뿐만 아니라, 그 논변은 첫째가는 모든 것, 예컨대 양과 〔10〕 성질과 다른 범주들에 대해서도 똑같이 타당하다. 왜냐하면 구리 원은 생겨나지만 원도 구리도 생겨나지 않으며, 구리 자체의 경우에도, 만일 그것이 생겨난다면, 사정이 같을 터인데[123] (왜냐하면 질료와 형상은 언제나 미리 놓여 있어야 하기 때문이다), 이는 실체의 범주뿐만 아니라 성질, 양을 비롯한 다른 범주들의 경우에도 마찬가지이다. 왜냐하면 생겨나는 것은 〔15〕 성질이 아니라 그 성질의 나무이며, 양이 아니라 그런 양의 나무나 동물이기 때문이다. 그러나 우리는 이러한 사례들로부터 실체의 고유성을 파악해야 하는데, 그것은 바로 (실체가 있으려면) 필연적으로 그것을 만들어내는 또 다른 실체가 완성된 상태에(entelecheiai) 미리 놓여 있어야 한다는 사실이니, 예컨대 동물이 생겨난다면, 다른 동물이 있어야 한다. 하지만 질이나 양이 그런 방식으로 있어야 할 필연성은 없고, 그것은 다만 가능성의 상태에(dynamei) 있을 뿐이다.〕〕

---

123 예를 들어 구리가 생겨나려면, 상대적으로 더 단순한 질료와 그 질료에 부가되어 구리를 만들어내는 일정한 형상이 먼저 있어야 한다. 아리스토텔레스에 따르면 가장 단순한 원소는 물, 불, 흙, 공기이므로, 이것들이 일정한 방식으로 결합되어 구리, 금, 은 같은 것들이 생긴다. 《기상학(Meteorologica)》 IV 10, 388a 13 ff.를 참고하라.

5. 본질과 정의

《형이상학》 VII권 10장-11장

《형이상학》 VII권 10장-11장은 앞서 4장-6장에서 다루었던 본질과 정의의 문제에 대한 논의의 연속이다. 새로운 논의에서도 로고스와 관련해서 본질에 대한 탐구가 이어지지만, 앞에서와 달리 이제 로고스의 내용이 고찰의 주제가 된다. 그런데 아리스토텔레스는 정의와 정의 대상 사이에는 동형 관계(isomorphism)가 있다고 전제하기 때문에, 로고스 또는 정의의 내용에 대한 고찰은 정의 대상의 내적인 구성에 대한 논의와 맞물려 매우 복잡한 양상을 띠게 된다. 이런 이유 때문에 10장-11장의 사유 과정을 뒤쫓기란 쉬운 일이 아니다. 아래에서는 아리스토텔레스의 논변을 가능한 한 가까이 쫓아가면서 중요한 논점들을 짚어보기로 하자.

10장에서 다루는 물음은 두 가지이다. 1) 어떤 전체 대상에 대한 로고스 안에는 그 대상의 부분들에 대한 로고스가 포함되어 있는가? 예를 들어 원은 분선들을 부분으로 갖고 있지만, 원에 대한 로고스 안에는 분선들에 대한 언급이 없다. 반면 음절은 낱글자들로 이루어지는데, 이때 음절에 대한 로고스 안에서는 낱글자들이 언급된다. 이런 차이는 어디서 생겨나는가? 2) 부분은 전체에 앞서는가? 예를 들어 예각은 직각의 부분이고, 손가락은 사람의 부분인데, 이때 부분이 앞서는가 아니면 전체가 앞서는가?

이런 물음을 다루면서 아리스토텔레스는 먼저 1034b 32 ff.에서 '부분(meros)'의 의미를 분명히 하려고 한다. 그에 따르면 문제의 대상이 어떤 종류의 것인가에 따라 그 구성 부분도 다르다. 다시 말해서 질료, 형상, 질료와 형상의 복합체가 있는데, 이것들은 각각 그 구성 부분이 다르다는 말이다. 질료와 질료를 갖는 복합체는 당연히 질료를 부분으로 포함하지만, 형상은 이와 달리 형상의 부분들만을 부분으로 갖는다. 예를 들어 딱부리는 살을 포함하지만, 불룩한 형태는 살을 포함하지 않는다. 또한 청동 상은 청동을 포함하지만, 청동 상의 형태는 청동을 포함하지 않는다. 이런 구분을 배경으로 해서 아리스토텔레스는 1)의 물음에 대해서 다음과 같은 대답을 제시한다. 분선들은 원의 질료일 뿐 원, 즉 형상으로서의 원의 부분은 아니기 때문에, 형상으로서의 원에 대한 로고스에서는 분선들이 언급되지 않는다. 반면 낱글자들은 음절의 형상적 부분들이기 때문에 음절에 대한 로고스 안에서 낱글자들이 언급된다. 물론 음절에 대한 로고스에서 낱글자들이 포함되어 있다고 할 때, 거기서 말하는 낱글자들은 밀랍에 새겨진 글자들이나 목소리에 실린 낱글자들과 같은 것이 아니다. 이것들은 질료이기 때문에, 형상적 측면에서 음절을 정의하는 로고스 안에 포함되지 않는다. 음절과 밀랍 글자들의 관계는 사람과 사람 몸의 부분들(뼈, 근육, 살 등)의 관계와 같다. 몸의 부분들은, 형상과 질료로 이루어진 복합체인 사람의 질료적 부분들로서 구체적인 사람에게는 속하지만, 사람의 형상에는 속하지 않는다. 따라서 복합

168

체로서 사람을 정의하는 로고스 안에서는 몸의 부분들이 언급되지만, 사람의 형상을 정의하는 로고스 안에서는 그렇지 않다. 이렇듯 로고스가 대상으로 삼는 것이 복합체인가, 질료 없는 형상인가에 따라 로고스의 내용이 달라진다.

부분과 전체에 대한 2)의 물음은 1035b 7 ff.에서 논의된다. 대답은 두 갈래로 나뉜다. 첫째로, 대상에 대한 로고스 안에서 언급된 부분들은 그 전부나 일부가 대상 전체에 앞선다. 둘째로, 질료에 해당하는 부분들은 전체 뒤에 온다. 예컨대, '예각'에 대한 로고스는 '직각'이라는 개념을 포함하고, '손가락'에 대한 로고스는 '사람'을 포함하며, 그런 점에서 예각은 직각보다, 손가락은 사람보다 뒤에 오는데, 그 까닭은 예각과 손가락이 각각 직각과 사람의 질료적 부분들이기 때문이다. 생물의 경우를 예로 들면 사정은 이렇다. 생물의 실체이자 형상은 영혼인데, 영혼의 부분들은 그 전부나 일부가 복합적인 생물에 앞서고, 또한 몸과 몸의 부분들에도 앞선다. 영혼이라는 뜻에서의 실체는 질료들로 분해되지 않는다. 한편 몸과 복합체를 비교해 보면, 몸의 부분들은 어떤 뜻에서는 복합체에 앞서지만, 어떤 뜻에서는 그렇지 않다. 이를테면 손가락은 복합체인 동물 전체와 비교하면 그것보다 뒤에 오지만, 영혼 활동의 중심 부분은—이를테면 뇌나 심장이 그런 부분에 해당한다—복합체와 동시적이다.

1035b 31 ff. 부분에서는 지금까지의 논의를 실마리로 삼아, 처음에 제기했던 두 물음을 다시 다룬다. 전체 대상에 대한 로고스에 부분들이 언급되는지의 문제에 관해서는 세 가지 경우로 대답이 나뉜다. (i) 형상의 경우에는 로고스가 있고, 오직 형상의 부분들만이

로고스의 부분이다. (ii) 복합체, 즉 개별적인 복합체는 정의의 대상이 되지 못하고 직관이나 감각을 통해 알려질 뿐이다. 하지만 보편적인 로고스에 의해(tōi katholou logōi) 진술되고 알려질 수는 있다(물론 이 보편적 로고스 안에서는 질료적인 부분이 언급된다). (iii) 질료는 그 자체로서는 인식 불가능하다. 한편 직각, 원, 동물 등의 경우 부분과 전체의 선후 관계에 대한 물음은 단순하게 대답할 수 있는 것이 아니다. '직각', '동물' 등의 용어로써 직각의 형상이나 동물의 형상(영혼)을 뜻한다면, 그것에 대한 로고스에서 언급되는 부분들은 전체보다 앞서지만, 만일 그런 용어로써 복합적인 개체를 뜻한다면, 그 개체 전체가 자신의 부분들보다 앞선다.

11장에서는 형상과 질료의 관계가 보다 구체적으로 다루어지는데, 특히 수학적인 대상과 생물이 비교 논의의 중요한 준거 대상이다.

아리스토텔레스는 형상에 속하는 부분들과 질료와 형상의 복합체에 속하는 부분들이 어떤 것인지를 묻는다. 그에 따르면 이런 논의가 필요한 이유는, 정의의 대상은 보편자(katholou)와 형상(eidos)이므로, 올바른 정의를 하려면 형상에 속하는 것과 질료와 형상의 복합체에 속하는 것을 구분해야 하기 때문이다. 여기서 아리스토텔레스는 다시 한번, 질료적인 부분들이 형상의 부분이 아님을 강조한다. 예를 들어 사람의 형상은, 원의 형태를 구리나 돌로부터 떼어내서 생각할 수 있는 정도만큼, 그렇게 쉽게 몸의 부분으로부터 떼어내서 생각할 수는 없지만, 그렇다고 해서 살과 뼈가 형상의 부분들이 되는 것은 아니다. 다른 한편으로 그는 형상에 속하는 부분들을 질료적인

170

부분으로 돌리는 태도도 함께 비판한다. 이런 태도는 선분이나 연속체를 원이나 삼각형의 질료적 부분이라고 여기면서 기하학적인 도형들을 오로지 수들로써 정의하려고 했던 피타고라스학파나 이를테면 '둘'을 선분 자체 또는 선분의 형상으로 내세웠던 이데아론자들이 취했던 입장인데, 두 입장 모두 형상의 부분을 질료의 부분으로 잘못 생각한 경우에 해당한다. 아리스토텔레스는 논리적 난점들을 들어 그런 정의 이론을 비판한다.

피타고라스학파와 이데아론자들에 대한 비판으로부터 아리스토텔레스가 이끌어내는 중요한 결론은 '모든 것을 형상으로 환원시키면서 질료를 배제하는 것은 쓸데없는 일'(1036b 22-23)이라는 판단이다. 그는 사람과 몸의 관계를 원과 구리의 관계에 비유했던 젊은 소크라테스를 비판하면서, 생물에 대한 정의에서 질료에 대한 언급이 불가피함을 강조한다. 이런 내용을 담은 1036b 21-32는 아리스토텔레스 정의 이론의 핵심을 이룬다. 이어지는 부분(1036b 32-1037a 10) 역시―비록 전체 논변 과정과 느슨하게 엮여 있지만―수학적인 대상과 생물을 질료-형상설의 입장에서 비교하는 논의로서 매우 중요하다. 그에 따르면 수학적인 대상이나 생물을 가릴 것 없이 모든 개별적인 것들은 질료와 형상으로 이루어져 있지만, 수학적 대상의 질료가 지성적인 것(hylē noētē)인 데 반해, 생물의 질료는 감각적인 것(hylē aisthētē)이다. 구체적으로 말해서 생물은 영혼과 몸으로 이루어졌는데, 영혼은 첫째 실체(prōtē ousia)요 몸은 질료이다. 소크라테스와 코리스코스 같은 개별자는 개별적인 영혼(hē psyche hēde)과 개별적인 질료(to sōma tode)로 이루어진다면, 이 두 구성 요소들을 보편적인 관점에서 함께 취해 사람과 같은 보편자가 얻어진다.

11장의 나머지 부분(1037a 10-b 7)은 크게 두 부분으로 나뉜다. 1037a 10-20에서는 앞으로 진행될 탐구 절차를 소개하면서, XIII권과 XIV권에서 이루어질 수학적 대상들에 대한 탐구에 대해 언급한다. 아리스토텔레스는 감각적 실체에 대한 이론적 탐구를 제이 철학(deutera philosophia), 즉 자연학의 일로 여긴다. 1037a 21-b 7에서는 4장-6장, 10장-11장의 논의 전체에 대한 요약을 하는데, 여기서 아리스토텔레스는 형상과 질료와 형상의 복합체를 구분하면서, 그런 두 종류의 실체 사이의 관계를 분명히 한다. 그에 따르면 형상은 첫째 실체이고, 형상과 질료로부터 생겨나는 것은 복합적 실체이다. 복합적 실체는 무규정적인 질료를 포함하기 때문에 정의가 불가능하고, 그것에 대한 정의는 형상에 따라서만 가능하다.

《형이상학》 VII권 10장, 1034b 20-1036a 25

정의(horismos) 안에서 부분과 전체의 관계: 1. 문제 제기. (a) 대상에 대한 로고스는 그것의 부분들에 대한 로고스를 포함해야 하는가? (b) 부분들은 전체에 앞서는가? 2. 문제 풀이 (a) 부분들에 대한 여러 가지 언급 방식들. (b) 형상의 부분들이 로고스에 포함된다. (c) 질료와 형상의 복합체들은 질료적인 부분들로 분해될 수 있다. 3. 문제 풀이 (a) 로고스의 부분들이 앞선다. (b) 사례: 생물. (c) '사람'과 같은 보편적인 술어들은 실체를 가리키는 것이 아니라 보편적으로 취급되는 복합체를 가리킨다. 4. (a)의 물음으로 복귀: (a) 형상의 부분들만이 로고스의 부분들이다. (b) 복합체에 대한 로고스는 없다. (c) 질료는 인식 불가 능하다. 5. (b)의 물음으로 복귀.

[20] (1.a) 정의는 로고스이고 모든 로고스는 부분들을 갖는데, 로고스가 사물에 대해 갖는 관계는 로고스의 부분들이 사물의 부분 들에 대해 갖는 관계와 똑같기 때문에, 부분들에 대한 로고스가 전체 에 대한 로고스 안에 들어가는가 들어가지 않는가라는 의문이 제기 된다.[124] 왜냐하면 어떤 경우에는 분명히 들어가고 어떤 경우에는 그 렇지 않기 때문이다. 그 까닭은 [25] 원에 대한 로고스는 분선들에 대 한 로고스를 포함하지 않지만, 음절에 대한 로고스는 낱글자들에 대 한 로고스를 포함하기 때문이다.[125] 그렇지만 음절이 낱글자들로 나

---

[124] 이 물음을 우리는 "전체에 대한 **정의** 가운데 부분에 대한 **정의**가 들어가는 가?"가 아니라 "전체에 대한 정의 가운데 부분을 가리키는 말이 들어가는 가?"라는 취지의 질문으로 이해해야 한다. 아리스토텔레스의 용어법에 대 해서는 1035b 6 ff.를 참고하라. Frede-Patzig, *Metaphysik Z* II, S. 167 f. 도 함께 참고하라.

[125] 원에 대한 로고스 "원은 중심으로부터 모든 방향으로 거리가 똑같은 형태이 다"라고 정의한다면, 이 정의 가운데는 분선에 대한 언급이 없다. 하지만 음 절 'ba'를 "ba는 b와 a로 이루어진 음절이다"라고 정의한다면, 이 정의 안 에는 낱글자 b와 a에 대한 언급이 있다. 이와 관련해서 아래서 제시된 대답 에 따르면, 분선들은 원의 형태의 부분들이 아니라 질료의 부분들이기 때문 에, 원에 대한 로고스 안에 등장하지 않는다. 반면 낱글자들은 음절의 형상 의 부분들이기 때문에 음절에 대한 로고스 안에 등장한다. 하지만 이어지는 구절에서 확인할 수 있듯이, 설령 분선들이 원의 질료라고 하더라도, 그때

뉘듯이, 원 또한 분선들로 나뉜다. (b) 더욱이 부분들이 전체에 앞선다면, 예각은 직각의 부분이고 손가락은 동물의 부분이기에, 예각은 〔30〕 직각에 앞서고 손가락은 사람에 앞설 것이다. 그러나 일반적인 의견에 따르면, 뒤의 것이 앞서는데, 그 까닭은 부분들에 대한 로고스 가운데는 전체가 언급되고, 떨어져 있을 수 있는 능력에서 보더라도 전체가 부분들에 앞서기 때문이다.[126]

(2.a) 아마도 '부분'은 여러 가지 말뜻으로 쓰일 터인데, 그 가운데 하나는 양적인 척도를 의미한다. 하지만 이런 뜻은 논의에서 제쳐두고, 실체를 이루는 부분들이 어떤 것인지를 탐구한다. 〔1035a〕 이제 질료와 형상과 그것들의 복합체가 있고 질료와 형상과 그것들의 복합체가 실체라면,[127] 어떤 때는 질료 역시 어떤 것의 부분이라고 불리지만, 다른 때는 그렇지 않고 형상에 대한 로고스를 구성하는 부분들이 어떤 것의 부분이라고 불린다. 예를 들어 불룩함의 경우 살은 그것의 부분이 아니지만〔5〕(살은 불룩한 형태가 자리잡은 질료이기

질료의 의미는 구리로 만든 원을 두고 구리가 구리 원의 질료라고 말할 때와는 다르다. 분선들과 구리를 비교해보면, 분선들은 원의 형상에 더 가깝다. 한편 낱글자들은 음절의 형상의 부분들이지만, 모든 낱글자들이 그런 것은 아니다. 밀랍으로 만든 낱글자들은 음절의 형상의 부분이 아니라 음절의 재료이다.

126 '손가락'을 '생명체의 이러저러한 부분'이라고 정의한다면, 이 정의 가운데는 '생명체'라는 말이 들어가 있다. 그리고 손가락은 그 자체로서 독립되어 있을 수 없지만, 생명체는 그 자체로서 떨어져 있을 수 있다.

127 여기서 아리스토텔레스가 말하는 hylē, eidos, to ek toutōn의 삼분(三分)은 이미 VII 3, 1029a 1 ff.에서 제시된 것과 똑같다.

때문이다), 딱부리의 경우에는 살이 그것의 부분이다. 또한 청동 상이라는 복합체의 경우 청동은 그것의 부분이지만, 청동 상의 형상에 대해 말하자면 청동은 그것의 부분이 아니다(형상과 형상을 갖는 것은 '어떤 것(hekaston)'이라고 불러야 하지만, 질료적인 것은 그 자체로서 그렇게 부를 수 없다).[128] (b) 그렇기 때문에 원에 대한 로고스는 [10] 분선들에 대한 로고스를 포함하지 않지만, 음절에 대한 로고스는 낱글자들에 대한 로고스를 포함하는데, 그 까닭은 낱글자들은 질료가 아니라 형상에 대한 로고스의 부분들이지만, 분선들은 (원의—옮긴이) 형상이 그 위에 생겨나는 질료라는 뜻에서 부분들이기 때문이다. 그렇지만 둥근 형태가 청동 안에 생길 때와 비교해보면, 이 경우의 청동보다는 분선들이 형상에 더 가깝다.[129] 그러나 어떤 뜻에서 보면 [15] 모든 종류의 낱글자가 음절에 대한 로고스 안에 들어 있는 것은 아닌데, 예를 들어 특정한 밀랍 글자들이나 공기 중에 있는 글자들의 경우가 그렇다. 그 까닭은 이것들 역시 감각적인 질료(hylē aisthētē)라는 뜻에서 음절의 부분이기 때문이다. 그런데 선분은 반선들로 나뉘면 소멸하고, 사람은 뼈, 근육, 살로 나뉘면 소멸하긴 하며, 그런 이유에서 선분이나 사람은 그런 부분들을 [20] 실체의 부분들로 취하긴 하지만, 그것들은 다만 질료라는 뜻의 부분들이니, 그것들은

---

128 이를테면 호메로스의 조각 상 전체나 그 조각 상의 형상 또는 형태(eidos)는 '호메로스'라고 부를 수 있지만, 조각 상의 재료인 청동만을 두고는 그렇게 부르지 않는다. VII 11, 1037a 7 f.를 참고하라.

129 원의 분선들도 어떤 뜻에서 원의 질료이지만, 다른 뜻의 질료, 곧 구리 원의 재료인 구리보다는 형태 또는 형상에 더 가깝다.

복합체의 부분들이기는 하지만, 로고스가 대상으로 삼는 형상의 부분은 아니며,[130] 따라서 로고스들[131] 안에도 들어가지 않는다. 그렇다면 어떤 경우에는 그런 부분들에 대한 로고스가 들어 있겠지만,[132] 다른 경우, 〖즉 질료와 결합된 형상에 대한 로고스가 아닐 경우〗 그 안에는 (그런 부분들에 대한 로고스가─옮긴이) 들어갈 필요가 없다. 바로 이런 이유 때문에 어떤 것들은 〔25〕 그들이 소멸되어 되돌아가는 것들을 시초들(원리들, archai)로 삼아 이루어지지만, 다른 것들은 그렇지 않다.

(c) 그렇다면 형상과 질료가 함께 결합되어 이루어진 것들, 예컨대 딱부리나 구리 원의 경우, 그것들은 소멸되어 그 구성 부분들로 되돌아가며 질료가 그것들의 부분이다.[133] 그에 반해 질료와 결합되지 않고 질료 없이 있는 것들의 경우, 그것들에 대한 로고스들은 오

---

130 뼈와 살과 근육 같은 감각적인 것들은 사람의 재료 또는 질료이다. 하지만 그것은 사람의 형상의 재료는 아니며, 그렇기 때문에 사람의 형상에 대한 로고스 안에 포함되지 않는다. 복합체인 사람 전체에 대한 로고스의 경우에는 어떨까? 물론 그것들은 몸의 부분으로서 사람에 대한 로고스 가운데서 언급될 수 있지만, 이때 언급되는 것은 감각적이고 개별적인 것으로서의 몸이 아니라 물질성과 개별성을 배제한 추상적인 것, 즉 사유에 의해 파악된 것으로서의 몸, '지성적인 질료(hylē noētē)'이다.

131 사람에 대한 로고스 안에서 몸이 언급되지 않는다는 뜻이 아니라, 사람의 형상에 대한 로고스 안에 몸이 들어가지 않는다는 말이다.

132 사람은 질료와 형상의 복합체인 만큼, 그에 대한 로고스에서는 몸의 부분들이 언급된다. VI 1, 1025b 34 ff.와 XI 7, 1064a 23 ff.를 참고하라.

133 VII 7, 1033a 1 ff.의 논의를 참고하라.

로지 형상만을 그 대상으로 삼으며, 그것들은 소멸하지 않는데, 전혀 소멸하지 않는다는 뜻에서 그렇거나 아니면 〔30〕 앞의 경우와 같은 뜻에서 소멸하지 않는다는 뜻에서 그렇다.[134] 따라서 복합적인 것들의 경우에는 질료적인 부분들이 그것들의 시초이자 부분들이지만, 형상의 경우에는 그것의 부분들도 시초들도 아니다. 이런 이유 때문에 진흙 조각 상은 진흙으로, 공은 구리로, 칼리아스는 살과 뼈로 해체되고, 원은 분선들로 해체되는데, 질료와 함께 결합된 원이 있기 때문이다. 왜냐하면 '원'이라는 이름은 〔1035b〕 무제한적인 뜻의 원[135]과 개별적인 원에 대해 의미 구분 없이 똑같이(homōnymōs) 쓰이는데, 개별적인 것들에 고유한 이름이 없기 때문에 그렇다.

(3.a) 이제 이상의 논의를 통해 진리가 밝혀졌지만, 문제를 다시 취해서 보다 분명하게 논의해보자. 로고스의 〔5〕 구성 부분들이면서 로고스가 나뉘어져 마지막으로 되돌아가는 것들—이것들 모두나 그 일부는 로고스에 앞선다. 그러나 직각에 대한 로고스는 예각에 대한 로고스로 나뉘지 않지만, 예각에 대한 로고스는 직각에 대한 로고스로 나뉜다. 왜냐하면 '예각'을 정의하는 사람은 '직각'을 사용하기 때문인데, 예각은 '직각보다 작은 각'이기 때문에 그렇다. 원과 반원의 경우에도 사정이 같은데, 〔10〕 왜냐하면 반원은 원을 통해 정의되고, 손가락은 (사람—옮긴이) 전체를 통해 정의되는데, 손가락은 '사람의

---

134 이 말의 뜻에 대해서는 VII 15, 1039b 25 ff.를 참고하라.

135 1035b 1의 'ho te haplōs legomenos (sc. kyklos)'는 질료를 배제한 형상으로서의 원을 가리킨다.

이러저러한 부분'이기 때문이다. 그러므로 질료라는 뜻의 부분들이면서 나눔의 결과 마지막에 도달하는 질료적인 것들은 뒤에 온다 (hystera). 반면, 로고스의 부분들이면서 로고스에 따른 실체의 부분들인 것들은, 그 전부 또는 일부가 〈전체에―옮긴이〉 앞선다(protera). (b) (i) 그런데 동물들의 영혼은 [15] ―이것은 살아 있는 것의 실체이기 때문에―로고스에 따른 실체이자 형상이며 이런저런 성질을 가진 몸의 본질이다[136](왜냐하면 각 [부분]을 올바로 정의하려면, 기능(ergon)에 대한 언급 없이는 정의가 이루어질 수 없기 때문인데, 그것은 감각 없이는 있을 수 없다). (ii) 따라서 영혼의 부분들은 그 전부나 일부가 복합체인 동물에 앞서고, 이는 다른 개별자들의 경우에도 [20] 마찬가지이다. 반면 몸과 그것의 부분들은 이런 실체[137] 뒤에 오는데, 이런 것들, 즉 질료적인 부분들로 나뉘는 것은 실체가 아니라 복합체이다. (iii) 이런 부분들은 어떤 뜻에서는 복합체에 앞서지만, 어떤 뜻에서는 그렇지 않다(왜냐하면 그것들은 떨어져서는 있을 수 없기 때문인데, 손가락은 어떤 상태에서나 동물의 부분이 아니니, [25] 죽은 손가락은 이름만의 손가락이다(homōnymōs)). 하지만 어떤 것들은 동시적(hama)인데, 로고스와 실체가 놓여 있는 첫째 부분에 해당하는 것들, 예컨대 심장이나 뇌가 그런데,[138] 둘 중 어떤 것

---

136 생물의 영혼이 어떤 뜻에서 로고스에 따른 실체(ousia kata ton logon), 형상(eidos), 이런저런 성질을 가진 몸의 본질(to ti ēn einai tōi toiōide sōmati)이 되는지에 대해서는 졸고, 〈본질론〉, 203-206쪽을 보라.
137 물론 형상이라는 뜻의 실체, 즉 첫째 실체(prōtē ousia)를 말한다.

이 그런 부분이건 전혀 문제가 안 된다. (c) 하지만 말이나 사람을 비롯해서 그와 같은 방식으로 개체들에 대해 통용되는 것들, 즉 보편적

---

138 로고스에 따르는 실체, 즉 영혼의 중심 기능이 자리잡고 있는 신체 부위는 생명체 전체와 동시적이다. 심장 중심설의 입장에서 보면 심장이, 뇌 중심설에 따라 보면 뇌가 그런 부위에 해당한다(IV 1, 1013a 4 ff.를 참고). 뇌 중심설을 주장했던 사람들에는 피타고라스학파의 영향권에 있던 의사와 생리학자와 철학자들, 예컨대 크로톤의 알크마이온과 플라톤이 있다. 예컨대 알크마이온의 뇌 중심설에 대해서는 다음과 같은 전언이 있다(Diels-Kranz 24 A 10): "그러므로 눈의 본성에 대해서 설명을 해야겠는데, 이에 대해서는 다른 여러 사람들뿐만 아니라 자연학을 습득하고 맨 처음 해부를 시도한 크로톤의 알크마이온, 아리스토텔레스의 제자 칼리스테네스, 헤로필로스가 보기에 뚜렷한 여러 가지 점들을 분명하게 밝혔다. 그에 따르면 (눈 속에는) 두 개의 좁은 통로가 있는데, 이것들은 뇌가 있는 자리―이 자리에는 영혼이 가진 가장 높은 통제 능력(potestas animae summa ac principalis)이 놓여 있다―에서 시작해서 눈 속의 패인 곳으로 이어지는데, 이곳은 타고난 정기(naturalis spiritus)를 간직하고 있다……." 이와 달리 아리스토텔레스는 심장 중심설을 내세운다. 그에 따르면 심장(kardia)은 모든 생명 활동의 중추 기관이다. 생명체의 발생 과정에서 가장 먼저 생기는 것이 심장이고(《동물의 생성에 대하여》 735a 23, 738b 17, 740a 1 ff.), 이 심장으로부터 생명의 열기가 핏줄을 통해 온몸으로 공급되어 생명 활동이 이루어지며(《동물의 부분에 대하여》, 665b 10 ff.), 운동은 물론 감각 역시 심장 또는 심장 주변의 움직임에서 시작된다. 그런 뜻에서 심장은 '생명 활동과 모든 운동과 감각의 시작'이 놓여 있는 곳이요(《동물의 부분에 대하여》 665a 10 ff., 647a 25 ff.) '몸의 아크로폴리스'(670a 26), 즉 생명의 마지막 보루이다. 그에 반해 뇌(enkephalos)는 심장의 열기를 식혀주는 냉각기 구실을 할 뿐이다(《동물의 생성에 대하여》 743b 25 ff.). 이에 대해서는 D.-H. Cho, *Ousia und Eidos*, S. 275 ff.를 참고하라.

인 것들은 실체가 아니라, 보편적인 관점에서 취한 개별적인 로고스와 개별적인 질료로 이루어진 〔30〕 일종의 복합체이다.[139] 반면 소크라테스는 마지막 질료로 이루어진 개별자이고, 다른 경우에도 마찬가지이다.

(4.a) 그러므로 '부분'은 형상(내가 말하는 형상이란 본질을 일컫는다[140])의 부분이거나 형상과 질료의 복합체의 부분이거나 아니면 〈질료〉 자체의 부분이다. 그러나 오직 형상의 부분들만이 로고스의 부분들이지만, 로고스는 〔1036a〕 보편자를 대상으로 삼는데, 그 이유는 원의 본질(kyklōi einai)은 원과 동일하고 영혼의 본질(psychēi einai)은 영혼과 동일하기 때문이다.[141] (b) 반면 복합체, 예컨대 이

---

139 '사람'이나 '말' 같은 보편자(katholou)는 실체, 즉 형상이나 로고스에 따른 실체라는 의미에서의 실체가 아니라 이른바 '구체적 보편자(universal concrete)'이다. 이를테면 개개인들은 각각 개별적인 영혼과 개별적인 몸으로 이루어져 있지만, 우리는 개개인들이 아니라 일반적인 사람을 두고 "사람은 영혼과 몸으로 이루어져 있다"고 말할 수 있는데, 여기서 말한 영혼과 몸은 특정한 영혼과 특정한 몸을 일반화해서 부르는 이름이다. 이런 뜻의 '구체적 보편자'의 관념은 VII 11, 1037a 6 f.에도 분명하게 표현되어 있다. 그에 대한 고전적인 논문으로는 Chung-Hwan Chen, 'Universal Concrete: A Typical Aristotelian Duplication of Reality', *Phronesis* 9, 1964, pp. 48-57을 참고하라.

140 'eidos'에는 두 가지 뜻이 있다. 그것은 종(種, species)을 가리키기도 하고 형상(form, shape)을 가리키기도 한다. 각 사물의 형상은 그것의 본질을 이룬다. 이 장에서 말하는 eidos가 종이 아니라 형상임을 분명히 하기 위해 아리스토텔레스는 "내가 말하는 eidos는 본질이다"라고 말한다. VII 7, 1032b 1 f.에서도 마찬가지이다.

180

원 및 감각적이거나 지성적인 개별자들 가운데 어느 것—지성적인 것들이란 이를테면 수학적인 것들을 말하고, 감각적인 것들은 구리 원들이나 〔5〕 나무 원들을 말한다—, 그런 것들에 대해서는 정의는 존재하지 않고, 그것들은 직관(noesis)이나 감각(aisthesis)을 통해 알려지며, 이런 현실적 상태(entelecheiai)를 벗어난 뒤에는 그것들이 있는지 없는지 분명하지 않지만, 그것들은 언제나 보편적인 로고스에 의해 진술되고 알려진다.[142] (c) 그에 반해 질료는 그 자체로서는 인식 불가능하다(agnoston). 〔〔하지만 질료에는 감각적인 것과 〔10〕

---

[141] 이러한 동일성에 대해서는 이미 VII 6, 1031a 28 ff.에서 다루었다. 그런데 여기서 원이나 영혼처럼 질료와 결합되어 있지 않은 형상에 대한 정의와 관련해서 다음과 같은 점을 지적해야 한다. 그것들에 대한 로고스는 물론 질료적인 부분들을 포함하지 않는다. 하지만 이런 뜻의 형상에 대한 로고스, 이를테면 사람의 영혼에 대한 로고스는 소크라테스의 영혼이나 플라톤의 영혼 같은 개별적인 형상을 대상으로 삼는 것이 아니라 그런 모든 개별적 영혼에 대해 공통적인 술어가 될 수 있는 보편자, 즉 사람의 영혼 일반을 그 대상으로 삼는다.

[142] 형상에 대한 로고스이건 복합체에 대한 로고스이건, 모든 로고스는 보편적인 것을 대상으로 한다. 형상은—그것이 비록 각 사물 안에 개별적으로 들어 있다고 하더라도—일반화를 거쳐 보편적인 로고스에 의해(tōi katholou logōi) 정의되며, 복합체 역시 마찬가지로 보편적인 로고스에 의해 정의된다. 앞의 구절은 질료를 포함하는 복합체에 대해 어떤 종류의 정의도 없다는 뜻으로 이해해서는 안 된다. 개별적인 복합체, 예컨대 소크라테스나 플라톤에 대해서는 물론 어떤 정의도 없지만, 그런 것들은 보편적인 이름에 따라 사람이라고 불리며, '사람인 한에서' 그것들에 대한 정의가 있다. 이런 종류의 정의가 어떤 부분들로 이루어지는지에 대한 설명은 1036b 2 ff., 특히 26 ff.를 보라. Frede-Paztig(*Metaphysik Z* II, S. 191)는 정의가 오로지

지성적인 것이 있는데, 감각적인 것이란 구리와 나무를 비롯해서 움직일 수 있는 질료를 말하고, 지성적인 것이란 감각 대상들 안에 들어 있긴 하지만 감각적인 측면을 추상한 상태에서 파악된 것, 예컨대 수학적인 것들을 말한다.[143]) 지금까지 우리는, 전체와 부분이 어떤 관계에 있고 앞에 오는 것과 뒤에 오는 것이 어떤 관계에 있는지에 대해 이야기했다.

(5.) 이제 어떤 사람이 직각, [15] 원, 동물이 앞서는지 아니면 그 것들이 나뉘어져 마지막에 되돌아가며 그것들을 구성하는 것들, 즉 부분들이 앞서는지 묻는다면, 이런 물음에 대해서는, 그것은 아무 조건 없이 단순하게 대답할 수 있는 문제가 아니라고 대꾸할 수밖에 없다. 그 이유는 이렇다. 영혼과 영혼을 가지고 있는 것이 생명체라면, 달리 말해서 각자의 영혼이 하나의 생명체라면,[144] 또한 원의 본질이 원이고 직각의 본질과 직각의 실체가 직각이라면, 어떤 것이 다른 어떤 것 뒤에, 예컨대 [20] 로고스 안에 있는 부분들과 개별적 직각 뒤에 온다고 말해야 하지만(왜냐하면 직각에는 질료와 함께 있는 것,

---

형상만을 대상으로 한다고 주장하는데, 이 주장은 근거가 약하다. 이에 대한 더 자세한 논의는 D.-H. Cho, *Ousia und Eidos*, S. 102 ff.를 참고하라.

143 앞서 든 예에서 원을 나눌 때 얻는 분선들은 지성적인 질료에 해당할 것이다. 감각적인 질료와 지성적인 질료의 구분에 대해서는 VII 11, 1037a 4 f.도 함께 참고하라.

144 이를테면 소크라테스의 영혼을 두고도 어떤 뜻에서는 '소크라테스'라고 부른다. 1035a 7 ff.와 그 구절에 대한 각주를 참고하라. 1037a 7 ff.도 함께 참고하라.

즉 구리로 된 직각과 그림으로 그린 개별적인 선분들 안에 있는 직각도 있기 때문이다),[145] 질료 없는 직선은 어떤 측면에서는 로고스 안에 있는 부분들 뒤에 오지만, 어떤 측면에서는 개별적인 것 안에 있는 부분들보다 앞서기에 아무 조건 없이 단순하게 말해서는 안 된다. 그러나 영혼과 생명체가 다른 것이고 그 둘이 똑같지 않다면, 앞서 말한 바와 같은 방식으로 〔25〕 어떤 부분들은 앞서고 어떤 부분들은 그렇지 않다고 말해야 한다.

《형이상학》 VII권 11장, 1036a 26-1037b 7

어떤 부분들이 형상에 속하고, 어떤 부분들이 복합체에 속하는가?: 1. 문제 제기. 2. 문제에 대한 논의. (a) 질료의 부분들을 형상에 속하는 것으로 보는 일반적인 경향. (b) 형상의 부분들을 질료적인 것으로 여기는 철학적인 견해들. 3. 정의와 질료의 관계. (a) 모든 것이 질료와 떨어져 있을 수 있는 것은 아니다. (b) 동물의 본성은 운동과 관련된 부분들과 무관하게 규정될 수 없다. (c) 수학적인 대상들의 경우. (d) 영혼은 생명체의 본질. 4. 남아 있는 문제들. 5. 7권 4-6과 10-11의 내용 요약.

---

145 질료를 배제한 채 원의 형태만을 가리켜 그것을 '원'이라고 부른다면, 이때 원의 형태 또는 원은 그것의 부분들, 즉 원에 대한 정의 안에 들어 있는 것들 뒤에 온다. 반면 직선의 형태만을 두고 그것을 '직선'이라고 부른다면, 다른 직선들, 즉 질료 속에 구현되어 있는 직선, 이를테면 구리 직선은 그런 직선의 형태 또는 직선 뒤에 온다.

(1) 당연히 제기되는 또 다른 의문은, 형상에 속하는 부분들은 어떤 것이고, 형상에는 속하지 않고 결합된 것(syneilemmenon)에 속하는 부분들은 어떤 것인가이다. 이것이 분명하지 않다면, 각 대상을 정의하기 불가능한데, 그 까닭은 정의는 보편자와 형상을 대상으로 하기 때문이다.[146] 그래서 만일 어떤 종류의 부분들이 질료에 해당하는 것이고 어떤 것들이 〔30〕 그렇지 않은지가 분명하지 않다면, 대상(pragma)에 대한 로고스 역시 분명치 않을 것이다.

(2.a) (i) 종류가 서로 다른 것들에 생겨나는 것들의 경우, 예컨대 구리나 돌이나 나무에 생겨나는 원의 경우, 사태는 분명해 보인다. 즉 이 경우 구리도 돌도 원의 실체에 속하지 않는데, 그 까닭은 원의 실체는 그것들과 따로 떨어져 있기 때문이다. (ii) 반면 〔35〕 따로 떨어져 있는 것을 보지 못한 경우, 이 경우에도 앞의 경우와 사정이 같다고 말하지 못할 이유는 없다. 〔1036b〕 이를테면 모든 원이 구리로 이루어져 있다고 하더라도 앞의 경우에 말했던 것과 똑같은 말을 할 수 있는데, 구리가 형상의 〈부분〉이 아니라는 사실에는 아무 차이가 없기 때문이다. 하지만 생각 속에서 그것을 떼어내기(aphele-in)란 어려운 일이다. 예컨대 사람의 형상은 언제나 살과 뼈나 그런 종류의 부분들 속에서 밖으로 드러나는데,[147] 〔5〕 그렇다면 이런 것들

---

146 소크라테스나 칼리아스 같은 사람을 두고 말하자면, 각 개인의 영혼은 각자의 형상(idion eidos, XII 5장, 1071a 14)에 해당한다. 반면 개인들에 대해 공통적으로 술어가 되는 보편적인 종의 명칭인 '사람'은 보편자(katholou)이다. 다음의 구절들을 참고하라. VII 10, 1035b 14; 1035b 27; 8, 1033b 24; XII 5장, 1071a 27 ff.

역시 형상과 로고스의 부분들인가? 아니, 그렇지 않고, 그것들은 질료이다. 하지만 (사람의 형상이) 다른 것들에도 생겨나는 일은 없기 때문에 우리는 그 형상을 떼어낼 수 없다. (b) 그런 분리는 가능해 보이지만, 언제 그런지 분명하지 않기 때문에, 어떤 사람들은 원이나 삼각형을 두고 이미 의문을 제기했으니, 그들의 의견에 따르면 선분들이나 연속성에 의거해서 그것들을 정의하는 것은 옳지 않으며, 그 모든 것들에 대한 로고스 가운데 그런 것들이 쓰인다면, [10] 그 방식은 살과 뼈가 사람에 대한 로고스 가운데서 쓰이고 구리와 돌이 조각상에 대한 로고스 가운데서 쓰이는 것과 똑같다.[148] 그리고 그들은 모든 것을 수들로 환원시켜 '선분'에 대한 로고스는 '둘'에 대한 로고스라고 말한다. 그리고 이데아론의 지지자들 가운데 어떤 사람들은 '둘'이 선분 자체(autogramm)라고 말하고, [15] 또 어떤 사람들은 그것이 선분의 형상이라고 말하는데, 그들에 따르면 어떤 경우에는 형

---

147 아리스토텔레스는 보통 영혼을 사람의 형상이라고 부른다(VII 10, 1035b 14 ff.; 11, 1037a 27 ff.; 《영혼론》 II 1, 412a 19 ff.). 하지만 '형상'은 그와 달리—본래 말뜻에 따라—겉보기의 형태를 가리킬 때도 많다. 다시 말해서 사람의 '형상'은 사람 몸의 기능뿐만 아니라 몸의 형태와 생김새를 가리키기도 하는데(VII 8, 1034a 6; 《영혼론》 I 3, 407b 23 f.), 1036b 3의 '사람의 형상(to tou anthropou eidos)'은 두 번째 뜻으로 이해해야 할 것이다. 그런 형태론(morphology)적인 의미에서의 '형상' 개념에 대해서는 졸고, 〈게노스와 에이도스〉, 128쪽 아래를 참고하라.

148 살과 뼈가 사람의 질료이듯이, 선분과 연속체는 삼각형의 질료이기 때문에, 삼각형에 대한 정의에서는 선분과 연속체가 배제될 수밖에 없으리라는 말이다.

상과 그것을 형상으로 삼는 것(예컨대 '둘'과 둘의 형상)은 동일하지만, 선분의 경우에는 이미 그렇지 않기 때문에 그렇다. 그 결과 분명히 서로 다른 형상을 가지고 있는 여럿에 대해 하나의 형상이 있다는 결론이 따라나오며(이 결론은 피타고라스학파가 도달한 결론이다), 하나를 모든 것의 형상 자체로 내세우면서 〔20〕 다른 것들은 형상들이 아니라고 주장할 수 있게 되는데, 이렇게 되면 모든 것은 하나가 될 것이다.[149]

(3.a) 정의에 대한 논의가 어떤 난점을 수반하는지, 그 이유는 무엇인지는 지금까지 이야기한 바와 같다. 따라서 이렇게 모든 것을 형상으로 환원시키면서 질료를 배제하는 것은 쓸데 없는 일이다. 왜냐하면 어떤 것들은 확실히 어떤 질료 안에 있는 어떤 형상[150] 혹은 이러저러한 상태에 있는 개별적인 것들이기 때문이다. 〔25〕 (b) 그리고 젊은 소크라테스[151]가 사용하곤 했던 동물의 비유는 올바른 것이 아

---

149 Rolfes(*Metaphysik* 2, S. 203, 주 50)를 따라 우리는 이 구절을 다음과 같이 풀이할 수 있을 것이다. 예를 들어 삼각형, 삼단논법, 물체들은 모두 하나의 형상에 속하게 될 터인데, 그 이유는 그것들은 각각 세 변, 세 개의 진술, 세 차원으로 이루어져 있기 때문이다. 마찬가지로 오직 하나만이 수의 본질이 된다고 말할 수도 있을 터인데, 왜냐하면 플라톤에 따르면 수는 형상에 해당하는 하나와 질료에 해당하는 규정이 없는 둘로부터 생겨나기 때문이다.

150 여기서는 1036b 23의 표현 'tod' en tōid(a partucular form in a particular matter-Ross)'를 그 의미에 따라 풀어 옮겼다. 감각적 실체의 복합 구조를 가리키는 이 표현에 대해서는 《영혼론》 III 4, 429b 14, 《동물의 부분에 대하여》 I 1, 640b 27 등의 구절을 함께 참고하라.

151 '젊은 소크라테스(Sōkratēs ho neōteros)'는 테아이테토스와 동년배인 소

닌데, 그 까닭은 그것은 우리를 진리에서 멀어지게 하고, 마치 원이 구리 없이 있을 수 있듯이 사람도 몸의 부분들 없이 있을 수 있다고 가정하게 만들기 때문이다. 하지만 두 경우는 똑같지 않은데, 그 까닭은 동물은 감각물 가운데 하나이며 운동을 언급하지 않고서는 정의될 수 없고,[152] 따라서 [30] 부분들이 어떤 일정한 상태에 있다는 사실을 언급하지 않고서는 정의될 수 없기 때문이다. 손은, 그것이 처한 상태를 불문하고 모든 경우에 사람의 부분이 아니라 기능을 수행할 능력을 갖추어서 살아 있을 때 그렇기 때문이다. 살아 있지 않으면 부분이 아니다.

(c) 〚수학의 대상들에 관해서 보자. 왜 부분들에 대한 로고스들은 전체에 대한 로고스의 부분들이 아닌가? 예컨대 왜 반원들은 원에 대한 로고스 안에 포함되지 않은가?[153] 그것들은 감각물이 아니기

크라테스 학파의 인물이다. 플라톤의 대화편 《테아이테토스》 147D, 《소피스테스》 218B에 등장한다.

152 원문의 "aisthēton gar ti to zōion, kai aneu kinēseōs ouk estin horisasthai…"는 생명체에 대한 정의에서는 단지 영혼만이 언급된다는 많은 연구자들의 주장이 그릇된 것임을 분명하게 보여준다. 졸고, 〈본질론〉, 206쪽 아래를 참고하라.

153 1034b 22 ff.의 질문과 같은 뜻으로 이해해야 한다. 즉 왜 전체의 부분들은 전체에 대한 로고스에서 언급되지 않는가가 문제이다. 왜 '반원'들은 원에 대한 정의 안에 포함되지 않는가? 물론, 수학적인 대상들은 감각물이 아니다. 따라서 원에 대한 정의 가운데서 원의 부분인 반원들을 언급하는 것이 가능하다고 생각할 수도 있다. 왜냐하면 그런 것은 원에 대한 정의에 구리나 나무 같은 질료적인 부분들을 포함시키는 것과 다른 일이기 때문이다. 하지만 그럼에도 불구하고 원에 대한 정의에서 반원들을 언급하는 것은 올

때문이다. 〔35〕 아니, 아마도 이 점은 별 차이를 낳지 않을 것이다. 왜냐하면 어떤 것들은 감각 대상이 아니지만 질료를 가질 것이기 때문인데, 〔1037a〕 본질과 형상 그 자체(eidos auto kath' hautho)가 아니라 '이것'인 것에는 모두 어떤 질료가 들어 있다. 그렇다면 앞서 말했듯이, 반원들은 보편적인 원의 부분들은 아니지만, 개별적인 원들의 부분들이기는 할 것인데, 그 까닭은 질료에는 감각적인 것과 〔5〕 지성적인 것이 있기 때문이다.〕〕

(d) 영혼은 첫째 실체이고 육체는 질료이며, 사람이나 동물은 보편적인 관점에서 취한 그 둘의 복합체이다.[154] 그에 반해 '소크라테스'나 '칼리아스'는, 만일 소크라테스의 영혼도 '소크라테스'라고 불릴 수 있다면, 두 가지 의미를 갖는데(왜냐하면 어떤 사람들은 그런 이름으로써 영혼을 가리키고, 또 어떤 사람들은 복합체를 가리키기 때문이다), 만일 그 이름들이 무제한적인 뜻에서 이 개별적인 영혼과 이 개별적인 몸을 뜻한다면, 〔10〕 개별자도 보편자와 똑같은 방식으로 이루어져 있다.[155]

바른 일이 아닌데, 그 이유는 반원들은 지성적인 질료의 부분들이기 때문이다(1036a 9 ff.을 참고). 본질과 형상 그 자체를 제외한 개별적인 것들 안에는 모두 질료가 들어 있고, 특히 수학이 다루는 개별 대상들 안에는 지성적 질료가 들어 있다. 이런 질료는 이를테면 보편적인 원의 형상을 정의할 때는 언급되지 않는다.

154 1035b 27-31과 그에 대한 각주를 참고하라.

155 1037a 9에서 아리스토텔레스는 지시 대명사를 포함한 표현 'hē psychē hēde kai <to> sōma tode(this particular soul and this particular body-Ross)'을 써서 영혼과 몸의 개별성을 분명하게 표현한다. 개별자와 보편자

(4.a) 그런 종류의 실체들에 속하는 질료와 떨어져서 다른 종류의 질료가 있는지, 이것들과는 다른 실체, 예컨대 수들이나 그런 종류의 것들을 탐색해야 하는지의 문제는 나중에 고찰해야 한다.[156] 왜냐하면 우리는 이를 위해서 감각적인 실체들(aisthētai ousiai)의 본성을 규정하려고 하는데, 감각적인 실체들에 대한 이론은 어떤 측면에서 보면 자연학, [15] 즉 제이 철학(deutera philosophia)의 일이기 때문인데,[157] 자연 학자는 질료에 대해서뿐만 아니라 로고스에 따르는 〈실체에 대해서〉도 알아야 하고, 뒤의 것에 대해서 더 많이 알아야 한다. 하지만 정의들의 경우, 로고스 안에 있는 것들이 어떻게 정의의 부분들이 되며, 왜 정의는 하나의 로고스인지가 문제로 제기되는데(대상(pragma)은 분명 하나이지만, 그것은 부분들을 가지고 있기 때문에 [20] 어떤 것에 의해서 그 대상이 하나인가라는 물음이 제기되기 때문이다), 이에 대해서는 나중에 고찰해야 한다.[158]

(5.a) 이제까지 본질이 무엇이고 어떤 뜻에서 그것이 그 자체로서(kath' hauto) 있는 것인지[159]에 대해서 모든 것에 적용되는 보편적인 논의를 진행했다. 또한 어떤 경우에 본질에 대한 로고스가 정의

사이에는 다음과 같은 비례 관계가 있다. 소크라테스 : 소크라테스의 영혼 : 소크라테스의 몸 = 사람 : 사람의 영혼 : 사람의 몸.

156 《형이상학》 XIII(*M*)과 XIV(*N*)를 가리킨다.

157 VI 1, 1026a 24 ff.를 참고하라.

158 정의 대상 및 정의의 통일성 문제는 VII 12와 VIII 6장에서 더 자세히 논의된다.

159 VII 4, 1029b 14의 'to ti ēn einai'에 대한 정의를 참고하라.

대상의 부분들을 포함하고 어떤 경우에 그렇지 않은지 그 이유와 실체에 대한 로고스 안에는 〔25〕 질료에 해당하는 부분들이 들어 있지 않다는 사실에 대해서도 이야기했는데, 그 까닭은 그 부분들은 그런 뜻의 실체에 속하는 부분들이 아니라 복합적인 실체에 속하는 것이라는 데 있으니, 이것에 대해서는 어떤 방식으로는 로고스가 있지만, 어떤 방식으로는 없다. 다시 말해서 질료와 함께 있을 때는 그것에 대한 로고스가 없고(질료는 정의가 불가능하기 때문이다), 첫째 실체에 의거해서는 로고스가 있으니, 예컨대 사람의 경우에는 영혼에 대한 로고스가 있다. 왜냐하면 실체는 안에 있는 형상(to eidos to enon)이고, 이것과 질료가 합쳐져서 〔30〕 복합적인 실체(synolos ousia)가 생겨나기 때문인데, 예컨대 불룩한 형태가 그런 형상에 해당한다(왜냐하면 이것과 눈이 합쳐져서 딱부리 눈과 딱부리 모양이 생기기 때문이다).[160] 하지만 복합적인 실체, 예컨대 딱부리 눈이나

---

[160] Ross를 따라 a 31 f.의 'dis... ris'를 삭제하고 읽었다. 1037a 25 ff.의 논의를 근거로 내세워 많은 연구자들은 오직 형상만이 정의의 대상이고, 복합적 실체에 대해서는 정의가 없다고 말한다(Frede-Patzig, *Metaphysik Z* II, S. 219를 참고). 이런 해석에 따르면, 예컨대 '사람'에 대한 정의는 없고, 그저 사람의 영혼에 대한 정의만이 있다. 하지만 이는 사실이 아니다. 사람을 포함한 생명체에 대한 정의에서 질료적 부분이 언급된다는 것은 이미 1036b 28 ff.에서나 VI 1장, 1025b 34 ff.에서 분명하게 천명되기 때문이다. 1037a 25 ff.에서 아리스토텔레스가 복합적 실체의 정의 가능성을 부정하면서 염두에 두고 있는 것은 분명 **개별적인** 복합적 실체일 것이다. 그런 실체는 무규정적인 질료를 포함하고 있기 때문에 정의가 불가능하다(1036a 5 ff.; 1039b 27 ff.). 하지만 질료와 형상을 보편적으로 취해 얻은 '사람'과 같은

칼리아스 안에는 질료도 들어 있다. 〔1037b〕 어떤 것들, 예컨대 첫째 실체들의 경우(내가 말하는 첫째 실체란, 어떤 것, 즉 기체로서 밑에 놓여 있는 것 안에 다른 어떤 것이 속함으로써 있는 것이 아닌 것을 말한다) 각 대상과 본질은 동일하지만[161] 질료에 해당하는 것이나 〔5〕 질료와 함께 결합된 것에 해당하는 것들은 자신들의 본질과 동일하지 않으며, 소크라테스와 음악적인 소양처럼 부수적으로 하나인 경우에도 마찬가지인데, 그것들은 부수적인 뜻에서 동일하기 때문이다.[162]

보편적 복합체(universal concrete)에 대해서는 질료를 포함하는 정의가 있다. 1036a 7 ff.에 대한 주석을 참고하라.

161 1037 b 2의 "hoion kampylotēs... estin(예컨대 굴곡의 형태와 굴곡의 본질은, 만일 그것이 첫째가는 것이라면 똑같다)"는 Jaeger를 따라 빼고 읽었다.

162 VII 6, 1031a 19-28과 그에 대한 주석을 참고하라.

6. 본질과 정의 : 정의의 통일성

《형이상학》 VII권 12장과 VIII권 6장

앞의 두 장에서와 마찬가지로 《형이상학》 VII권 12장에서도 정의가 논의 주제이다. 하지만 12장에서 아리스토텔레스는, 10장과 11장에서와 달리, 정의의 내용이 아니라 정의의 통일성에 논의의 초점을 맞춘다. 다시 말해서 류(genos)와 종차(diaphora)가 어떻게 정의 가운데서 하나의 통일체를 이룰 수 있는지가 12장의 논의거리이다. 이 문제는 뒤에 VIII권 6장에서 다시 거론되는데, VII권 12장은 VIII권 6장과 서로 긴밀한 관계에 있기 때문에, 이 두 부분을 우리는 함께 살펴보아야 한다.

아리스토텔레스는 12장의 첫 부분에서 사람의 정의 '두 발 가진 동물'을 예로 들어, 어떤 이유에서 정의의 두 요소인 '두 발 가진'과 '동물'이 여럿(polla)이 아니고 하나(hen)인지를 묻는다. 그리고 두 단계(1037b 13-27와 1037b 27-1038a 35)의 사유 과정을 거쳐 이 물음에 접근한다. 첫째 단계에서 아리스토텔레스는 정의의 통일성에 대한 두 가지 설명 가능성을 비판적으로 검토한다. 그 하나는 정의의 통일성을 주체와 부수성의 관계를 모델로 삼아 설명하는 것이다. 이 모델에 따르면 예컨대 '두 발 가진 동물'은 '하얀 사람'이 갖는 것과

192

같은 종류의 통일성을 갖는다. 이에 대해 아리스토텔레스는, '하얀 사람'에서는 '하양'이 '사람'에 부수적으로(kata symbebēkos) 속하지만 '두 발 가진 동물'에서는 그런 부수적인 귀속의 관계가 성립하지 않기 때문에 주체-부수성 관계에 따라서는 정의의 통일성을 이해할 수 없다고 말한다. 아리스토텔레스가 고려하는 또 하나의 가능성은 관여(methexis) 관계를 모델로 삼는 설명인데, 이에 따르면 '동물'이 '두 발 가진'에 관여함으로써 '두 발 가진 동물'이라는 정의가 성립한다. 하지만 이런 가능성 역시 아리스토텔레스는 받아들이지 않는데, "류는 차이들에 관여하지 않는다"(1037b 18 f.)는 것이 거부의 이유이다. 다시 말해서 '동물'은 서로 대립 관계에 있는 차이들로 나뉘는데, '동물'이 이런 대립적인 차이들에 동시에 관여하는 것은 불가능한 일이라는 말이다. 또한 설령 '동물'이 차이들에 관여한다고 하더라도, 차이들이 여럿이라면, 예컨대 '발이 있는', '두 발 가진', '날개 없는' 등이 차이들로서 '사람'에 대한 정의 안에 함께 등장한다면, 이것들이 어떻게 하나를 이루는지 설명할 수 없다는 이유를 들어 아리스토텔레스는 관여의 모델을 비판한다.

하지만 이렇듯 주체와 부수성의 관계에 의해서도 관여의 관계에 의해서도 정의의 통일성을 이해할 수 없다면, 어떻게 그 통일성을 설명해야 하는가? 12장의 후반부(1037b 27-1038a 35)에서 아리스토텔레스가 제시하는 대답은 그의 질료-형상설에 근거를 두고 있다. 정의에 해당하는 로고스 '두 발 가진 동물'은 류와 종차라는 두 개의 구성 요소로 이루어지고, 이 둘은 각각 질료와 형상의 관계 속에서 하나의 통일체를 이룬다는 것이 그의 주장이다.

아리스토텔레스는 나눔(diairesis)의 방법에 따라 진행되는 정의 절차를 예로 취해 정의를 구성하는 요소들 사이의 상관 관계를 설명한다. 나눔의 방법에서는 최초로 어떤 류를 정하고, 이 류와 차이들을 한 단계, 한 단계 취해 나가는 방식으로 정의를 얻는다. 예를 들어 첫째 류가 '동물'이라면, 이것과 '두 발 가진'을 함께 취해 '두 발 가진 동물'에 이르는데, 이 가운데 하나는 류이고 다른 하나는 차이이다. 물론 종을 구별하는 차이로서 다수의 차이점들을 제시할 수도 있다. 예컨대 사람을 '두 발을 갖고 날개가 없는 동물'이라고 말할 수도 있다. 하지만 이 경우에도 본질적으로는 아무 차이가 없다. 왜냐하면 '두 발을 갖고 날개 없는 동물'이라는 로고스에서도 동물은 류이고, '두 발을 갖고 날개 없는'은 종적인 차이기 때문이다. 중요한 것은, 류는 그 류에 속하는 종들(eidē)과 떨어져서 그 자체로서는 존재하지 못한다는 사실이다. 그런 점에서 아리스토텔레스는 류가 질료(hylē)로서 있을 뿐이라고 말한다. 대리석은 조각의 재료(hylē)이며 그것의 실재성은 조각 상의 실재성에 비해 뒤떨어지듯이, 류 역시 정의 과정의 재료이며 그것의 실재성은 류를 차이들에 의해 한정함으로써 얻게 되는 개별적인 종들보다 실재성이 뒤떨어진다는 뜻이다.

그렇다면 류를 한정해서 개별적인 종들로 만들어내는 차이 또는 차이들은 어떠해야 할까? 아리스토텔레스는 정의의 한 요소인 류를 질료로서 규정한 다음 1038a 9 ff.에서 나눔의 과정에서 종차에 도달하기 위해 따라야 할 원칙이 어떤 것인지, 그때 얻는 종차의 본성이 무엇인지를 밝힌다. 그가 제시하는 나눔의 원칙은 "차이의 차이를 따라 나눔을 진행해야 한다"는 것이다. 예컨대 '동물'을 나누어 개별 종으로 나아가는 차이로서 '발이 있는'을 취했다면, 다음 단계에서는 '발이 있는'이라는 차이에 속하는 차이를 제시해야 한다. 만일 그렇지 않고, 첫 번째 단계에서 '발이 있는 동물'을 얻은 뒤, 다음 단계에서 '날개 있는'과 '날개 없는'이라는 차이를 취한다면, 이는 올바른 나눔이 아니다. '발이 있는'을 차이로 취한 다음에는 다시 발의 차이에 국한해서 '발이 갈라진'과 '발이 갈라지지 않은'을 다음 단계의 차이로 취해야 한다. 나눔의 과정에서 피해야 할 또 한 가지는 '발이 있는 동물'에 도달한 뒤, 이 단계에서 '발이 있는 동물' 다시 '하얀 것'과 '검은 것'과 같이 발의 유무(有無)에 부수적인 차이들로 나누는 일이다. 이런 나눔은 나누는 갈래만큼 임의적이고 무제한적인 구별을 만들어내기 때문에 올바른 나눔의 방법일 수 없다. 아리스토텔레스는 이렇듯 어떤 차이를 다른 종류의 차이로 나누거나 그 차이를 부수적인 차이로 나누는 잘못을 피하고, 차이를 차이에 따라 나눌 때 얻는 마지막 단계의 차이를 일컬어 '실체(ousia)' 또는 '형상(eidos)'이라고 부른다. '실체'나 '형상' 개념이 이처럼 마지막 차이(teleutaia dia-phora), 즉 종차에 대해 쓰이는 경우는 《형이상학》의 다른 부분에서는 찾아볼 수 없는 일이기 때문에, 그런 명칭 부여는 여러 아리스토텔레스 연구자들을 곤혹스럽게 만들었다. 하지만 류를 질료라고 불렀던 사실을 감안하면, 어떤 뜻에서 마지막 차이가 '형상'이나 '실체'라고 불릴 수 있는지는 짐작하기 어렵지 않다. 예컨대 대리석이라는 재료에 호메로스의 형상이 부가되어 호메로스의 조각 상이 생기듯이, 정의의 재료인 류에 마지막 종차가 형상으로서 부가되어 개별 종이 생긴다는 뜻으로 보면 그 뜻이 분명해진다.

정의를 구성하는 두 요소인 류와 종차가 각각 질료와 형상의 관계에 있다는 VII권 12장의 생각을 아리스토텔레스는 VIII권 6장에서 보다 분명하게 천명한다. 이 장의 근본 물음 역시 정의 또는 정의 대상의 통일성에 대한 것이다. 사람을 하나로 만드는 것은 무엇인가? 그리고 어떤 이유 때문에 사람은 여럿, 즉 동물＋두 발 가진 상태가 아니고 하나일 수 있는가? 이런 물음들을 제기하면서, 아리스토텔레스는 다시 한번 관여 이론의 부당성을 비판하면서, 그 대안으로 질료-형상 이론을 내세운다. 그의 말을 그대로 옮기면 이렇다(1043a 23-25) : "하지만 우리의 설명대로 하나는 질료이고 다른 하나는 형상이며, 하나는 가능성의 상태에 있고 다른 하나는 현실성의 상태에 있다면, 우리가 탐구하는 문제는 이제 어려운 문제가 되지 않을 것이다." 예컨대 아무렇게나 선택한 이름 '두루마기'에 대한 정의로서 '둥근 형태의 청동'이라는 로고스를 제시한다면, 이 로고스의 두 요소들은 ― '청동'과 '둥근 형태의' ― 각각 질료와 형상으로서, 그 둘이 어떻게 하나인가라는 어려움은 저절로 사라진다고 아리스토텔레스는 말한다. 정의 안에서 질료적인 요소인 류는 더 세분화되어 규정될 수 있는 것이라는 뜻에서 가능적인 것(dynamei on)이고, 형상적인 요소인 종차는 이 가능성을 규정해서 통일적인 정의 대상을 만들어내는 것, 현실적인 것(energeiai on)이기 때문이다. 쉽게 말해서 감각물의 질료와 형상과 정의의 류와 종차 사이에는 질료 : 형상 : 복합적 감각물＝유 : 종차 : 통일적인 정의의 비례 관계가 성립하며, 따라서 조각 상 안에서 대리석과 형태가 하나를 이루는 것과 마찬가지 방식으로 '사람'에 대한 정의 안에서 '동물'과 '두 발 가진'은 하나의 통일성을 이룬다는 말이다. VII권 12장과 VIII권 6장은, 본래 감각물의 구성 방식을 설명하기 위해 도입된 질료-형상설이 정의의 구성 방식을 설명하는 데 어떻게 확대 적용될 수 있는지를 보여준다는 점에서 그 의의가 크다.

《형이상학》 VII권 12장, 1037b 8-1038a 35

정의 대상의 통일성(hen)의 원인은 무엇인가?: 1. 어떤 것에 대한 로고스가 정의가 될 때 그 대상의 통일성은 무엇에 근거를 두고 있는가? (a) 문제에 대한 해명. (b) 류(genos)와 차이들(diaphora)이 하나가 되는 방식과 기체(hypokeimenon)와 그에 속하는 상태(pathos)가 하나가 되는 방식이 다른 이유는 무엇인가? (c) 정의를 이루는 부분들의 관계는 관여(metechein)의 관계가 아니다. (d) 정의의 부분들이 하나이어야 하는 이유는 정의 대상인 실체(ousia)가 하나이기 때문이다. 2. 나눔(diairesis)의 방법을 통해 얻는 정의들에 속하는 통일성에 대한 물음과 그에 대한 대답. (a) 정의는 첫째 류와 차이들만을 포함한다. (b) 류는 종(eidos)을 떠나서는 실재하지 않기 때문에, 정의는 차이들로부터 생겨난다. (c) 차이의 나눔은 더 이상 나눌 수 없는 것(adiaphora)에서 끝난다. (d) 대상의 실체(hē ousia tou pragmatos)와 그것에 대한 정의(horismos)는 마지막 차이(teleutaia diaphora)로 이루어진다. (e) 결과.

(1.a) 이제 먼저, 《분석론》에서 정의에 대해 말하지 않고 남겨두었던 내용에 대해 이야기하기로 하자.[163] 왜냐하면 거기서 〔10〕 제기

된 문제는[164] 실체에 대한 논의에 유용하기 때문이다. 내가 말하는 문제는 이런 것이다. 우리가 어떤 대상을 두고 그것에 대한 로고스가 정의라고 말할 때, 예컨대 사람을 대상으로 삼는 로고스 '두 발 가진 동물'이—이것을 사람에 대한 로고스라고 치자—정의라고 말할 때, 그 대상은 도대체 어떤 이유 때문에 하나인가?[165] (b) 어떤 이유 때문에 그것은 하나이지, 여럿, 즉 동물과 두 발 가진 것이 아닌가? 사람과 [15] 하양을 놓고 보면, 그 가운데 어느 하나가 다른 하나에 속하지 않을 때는 여럿이 있지만, 그렇지 않고 귀속이 이루어져 기체, 즉 사람이 어떤 상태에 있을 때는 하나가 있다(왜냐하면 그럴 때 하나가 생겨나서 하얀 사람이 있기 때문이다).[166] (c) 한편 그때[167] 어느 하나가 다른 것에 관여하는 것은 아닌데, 그 까닭은 일반적인 의견에 따르면 류는 차이들[168]에 관여하지 않기 때문이다(왜냐하면 그렇지 않

---

163 《분석론 후서》 II 3-11, 13을 참고하라.

164 《분석론 후서》 II 6, 92a 29 f.에서 아리스토텔레스는 다음과 같이 묻는다. "왜 사람은 땅에 사는 두 발 가진 동물이고, 동물+땅에 사는 것+두 발 가진 것이 아닌가?"

165 여기서 '하나(hen)'는 물론 통일체(unity)의 뜻으로 쓰인 것이다. '하나'의 여러 가지 의미에 대해서는 IV 6, 1016b 23 ff.를 참고하라.

166 다시 말해서 사람과 하양은 부수적인 또는 우연적인 관계에 있어서, 하양이 사람에게 속할 때만 하얀 사람이라는 통일체가 있다(IV 6, 1015b 20 ff.). 하지만 '두 발 가진 동물'의 경우는 사정이 다르다.

167 즉 '동물'과 '두 발 가진'이 정의 안에서 하나의 통일체를 이루고 있을 때.

168 원문의 'diaphorai'를 '종차(種差)들'이라고 옮기지 않고 '차이들'이라고 옮겼다. 그 이유에 대해서는 아래 1037b 32에 대한 각주를 보라.

다면, 똑같은 것이 〔20〕 대립자들에 관여하게 될 터이기 때문인데, 종차들은 대립자들이며 그것들에 의해 류가 서로 다른 것으로 나뉘기 때문에 그렇다).[169] 하지만 설령 관여의 관계가 성립한다고 하더라도, 차이들이 여럿 있다면, 예컨대 '발이 있는', '두 발 가진', '날개 없는' 등 여럿 있다면, 똑같은 반론이 제기된다. 어떤 이유 때문에 이것들은 하나이고 여럿이 아닌가? 그것들이 어느 한 대상에 속한다는 이유 때문에 그런 것은 아니다. 왜냐하면 그런 방식으로라면 모든 것들로부터 하나가 생겨날 것이기 때문이다. (d) 하지만 〔25〕 정의 안에 있는 것들은 하나이어야 하는데, 그 까닭은 정의는 통일성을 가진 로고스이며 실체를 대상으로 삼으며, 그 결과 정의는 하나인 어떤 것에 대한 로고스이어야 하기 때문이다.[170] 왜냐하면 우리가 말하듯이, 실체는 어떤 것 하나이자 '이것'을 가리키기 때문이다.

(2.) 우리는 먼저 나눔의 방법에 따라 얻는 정의들에 대해 살펴보아야 한다.[171] (a) 왜냐하면 정의 안에는 〔30〕 첫째 류와 차이들[172]

---

169 예컨대 동물이라는 류는 날개 있는 것과 날개 없는 것으로 나뉜다. 이때 날개 있는 것과 날개 없는 것은 서로 대립된 것(enantia)이고, 만일 류가 차이들에 관여한다면, 서로 대립된 차이에 관여할 것인데, 이는 불가능한 일이다. VII 14, 1039b 2 ff.를 참고하라.

170 이에 대해서는 VII 4, 1030a 8 ff.를 보라.

171 VII 12에서 아리스토텔레스는 류와 종차의 통일성을 밝히기 위해 수직적이고 단선적인 방식으로 진행해서 마지막 차이에 이르는 나눔(diairesis)의 방법을 분석의 사례로 취한다. 하지만 이 장에서 예로 든 정의의 사례는 그저 편의적인 이유 때문에 취한 것인 듯하다. 《동물의 부분에 대하여》 I 2-3에서 아리스토텔레스가 제시하는 정의 이론에 따르면, 그렇게 단선적인 나눔

이외에는 다른 아무것도 없고, 그 밖에 다른 류들은 첫째 류와 그것과 함께 취한 차이들로 이루어지기 때문인데, 예컨대 첫째 류는 동물이고, 그 뒤에 오는 것은 두 발 가진 동물이며, 그 뒤에 다시 두 발 가진 날개 없는 동물이 온다. 더 많은 용어를 써서 말하는 경우에도 〔1038a〕 사정은 똑같다. 일반적으로 말하자면, 더 많은 용어를 써서 말하건 더 적은 용어를 써서 말하건, 다시 말해서 보다 적은 용어를 써서 말하건 오로지 두 개의 용어를 써서 말하건 아무런 차이가 없으니, 그 둘 가운데 하나는 차이이고 하나는 류인데, 예컨대 '두 발 가진 동물'에서 '동물'은 류이고 다른 것은 차이이다. 〔5〕 (b) 그런데 만일 류가 그 류에 속하는 종들과 떨어져서(para) 무제한적으로 존재하지 못한다면,[173] 혹은 달리 말해서 만일 그것은 있긴 하지만 질료라는

의 절차에 의해 얻어진 **하나의** 차이는 정의 대상의 본성을 드러내는 종차가 될 수 없다. 거기서 그는 동시에 여러 개의 차이들을 결합하는 수평적이고 다선적인 정의 방법을 제시한다. 이 방법은 VII 12의 1037b 30-1038a 1에도 예시되어 있다. 아리스토텔레스의 정의 이론에 대한 더 자세한 논의로는 《동물의 부분에 대하여》I 2-3에 대한 주석인 W. Kullmann, *Wissenschaft und Methode*, Berlin-New York 1974, S. 53-71과 D.-H. Cho, *Ousia und Eidos*, S. 184-193을 참고하라.

172 여기서 'diaphora'를 '종차'라고 옮기지 않고 그저 '차이'라고 옮긴 이유는, 류를 개별적인 종으로 나누어 나가는 단계에서 등장하는 모든 diaphora가 종차는 아니기 때문이다. 특정한 류 안에서 종을 한정하는 차이를 일컬어 '종차'라고 부를 수 있을 터인데, 아리스토텔레스는 이런 종차를 일컬어 'eidospoios diaphora'라고 부른다. 《토피카》VI 6, 143b 8 f.를 보라.

173 류가 그에 속하는 종들과 떨어져서(para ta hōs genous eidē) 있을 수 없다는 아리스토텔레스의 생각에 대해서는 VII 13, 1038b 33을 함께 참고하라.

뜻에서 있다면(왜냐하면 소리는 류이자 질료이고, 차이들이 그것으로부터 여러 종류의 소리들, 즉 철자들을 만들어내기 때문이다), 분명 정의는 차이들로 이루어진 로고스이다.

(c) (i) 하지만 차이의 〔10〕 차이를 따라 나눔을 진행해야 한다. 예컨대 '발이 있는'은 동물에 속하는 하나의 차이이며, 다시 발이 있는 동물에 속하는 차이를 찾을 때는 바로 발이 있는 것인 한에서(hēi hypopoun) 그것에 속하는 차이를 알아내야 하며, 따라서―올바로 논의를 진행할 경우에는―발을 가진 것 중 일부는 날개 있는 것이고, 일부는 날개 없는 것이라고 말해서는 안 되고(만일 이렇게 하는 것은 무능력 탓이다), (발이 있는 것 가운데―옮긴이) 일부는 발이 갈라진 것이고, 일부는 발이 갈라지지 않은 것이라고 말해야 하는데, 이런 것들이 〔15〕 발의 차이이기 때문인데, 갈라진 발은 발의 일종이기 때문이다. 그리고 그 과정은 언제나 나눌 수 없는 것들에 이를 때까지 진행되어야 하는데, 그때는 차이들의 수만큼 여러 종의 발이 있을 것이고, 발이 있는 동물들의 종은 그 차이들과 수가 같을 것이다. 사정이 이렇다면, 분명 마지막 차이는 〔20〕 각 대상의 실체(ousia tou pragmatos)이자 정의일 것이니, 정의들 속에서 똑같은 것을 여러 번 언급하는 것은 옳지 않은데, 그것은 불필요한 일이기 때문이다. 하지만 이런 일은 실제로 일어나는데, 왜냐하면 '발이 있고 두 발이 있는 동물'이라고 우리가 말한다면, 이는 '발을 가지고 있고 두 발을 가지고 있는'이라고 말하는 것과 다를 바 없다. 그리고 이것을 고유한 나눔의 절차에 따라 나눈다면, 우리는 종차들이 있는 만큼 여러 번 똑같은 것을 말하게 될 것이다. 〔25〕 (d) (i) 만일 우리가 차이의 차이

를 취한다면, 단 하나의 마지막 차이가 형상이고 실체이겠지만, 그에 반해 만일 부수적인 것들에 따라 나눈다면, 예컨대 발이 있는 것을 하얀 것과 검은 것으로 나눈다면, 그 나눈 갈래만큼 차이들이 있을 것이다. 그러므로 분명 정의는 차이들로 이루어지는 로고스, 다시 말해서 차이들 가운데 〔30〕 올바른 방법에 따라 얻어진 마지막 차이로 구성되는 로고스이다. 만일 누군가 사람에 대한 정의와 같은 종류의 여러 정의들을 취해 그 순서를 바꾸어 '두 발이 있고 발이 있는 동물'이라고 말해보면, 그 점이 분명하게 드러날 것인데, 왜냐하면 '두 발이 있는'을 말하고 나면 '발이 있는'이라는 말은 불필요한 것이기 때문이다. 실체 안에는 아무 순서도 없는데, 어떻게 한 요소는 앞서고 다른 요소는 뒤에 온다고 생각할 수 있겠는가?[174] (e) 그러면 나눔의 방법에 따라 얻는 정의들에 대해서 〔35〕 그것들이 어떤 본성을 갖고 있는지에 대해 말하는 첫 시도로서는 이 정도로 만족하기로 하자.

《형이상학》 VIII권 6장, 1045a 7-1045b 23

정의의 통일성(hen)과 그 대상의 통일성: 1. 정의 및 수(arithmos)의 통일성에 대한 물음으로 되돌아감. (a) 정의 및 대상의 통일성이 갖는 이유에 대한 물음.

---

174 정의를 하면서 '두 발 가진'을 앞세우건 '발이 있는'을 앞세우건 아무 차이도 없기 때문에, 그 둘을 중복해서 언급할 필요가 없다. 마지막 차이에는 이미 그에 이르는 과정에서 언급한 차이들이 포함되어 있기 때문이다.

(b) 이데아론은 아무런 해결도 제공해주지 못한다. 2. 질료와 형상, 또는 가능적인 것과 현실적인 것의 구별에 의한 해결. (a) 새로운 형태의 문제 제기: 질료가 어떤 형상을 갖게 되는 것의 원인은 어디에 있는가? (b) 가능적으로 있는 것이 현실적으로 있는 것으로 옮겨가게 되는 원인은 만들어내는 자(to poiēsan)이다. (c) 사유 가능한 질료(hylē noētē)와 감각적인 질료(hylē aisthētē)의 구별. 3. 질료를 갖지 않는 것은 그 자체로서 직접 통일성을 갖는다. 4. 통일성에 대한 다른 설명들. (a) 비판. (b) 제안의 되풀이. (c) 요약.

(1.a) 정의들 및 수들에 대해서 앞서 이야기한 문제로 되돌아가 보자. 그것들이 하나인 원인은 무엇인가?[175] 여러 부분들을 포함하고 있으면서 모든 부분들이 단순한 더미(sōros)가 아니고 〔10〕 그 부분들과 구별되는 어떤 전체를 이루고 있는 것들의 경우에는 모두 어떤 원인이 있으니, 물체들의 경우 어떤 때는 접촉이 원인이 되어 그것들이 하나를 이루고, 어떤 때는 끈끈함이나 그런 종류의 다른 어떤 성질이 원인이 되어 그렇게 되기 때문이다. 하지만 정의가 하나의 통일된 로고스인 이유는, 《일리아스》의 경우처럼 함께 묶음에 있는 것이 아니라 그것이 하나(hen)를 대상으로 삼는다는 데 있다.[176] (b) 그렇다면 사람을 하나로 만드는 것은 무엇인가? 또 어떤 이유 때문에 그것은 〔15〕 여럿, 즉 동물＋두 발 가진 상태가 아니라 하나인가? 게다

---

175 부분들이 하나의 통일체를 이루는 이유에 대한 물음이다. 아래의 번역에서 '하나'라는 말과 '통일체'라는 말을 함께 섞어 쓴다.

176 VII 4의 논의를 참고하라. 서사시 《일리아스》는 여러 이야기를 함께 묶음으로써 이루어진 하나의 작품이다.

가 어떤 사람들의 말대로 동물 자체와 두 발 있는 상태 자체가 있다면, 어떻게 그럴 수 있겠는가? 어떤 이유 때문에 사람은 그것들 자체가 되지 않는가?[177] 다시 말해서 사람들은 사람에도 어떤 하나에도 관여하지 않고 둘, 즉 동물과 두 발이 있는 상태에 관여하게 될 수도 있을 텐데 그렇게 되지 않는 이유는 무엇인가? 일반적으로 말해서, [20] 사람이 하나요, 여럿, 동물과 두 발 가진 상태가 아닌 이유는 무엇일까? 사람들이 정의와 진술에 대해 습관적으로 취하는 태도에 따라서 그 문제에 접근한다면,[178] 분명 원인을 제시할 수도 없고 그 문제를 해결할 수도 없다.

(2.) 하지만 우리의 설명대로 하나는 질료이고 다른 하나는 형상이며, 하나는 가능성의 상태에 있고 다른 하나는 현실성의 상태에 있다면, 우리가 탐구하는 문제는 이제 [25] 어려운 문제가 되지 않을 것이다. (a) 왜냐하면 그 난제는 '두루마기'[179]에 대한 정의가 '청동으로 된 둥근 형태'가 될 때 생길 수 있는 것과 똑같은 문제이기 때문인데, 그 이름(두루마기—옮긴이)은 그 로고스(청동으로 된 둥근 형태—옮긴이)에 대한 언어적 표현일 것이며, 따라서 둥근 모양과 청동이 하나가 되도록 하는 원인은 무엇인가라는 문제가 탐구 대상이 되는 것이다. 하나는

---

177 즉 왜 사람은 두 개의 이데아, 즉 동물의 이데아와 두 발 가짐의 이데아가 되지 않는가?

178 관여 개념을 통해 정의와 진술을 설명하려는 플라톤과 플라톤주의자들을 비판하는 말이다.

179 여기서 '두루마기(himation)'라는 이름은 VII 4, 1029b 27 f.에서와 마찬가지로 임의로 선택한 이름일 뿐이다.

질료이고 다른 하나는 형상이라고 그 이유를 말하면, 난점은 더 이상 생기지 않는다. 그렇다면 생성을 겪는 것들의 경우, 〔30〕 가능적으로 있는 것이 현실적으로 있게 된다면, 그에 대해 작용자[180]말고 달리 무슨 원인이 있는가? (b) 가능적인 상태의 구형이 현실적인 상태의 구형이 된다면, 거기에는 다른 어떤 원인도 없고, 그 둘 각각의 본질(to ti ēn einai)이 그러했을 뿐이다. (c) 하지만 질료 가운데 어떤 것은 지성적이고,[181] 어떤 것은 감각적이며, 로고스 안에 있는 것들 가운데 언제나 하나는 〔35〕 질료이고 하나는 현실적인 것인데, 〔예컨대 원은 평면 도형이다.〕

(3.) 반면 지성적인 것이든 감각적인 것이든 아무 질료도 갖지 않는 것들의 경우, 그 각각이 무엇인지를 말할 때 그 무엇에 해당하는 것은 직접적인 〔1045b〕 하나로서, 그것은 마치 직접적으로 있는 것의 한 부류(on ti), 즉 '이것', 성질, 양과 같으며—그렇기 때문에 '있는 것'도 '하나'도 그것들에 대한 정의 안에 포함되지 않는다[182]—

---

180 '작용자(to poiēsan)'란 가능적으로 있는 것을 현실적으로 있는 것으로 만드는 것을 가리킨다.

181 사람에 대한 정의를 '두 발 가진 동물'이라고 할 때 류인 '동물'은 지성적인 질료이다. V 28, 1024b 6 ff.를 참고하라. VII 10, 1036a 9에서 소개된 '지성적인 질료'의 개념과 비교해보라.

182 '직접적으로 있는 것의 한 부류(on ti)'는 범주를 가리킨다. 보통 정의의 대상들은 두 요소, 즉 질료에 해당하는 요소(류)와 형상에 해당하는 요소(종차)로 이루어진 로고스에 의해 정의되지만, 실체, 성질, 양 등은 최고의 류들(1024b 12 ff.)로서 그런 방식으로는 정의되지 않는다(IV 3, 1014b 9ff.). 이를테면 '어떠어떠한 차이를 가지고 있는 것'이라는 식의 로고스를 써서

본질도, 있는 것의 한 부류와 마찬가지로, 직접적인 하나이기 때문에, 그것들 가운데 어떤 것이나 있는 것의 한 부류에 대해서는 그것들이 하나이게 만드는 원인이 〔5〕 달리 어디에 있지 않은데,[183] 그 까닭은 각자는 직접적으로 있는 한 부류이자 하나의 한 부류일 뿐, '있는 것'이나 '하나'를 류로 삼아 그것 안에 있지도 않고, 개별적인 것들과 따로 떨어져 분리된 상태에 있는 것도 아니기 때문이다.

(4.a) 하나와 관련된 이런 난점으로 말미암아 어떤 사람들은 '관여' 이론을 내세우면서, 관여의 원인은 무엇이고, 관여한다는 것은 무엇인지 의문을 제기한다. 그런가 하면 또 어떤 사람들은 '공존(함께 있음synousia)'이라는 것을 내세우는데, 〔10〕 뤼코프론[184]은 학문적 인식이 아는 활동과 영혼의 공존이라고 말하기도 하고, 또 어떤 사람들은 삶이란 영혼과 육체의 '결합(synthesis)' 또는 '결속(syndesmos)'이라고 말한다. 하나 모든 경우에 대해 똑같은 설명이 적용되

실체를 정의할 수 있으리라고 생각해볼 수도 있겠지만, 이는 차이들과 류에 의한 정의가 아니다. 왜냐하면 아리스토텔레스에 따르면 '있는 것'은 류가 아니기 때문이다. III 3, 998b 22를 참고하라.

183 본질은—형상과 질료로 이루어진 감각적 실체와 달리—질료를 포함하지 않는다는 뜻에서, 범주는—종차와 류로 이루어진 다른 정의 대상들과 달리—상위의 류를 갖지 않는다는 뜻에서 직접적으로 하나(euthys hen)이다. 본질이나 범주는 이렇듯 직접적으로 하나이기 때문에, 그것들이 통일성을 갖는 이유를 다른 데서 찾을 수 없다.

184 Lykophrōn은 고르기아스 학파의 연설가이자 소피스테스이다. 그의 이름은 다음과 같은 구절에 나온다. 《토피카》 XV 15, 174b 32, 《자연학》 I 2, 185b 28, 《수사학》 III 2, 1405b 35, 1406a 7을 참고하라.

는데, 그 까닭은 건강함은 영혼과 육체의 '공존'이거나 '결합'이거나 '결속'이고, 구리 삼각형이 있다는 것은 〔15〕 구리와 삼각형의 '결합'일 것이며, 어떤 것이 하얗다는 것은 표면과 하양의 '결합'이기 때문이다. (b) 그런 주장들이 생기는 이유는, 사람들이 가능적인 것과 현실적인 것과 관련해서 통일성을 만들어내는 로고스와 차이를 찾는 데 있다. 〔〔하지만 이미 말했듯이, 마지막 질료와 형태는 동일한 것이자 하나이고, 〈하나는〉 가능적인 상태에, 다른 하나는 현실적인 상태에 있으니, 결과적으로 (그것들이 하나인 이유를 묻는 것은―옮긴이) 〔20〕 하나에 대해서 그것이 하나인 원인이 무엇인지를 찾는 것과 다를 바 없다. 왜냐하면 각 사물은 통일적인 어떤 것이기 때문인데,[185] 가능적인 것과 현실적인 것은 어떤 측면에서는 하나이기 때문이다. (c) 따라서 가능적인 상태에서 현실적인 상태로 운동하도록 하는 것 말고는 달리 어떤 원인도 없다. 그러나 질료를 갖고 있는 않은 것들의 경우, 모든 것은 직접적으로 통일성을 갖는 어떤 것이다.〕〕

---

[185] 이에 대해서는 VII 17, 1041a 19 f.를 참고하라.

7. 실체와 보편자

《형이상학》 VII권 13장-16장

VII권 13장-16장의 주제는 3장 첫머리에서 제시한 실체의 후보자들 가운데 하나인 보편자(katholou)이다. 이에 대한 논의의 첫째 목적은 물론 종이나 류 같은 보편자가 실체가 아님을 논증하는 것이다. 하지만 보편자에 대한 논의를 아리스토텔레스는 플라톤의 이데아론에 대한 비판이자 '하나(hen)'나 '있는 것(on)' 같은 가장 보편적인 개념들의 실체성을 부정하는 논거로 삼는다. 그런 점에서 VII권 13장-15장의 논의를 통해 아리스토텔레스가 노리는 목적은 여럿이다. 한편 16장에서 아리스토텔레스는 질료의 실체 여부를 논의하면서 기체가 실체라는 일반적 의견에 다시 한번 수정을 가한다.

보편자를 원인(aitia)이자 원리(archē)로 내세우면서 그것의 실체성을 주장한 '어떤 사람들'에 맞서 아리스토텔레스는 처음부터 보편자가 실체일 수 없다고 잘라 말한다. 이런 주장은 두 가지 실체 개념에 그 방향이 맞춰져 있다. 다시 말해서 보편자는 '각자의 실체(ousia hekastou)'라는 뜻에서도, '기체(hypokeimenon)'라는 뜻에서도 실체일 수 없다는 말이다. 보편자가 기체라는 뜻에서 실체일 수 없는 이유는 간단하다. 예를 들어 '동물'과 같은 보편자는 수많은 동물들에 대해 공통적인 술어가 되는 것으로서 궁극적인 주어 노릇을 할 수 없다. 그런 보편자는 '언제나 어떤 기체에 대한 술어가 된다'.(1038b 16) 실체는 그것이 속하는 것에 고유한 반면, 보편자는 '그 본성상 여럿에 속하는 것'이기에 어떤 것의 고유한 실체가 될 수 없다는 말이다. 아리스토텔레스는 이렇게 반문한다(1038b 12-15) : "그렇다면 그것은 어떤 것의 실체이겠는가? 모든 것의 실체이거나 아무것의 실체도 아닐 터인데, 모든 것의 실체일 수는 없다. 그리고 그것이 어느 것 하나의 실체라면, 다른 것들도 그것과 똑같을 것인데, 그 까닭은 그것들의 실체가 하나이고 본질도 하나인 것들이 있다면, 그것들 역시 하나일 것이기 때문이다." 또다시 '동물'을 예로 들면, 우리는 수많은 동물들을 두고 그것들을 '동물'이라고 하는데, 만일 '동물'이라는 보편자가 어떤 동물의 실체라면, 그것은 다른 동물들의 실체이기도 할 것이고, 결국 모든 동물들은 똑같은 실체를 갖게 되어 어떤 개별적 차이성도 가질 수 없다는 것이 아리스토텔레스의 논변이다.

아리스토텔레스는 보편자가 실체가 아님을 주장한 뒤 1038b 16 ff.에서 보편자에게 실체의 지위를 부여하는 또 다른 가정, 즉 보편자가 실체라는 주장에서 한 걸음 물러난 상대적으로 약한 가정을 검토 대상으로 삼는다. 설령 보편자가 실체, 즉 각자의 실체 또는 본질이라는 뜻에서 실체가 될 수 없다고 하더라도, 그런 실체 안에 속해 있는 것일 수는 없는가? 이 물음의 내용은, 아리스토텔레스의 예를 빌리면 이렇다(1038b 16-18) : "하지만 (보편자는—옮긴이) 본질과 같은 뜻에서 실체일 수는 없다고 하더라도, 마치 '동물'이 '사람'이나 '말' 안에 있듯이 본질 안에 있을 수는 있을까?" 아리스토텔레스는 이런 질문을 부정하면서, 몇 가지 반박 논증을 제시하는데, 이 논증은 아주 축약되어 있어서 그 뜻을 온전히 파악하기 쉽지 않다. 하지만 그 대의는 비교적 뚜렷하다. 아리스토텔레스가 그 논변에서 밝히려고 하는 것은, 보편자는 어떤 것에 대한 로고스 안에 들어 있긴 하지만, 그럼에도 불구하고 그것은 '각자의 실체'라는 뜻의 실체도, 어떤 것의 내적인 구성 원리도 될 수 없다는 사실이다. 보편자의 지위에 대한 아리스토텔레스의 이런 주장은 그가 이미 《범주론》에서 보편자에 대해 주장한 것을 달리 표현한 것이라고 보아도 좋을 것이다.《범주론》5장, 3a 7 ff.에 따르면, 기체 안에 들어 있지 않음(to mē en hypokeimenōi einai)은 모든 실체의 공통적 특징이다. '첫째 실체'라고 불리는 감각적인 개별자뿐만 아니라 이른바 '둘째 실체'라고 불리는 종이나 류도 그런 특징을 공유한다. 이를테면 '사람'은 이 사람, 저 사람에 대해 술어가 되지만, 그렇다고 해서 그것이 어느 한 사람 안에 속해 있는 것은 아니다. '동물' 역시 사람을 비롯한 여러 종의 동물들에 대해 술어가 되지만, 그렇다고 해서 특정한 종의 동물 안에 속해 있는 것이 아니다. 다시 말해서 보편자는—종이건 류이건—어떤 개체 안에 속해서 그것의 실체가 될 수도 없고, 그것의 내적인 구성 원인도 아니며, 그저 어떤 개체가 가지고 있는 이러저러한 일반적인 성질, 종적인 본성이나 류적인 본성을 한정하고(aphorizein) 가리킬(sēmainein) 따름이다.[186] 위의 몇 가지 논증으로부터 아리스토텔레스가 끌어내는 마지막 결론은 바로 그런 내용의 주장을 담고 있다

---

186 《범주론》 5, 3b 19-21을 보라.

(1038b 35-a2) : "이런 점들을 통해 살펴보면, 〔35〕 보편적으로 속하는 것들 가운데 어떤 것도 실체가 아니라는 사실과 〔1039a〕 공통적으로 술어가 되는 것들 가운데 어떤 것도 '이것(tode)'이 아니라 '이러저러한 것(toionde)'을 가리킨다는 사실이 분명하다."

14장의 주된 내용은 '이데아들이 분리된 실체들이라고 말하면서 동시에 형상이 류와 차이들로 구성된다고 말하는 사람들'에 대한 비판이다. 비판의 핵심은, 이데아들이 존재해서 예컨대 동물의 이데아가 사람뿐만 아니라 말 안에도 놓여 있다면, 그것은 하나이거나 아니면 그렇지 않을 것인데, 그 둘 모두 불가능하다는 데 있다. 사람 안에 있는 동물과 말 안에 있는 동물이, 마치 네가 너 자신과 하나이듯이, 하나라면, 이 하나가 서로 분리된 것들 안에 있기란 불가능한 일이다. 그리고 이런 난점은 관여(methexis)를 가정한다고 해서 해결될 문제가 아니다. 만일 동물이 두 발 가진 것과 네 발 가진 것에 관여한다면, 서로 대립된 것이 동일한 것 안에 놓여 있을 터인데, 이는 불가능한 일이기 때문이다. 개별자 안에 있는 이데아가 저마다 다르다는 가정 역시 불합리하기는 마찬가지이다. 왜냐하면 이런 경우 동물을 실체로 갖는 동물들의 수만큼 무수한 종류의 동물들이 있을 것이기 때문이다. 더욱이 개별적인 동물 안에 있는 동물 자체가 그 개별적인 동물의 실체이고 따라서 다른 어떤 것에도 속하지 않는다면, 개별 동물의 수만큼 무수히 많은 동물 자체가 있게 될 것이다.

15장의 핵심 주장은 개별자에 대해서는 어떤 정의도 존재하지 않는다는 것이다. 이 주장은 세 종류의 대상, 즉 감각적인 개별자, 플라톤의 이데아들, 영원한 개별자들에 적용된다. (1) 감각적인 개별자들의 정의 불가능성은 그것들이 갖고 있는 질료에 기인한다. 질료는 본성상 있을 수도 있고 있지 않을 수도 있는 것이기 때문에, 그런 질료를 포함한 감각적 개별자들은 필연적인 것을 대상으로 삼는 정의나 논증의 대상이 될 수 없다. (2) 이데아들의 정의 불가능성에 대한 논변은 간단하지 않다. 이데아는 개별적인 것이면서 분리된 것이라는 이데아론자들의 주장을 근거로 삼아 아리스토텔레스는 이데아의 정의 불가능성을 역설하는데, 그 논거는 다음과 같다: (a) 정의에 해당하는 로고스는 낱말들로 이루어지는데, 이 낱말들은 보편적인 것이어서, 그것들은 정의 대상인 이데아뿐만 아니라 다른 것에도 적용된다. 다시 말해서 일반적인 낱말들로 이루어지는 정의는 이데아를 그 개별성 속에서 포착할 수 없다는 말이다. 이에 대해 어떤 사람은, 낱말들 하나하나는 여럿에 공통적으로 적용되더라도 함께 결합된 상태에서는 개별자에 대해서만 적용될 수 있다고 대꾸할 수 있겠지만, 아리스토텔레스는 그런 대안적 가정에 맞서 두 가지 반대 논변을 제시한다: (i) 서로 결합된 두 낱말, 예컨대 '두 발 가진 동물'은 동물에 대해서뿐만 아니라 두 발 가진 것에 대해서도 쓰일 수 있다. (ii) 정의를 구성하는 두 요소들은 존재에 있어서 앞서는 것이기 때문에, 그것들로 이루어진 로고스 안에서도 그것들이 가진 보편성이 소멸되지 않는다. (b) 더욱이 이데아가 이데아들로 구성된다면, 구성 요소가 되는 것들은 상대적으로 단순한 것이기 때문에, '사람'이라는 이데아의 구성 부분들인 '동물'이나 '두 발 가진'의 이데아는 여럿에 속하는 것일 수밖에 없다. 그렇지 않으면 우리는 그것들을 알 수 없기 때문이다. 그런데 아리스토텔레스에 따르면, 하나 이상 여럿에 대해 술어가 될 수 없는 이데아가 존재하기란 불가능한 일인데, 왜냐하면 이데아론자들의 견해에 따르면 각 이데아는 다른 이데아들에 관여하기 때문이다. (c) 태양이나 달과 같은 영원한 개별자들도 정의 불가능한데, 그것들의 개별성은 보편적인 로고스에 의해 파악될 수 없기 때문이다.

16장에는 서로 독립된 세 가지 논의가 느슨하게 얽혀 있다. 1040b 5-16의 주제는 생물의 부분들과 흙, 불, 공기 같은 요소들의 실체성이다. 그런 질료적인 것들이 실체라는 것이 자연 철학자들 사이의 일반적 견해였다면, 아리스토텔레스는 그런 견해를 고쳐, 그것들은 오로지 가능적인 뜻에서 실체일 뿐이라고 말한다. 1040b 16-27에서는 보편자들 가운데 가장 외연이 넓은 보편자, 즉 '하나(hen)'와 '있는 것(on)'이 실체인지 여부를 문제로 다루는데, 이 문제에 대한 아리스토텔레스의 논변은 13장에서 제출된 것과 본질적으로 다르지 않다. 있는 것들은 모두 '하나'이자 '있는 것'이라고 불리기 때문에, 그런 보편적 술어는 각 사물에 고유한 실체일 수 없다는 것이 아리스토텔레스의 주장이다. 16장의 마지막 부분(1040b 27-1041a 5)은 플라톤의 이데아론에 대한 아리스토텔레스 비판의 요체를 함축적으로 보여주는 것이어서 우리의 흥미를 끈다. 아리스토텔레스에 따르면 서로 양립할 수 없는 두 가지 특징인 분리성(chōriston)과 보편성(katholou)을 이데아에 함께 적용하려고 한 데 이데아론의 근본적인 오류가 있다. 만일 이데아들이―그 옹호자들의 주장대로―실체라면, 그것들은 분리된 것이겠지만, 그럴 경우 그것들은 결코 여럿에 대해 술어가 될 수 없다는 말이다. 이데아론을 주장하는 사람들은 감각적인 것들에 '자체(auto)'라는 용어만을 덧붙여 감각적인 것들과 종류가 같은 영원한 이데아들을 만들어냈다고 아리스토텔레스는 비판한다. 그리고 그런 이데아들 대신 그는 하늘의 천체들을 영원한 실체로 내세운다. 이로써 달 위의 천체들의 세계가 이데아의 세계가 차지했던 자리를 차지하게 된다.

《형이상학》 VII권 13장, 1038b 1-1039a 23

보편자(to katholou)는 실체가 아니다: 1. 보편자는 실체일 수 있는가라는 물음과 그 물음이 차지하는 자리. 2. 그 물음에 대한 부정적 답변의 근거들: (a) 실체는 각자에게 고유하지만(idios), 보편자는 여럿에 공통적(koinon)이다. (b) 실체는 어떤 기체에 대해서도 술어가 되지 않지만, 보편자는 기체에 대해 술어가 된다. 3. 보편자는 적어도 본질(to ti ēn einai) 안에 속해 있다는 가정에 대한 반대 논변들. (a) 그렇다면 포함된 보편자 자체가 정의될 수 있을 것이다. 혹 그렇지 않다면, (b) 그것은 어떤 것의 실체일 것이다. (c) 실체는 오직 실체들로 이루어질 수 있을 뿐, 성질들로는 이루어질 수 없다. (d) 실체는 어떤 실체를 부분으로 포함할 것이다. (e) 만일 최하위 종들이 실체들에 해당한다면, 그것들에 대한 정의를 구성하는 요소들 가운데 어떤 것도 어떤 것의 실체일 수 없다. 4. 결론: 어떤 보편자도 실체일 수 없다. 5. 첨언들: (a) 실체는 현실적으로 있는 다른 실체들로 이루어질 수 없다. (b) 데모크리토스의 경우. 6. 실체의 정의 가능성과 결부된 어려움들: 어떤 실체도 보편자로 이루어지지 않는다면, 실체에 대해 어떻게 정의가 있을 수 있는가?

〔1038b〕 (1.) 우리의 연구는 실체에 대한 것이니, 다시 그 문제로 되돌아가기로 하자. 기체와 본질과 그것들의 복합체가 실체라고 불리지만, 보편자도 그렇게 불린다.[187] 그런데 둘에 대해서는 이미 말했지만(본질과 〔5〕 기체에 대해서는 이미 말했는데, 어떤 것이 밑에 있다고 말할 때는 두 가지 뜻이 있다. 동물이 상태들 밑에 있을 때처럼 어떤 것이 '이것'으로서 밑에 있는 경우와 어떤 것이 질료로서 현실적인 것 밑에 있는 경우이다[188]), 어떤 사람들의 견해에 따르면 보편자 또한 참된 뜻에서 원인이요 원리이다. 그러므로 이것에 대한 논의로 되돌아가 보자.

(2.) 왜냐하면 보편적으로 일컬어지는 것들 가운데 어떤 것도 실체일 수 없기 때문이다. 〔10〕 (a) 그 이유는 첫째로 각 대상에 고유하고 다른 것에 속하지 않는 것이 각자의 실체(ousia hekastou)이지만, 보편자는 공통적이기 때문인데, 그 본성상 여럿에 속하는 것을 일컬어 보편자라고 부른다.[189] 그렇다면 그것은 어떤 것의 실체이겠는가? 모든 것의 실체이거나 아무것의 실체도 아닐 터인데, 모든 것의 실체

---

187 여기서 아리스토텔레스는 VII 3의 첫머리(1028b 33 ff.)에서 소개한 실체의 의미 구분으로 되돌아간다.

188 기체(hypokeimenon)의 두 가지 뜻은 다음과 같은 비례식으로 표현할 수 있다. 소크라테스 : (피부의) 하양＝소크라테스의 질료 : 소크라테스. 즉 '기체'는 개별자(소크라테스)뿐만 아니라 그의 질료를 가리킬 수 있다.

189 보편자(katholou)란 '사람'이나 '동물'처럼 여럿에 공통적으로 쓰이는 술어를 가리킨다. 보편자에 대한 정의에 대해서는 다음의 구절들을 참고하라. 《명제론》 7, 17a 39 ff. ; 《분석론 전서》 I 27, 43a 25 ff.

일 수는 없다. 그리고 그것이 어느 것 하나의 실체라면, 다른 것들도 그것과 똑같을 것인데, 그 까닭은 그것들의 실체가 하나이고 본질도 하나인 것들이 있다면, 〔15〕 그것들 역시 하나일 것이기 때문이다. (b) 또한 기체에 대해 술어가 되지 않는 것이 실체이지만, 보편자는 언제나 어떤 기체에 대한 술어가 된다.[190]

(3.) 하지만 본질과 같은 뜻에서 실체일 수는 없다고 하더라도, 마치 '동물'이 '사람'이나 '말' 안에 있듯이 본질 안에 있을 수는 있을까?[191] (a) 그렇다면 분명 그것에 대한 어떤 로고스가 있을 것이다.[192]

---

190 보편자가 실체일 수 없다는 말은 결국 두 가지 뜻으로 풀이할 수 있다. 첫째로, '각자의 실체(ousia hekastou)'가 될 수 없다는 뜻에서 보편자는 실체일 수 없다. 왜냐하면 각자의 실체는 각 대상에 고유한 것인데, 보편자는 여럿에 공통적인 것이기 때문이다. 둘째로, 보편자는 기체(hypokeimenon)가 될 수 없다는 뜻에서도 실체일 수 없다. 왜냐하면 엄밀한 의미에서 기체는 다른 어떤 기체에 대해서도 술어가 될 수 없는 것인데 반해, 보편자는 다른 것에 대해 술어가 되기 때문이다.

191 설령 보편자가 실체, 즉 각자의 실체(=본질)라는 뜻에서 실체가 될 수 없다고 하더라도, 그런 실체 **안에** 보편자가 속해 있다고 볼 수는 있지 않을까? 이어지는 논의에서 아리스토텔레스는 이런 가능성도 받아들이지 않는다.

192 보편자가 어떤 대상의 본질 안에 속하면서 그것에 대한 정의의 한 부분이 되고 그런 뜻에서 그 대상의 실체가 된다고 가정해보자. 사실이 그렇다면, 예컨대 사람에 대한 정의 안에 속하는 '동물'은 사람의 본질의 일부가 되고 그런 뜻에서 사람의 실체의 일부가 될 것이다. 하지만 이 보편자 자체, 즉 '동물'을 두고 보면, 그것에 대한 정의(로고스) 안에는 더 상위의 보편자(예컨대 '생물')가 속할 것이고, 그 결과 사람의 실체 안에는 더욱 보편적인 다

(b) 하지만 실체 안에 있는 것들 [20] 모두에 대해 어떤 로고스가 있는 것이 아니라고 해도 달라지는 것이 없다. 그것은, 마치 '사람'이 그것이 속한 사람의 실체가 되는 것과 같은 방식으로 어떤 것의 실체일 것이며, 따라서 똑같은 결과가 따라나올 터이니, 그 까닭은 보편자, 예컨대 동물은[193] 어떤 종 안에 그에 고유한 것으로서 속해서 그것의 실체가 될 것이기 때문이다.[194] (c) 더욱이 '이것'이며 실체인 것이 어떤 것들로 이루어진다면, [25] 그 구성 요소가 실체들도 아니고 '이것'도 아니고 어떤 성질(poion)이기란 불가능하고 당치 않은 일이니, 그 까닭은 그럴 경우 실체가 아닌 성질이 실체, 즉 '이것'에 앞설 것이기 때문이다. 이것은 불가능한 일이니, 상태들(pathe)은 로고스에서도 시간적으로도 생성에서도 실체를 앞서지 않기 때문인데, 그것들은 따로 떨어져 있을 수 없다는 이유에서 그렇다.[195] (d) 더욱이

른 것이 속하게 되어 무한 퇴행이 일어날 것이다. Ross, *Metaphysics* II, p. 210을 참고하라.

193 Jaeger는 'hoion to zōion'을 삭제했지만, 여기서는 다른 사본들에 따라 넣어 읽었다.

194 예를 들어 "소크라테스는 사람이다"와 "사람은 동물이다"라는 두 로고스를 취해보자. 소크라테스에 대해 술어가 되는 '사람'이 소크라테스 안에 속해서 그것의 실체가 된다고 가정하면, 마찬가지로 사람에 대해 술어가 되는 '동물'에 대해서도 똑같은 가정이 가능할 것이다. 다시 말해서 사람이라는 종이 어떤 사람에 속해서 그것의 실체가 되듯이, 동물이라는 류는 사람이라는 종에 속해서 그것의 실체가 된다고 말해야 하는데, 이는 불가능한 일이다. 동물은 사람뿐만 아니라 다른 여러 종의 동물들에 대해서도 술어가 되기 때문이다.

보편자는 실체인 소크라테스 안에 실체로서 속해 있을 것이고, 그 결과 그것은 [30] 둘의 실체가 될 것이다.[196] (e) 만일 사람이나 그와 같은 방식으로 불리는 것들이 실체라면, 일반적으로 다음과 같은 결론이 따라 나온다. (그것들에 대한—옮긴이) 로고스에 속하는 것들 가운데 어떤 것도 실체가 아니고, 또한 그 어떤 것도 그것들과 떨어져 있지 않고, 다른 어떤 것 안에 있지도 않다. 내 말의 뜻은, 동물은 어떤 종들을 떠나서는 있을 수 없고, 로고스들 안에 있는 다른 어떤 것도 그럴 수 없다는 말이다.[197]

---

195 예를 들어 '사람'이나 '동물' 같은 보편자가 가리키는 것은 '이것'이라고 지시할 수 있는 개별자가 아니라 그런 개별자가 가지고 있는 일반적인 성질 및 속성이다(《범주론》 5, 3b 19-21). 그런 보편자, 더 정확하게 말해서 보편자가 가리키는 어떤 보편적인 성질은 '이것'인 실체에 앞서서 그것의 구성 원리가 될 수 없다. 그것들은 따로 떨어져 있을 수 없고 오직 '이것'인 실체에 빌붙어 있기 때문인데, 이렇게 빌붙어 있는 것들이 그것들에 앞서 있는 개별적인 실체의 실체(=본질)나 그 실체의 구성 원리가 되는 일은 있을 수 없다.

196 1038b 29 f.는 Ross를 따라 "eti tōi Sōkratei enyparxei ousia ousiai..."로 읽었다. 이 논증은 주로 류에 해당하는 보편자를 겨냥한 것으로 보인다. 예를 들어 '동물'이라는 보편자는 사람에 대한 로고스 속에도 들어 있고 소크라테스에 대한 로고스 속에도 들어 있다. 그런 보편자가 실체가 된다면, 그것은 둘의 실체가 될 것이다. 이를테면 동물이라는 류는 사람의 실체이기도 하고 소크라테스의 실체이기도 할 것이다. Frede-Patzig, *Metaphysik Z* II, S. 258을 참고하라.

197 이 논증은 분명히 류적인 보편자를 겨냥하고 있다. 사람이나 말과 같은 종이 실체라고 가정해보자. 이런 종들에 대한 로고스 안에는 물론 류, '동물'이 들어 있지만, 이런 류적인 보편자는 결코 실체가 될 수도 없을 뿐만 아니

(4.) 이런 점들을 통해 살펴보면, 〔35〕 보편적으로 속하는 것들 가운데 어떤 것도 실체가 아니라는 사실과 〔1039a〕 공통적으로 술어가 되는 것들 가운데 어떤 것도 '이것'이 아니라 '이러저러한 것'을 가리킨다는 사실이 분명하다.[198] 만일 그렇지 않다면, 다른 여러 어려운 점들과 더불어 '제3의 인간'도 따라나온다.

(5.a) 이런 결론은 다음과 같은 방식으로도 분명하게 드러난다. 실체가 완성된 상태로(entelecheiai) 내재해 있는 실체들로 이루어지기란 불가능한데, 그 까닭은 이렇게 완성된 상태에 있는 둘은 〔5〕 결코 완성된 상태의 하나가 될 수 없고, 가능적인 상태에(dynamei) 있는 둘이 있다면, 그것들이 하나가 될 수 있을 것이기 때문이다. (예컨대 길이가 두 배인 선분이 두 반선들로 이루어진다면, 이때 두 반선들은 가능적인 상태에 있는 것인데, 그 까닭은 현실적인 상태(energeia)는 반선들을 분리시키기 때문이다.)[199] 따라서 만일 실체가 하나라면, 그것은 이러한 방식으로 내재해 있는 실체들로 이루어질 수는

라 실체 안에 속해 있을 수도 없다. 실체일 수 없는 이유는 류는 언제나 하위의 종들로 분할 가능하다는 뜻에서 그 자체로 완결된 자립체일 수 없기 때문이고(VII 12, 1038a 5를 참고), 실체 안에 속해 있을 수 없는 이유는 그 것은 여러 종에 공통된 것이어서 배타적으로 어느 한 종 안에 들어 있을 수 없기 때문이다.

198 여기서 말하는 'tode ti'와 'toionde'의 차이에 대해서는 VII 8, 1033b 19 ff. 에 대한 주석을 참고하라.

199 예컨대 길이 10cm의 선분은 잠재적으로 또는 가능적으로는 길이 5cm의 선분 둘로 나뉠 수 있지만, 현실적으로는 하나의 선분이다. 만일 5cm의 두 선분이 현실적으로 분리되어 있다면, 그것들은 하나의 선분을 이루지 못한다.

없을 것이다.²⁰⁰ 이 점에서 데모크리토스의 말이 옳다. 그는 하나가 둘로 이루어질 수도 없고, [10] 둘이 하나로부터 생겨날 수도 없다고 말하는데, 크기가 나뉠 수 없는 것들(atoma)을 실체들로 내세우면서 그렇게 말한다.²⁰¹ 그렇다면 분명, 어떤 사람들의 말대로 수가 단위체들(monades)의 복합체(synthesis)라면, 수의 상태에 대해서도 똑같은 말을 할 수 있을 것인데, 그 까닭은 둘은 하나가 아니거나 그것 안에는 단위체들이 완성된 상태로 들어 있지 않거나 둘 중의 하나이겠기 때문이다.

(6.) 하지만 이런 결론은 어려움을 낳는다. 그 이유는 이렇다. [15] 보편자가 '이것'이 아니라 '이러저러한 것'을 가리킨다는 이유 때문에 어떤 실체도 보편자들로 이루어질 수 없다면, 그리고 어떠한 실체도 완성된 상태의 실체들로 이루어진 복합체일 수 없다면, 모든 실체는 단순할 것이고, 따라서 어떤 실체에 대해서도 로고스가 존재할 수 없을 것이다.²⁰² 하지만 정의(horos)가 오직 실체만을 대상으로 삼거나 아니면 [20] 가장 엄밀한 뜻에서 그것을 대상으로 삼는다는 것이 모든 사람들의 의견이고 또한 우리가 이미 논의한 바인데,²⁰³ 이제 그것에 대해서도 정의가 있을 수 없게 된다. 그러면 어떤 것에 대해서도 정의가 있을 수 없거나, 아니면 어떤 뜻에서는 있을 것이고

---

200 하나의 실체는 자신 안에 현실적인 상태 또는 완성 상태의 실체들을 여럿 포함할 수 없다.

201 Diels-Kranz 68 A 42를 참고하라.

202 왜냐하면 로고스는 복합적이기 때문이다.

203 VII 4, 1031a 12를 참고하라.

어떤 뜻에서는 있지 않을 것이다. 그리고 우리가 말하는 바는 뒤에 오는 논의에서 보다 분명해질 것이다.[204]

《형이상학》 VII권 14장, 1039a 24-b 19

이데아들(ideai)은 실체가 아니다. 1. 이데아들을 분리된 실체들로 내세우면서 동시에 종을 류와 차이로 구분하는 사람들에게는 13장의 논의로부터 다음과 같은 물음이 제기된다: 예컨대 '사람'의 이데아와 '말'의 이데아 안에 있는 '동물'의 이데아는 수적으로 하나인 똑같은 것인가 아니면 다른 것인가? 2. 이데아가 똑같은 것일 경우 생겨나는 어려움. (a) 그것이 분리되어 있는 것들 안에 있다면, 어떻게 그런 일이 있을 수 있는가? (b) 그것은 어떻게 동시에 서로 대립된 차이들에 관여할 수 있는가? 3. 각 사물 안에 속해 있는 이데아가 다른 것일 경우 생겨나는 어려움. (a) '동물'을 본질로 갖는 것들은 수없이 많을 것이다. (b) 동물 자체는 여럿일 것이다. (c) '사람'에 대한 정의를 이루는 모든 구성 부분들은 이데아들이어야 할 것이다. (d) 동물 자체는 무엇으로 이루어지는가? 4. 감각적 사물들의 이데아를 가정하는 데 따르는 어려움.

〔25〕 (1.) 이데아들이 분리된 실체들이라고 말하면서 동시에 형상이 류와 차이들로 구성된다고 말하는 사람들에게 따라 나오는 결과가 어떤 것인지는 바로 이 사실들을 놓고 볼 때 분명하다. 그 이유

---

204 VII 15와 VIII 6의 논의를 참고하라.

는 이렇다. 형상들이 있고 또 동물이 인간과 말 안에 속해 있다면, 그것은[205] 수적으로 하나이자 똑같은 것이거나 아니면 다른 것이다. 말하자면 로고스에서 보면 그것은 하나임이 분명한데, 그 까닭은 진술을 하는 사람은 둘 가운데 어느 경우에나 똑같은 로고스를 사용할 것이기 때문이다.[206] 〔30〕 그런데 만일 그 자체로 있는 어떤 사람 자체가 '이것'이면서 분리된 상태로 있다면, 그것의 구성 요소들, 예컨대 동물과 두 발 가진 것 역시 '이것'을 가리키고 분리된 상태에 있는 실체들이어야 하며, 따라서 동물도 그럴 것이다.[207]

(2.a) 그런데 만일 네가 너 자신과 하나요 똑같듯이, 말 안에 있는 것과 사람 안에 있는 것이 하나요 똑같은 것이라면, 〔1039b〕 어떻게 분리되어 있는 것들 안에 있는 것이 하나일 수 있으며, 또 어떤 이유 때문에 이 동물이 자기 자신과 분리되지 않을 수 있을까? 나아가서 (b) 만일 그것이 '두 발 가진'과 '많은 발을 가진'에 관여한다면, 그로부터 어떤 불가능한 결과가 따라 나오는데, 그 까닭은 하나이며 '이것'인 그것에 동시에 대립자들이 속할 것이기 때문이다.[208] 하지만

---

205 '동물'의 이데아를 가리킨다.

206 사람과 말에 대한 진술 가운데서 쓰인 '동물'의 의미는 똑같다.《범주론》1, 1a 6 ff.를 참고하라.

207 사람의 이데아가 분리된 실체이고 그것에 대한 정의가 '두 발 가진 동물'이라면, 동물의 이데아 역시 사람의 이데아와 마찬가지로 분리된 실체이어야 할 것이다.

208 동물의 이데아는 두 발을 가지면서 동시에 많은 발을 가져야 한다. VII 12, 1037b 19 ff.를 참고하라.

만일 그렇지 않다면, 〔5〕 누군가 동물은 두 발을 갖거나 또는 많은 발을 갖는다고 말할 때, 그 방식은 어떤 것일까? 아마도 그 둘이 '함께 있다', '붙어 있다', '섞여 있다'고 말할지도 모르지만, 그것들은 모두 당치 않은 말이다.

(3.) 각자 안에 있는 것이 다른 것이라고 해보자.[209] (a) 그러면 동물을 자신의 실체로 갖는 것들은 말 그대로 무한할 것인데, 그 까닭은 사람이 자신의 구성 요소로 동물을 갖는 것은 우연적인 것이 아니기 때문이다.[210] 또한 (b) 동물 자체는 여럿 있을 터인데, 그 까닭은 개별 종 안에 있는 동물은 〔10〕 그 종의 실체일 것이기 때문이다(왜냐하면 종에 대한 로고스는 다른 어떤 것에 의존하지 않기 때문인데, 만일 그렇지 않다면, 사람은 어떤 것을 구성 요소로 가질 것이고 이 구성 요소가 그의 류가 될 것이다).[211] 또한 (c) 사람의 구성 요소 모두가 이데아들이 될 것이다. 그런데 갑의 이데아가 을의 실체일 수는 없는 일이니(이는 불가능하기 때문이다), 결국 동물들 안에 있는 각각의 동물이 동물 자체가 될 것이다.[212] 더욱이 (d) 각 종 안에 있는

---

209 사람 안에 있는 동물(=동물의 이데아)과 말 안에 있는 동물이 다르다고 보는 경우를 말한다.

210 모든 사람은 본질적으로 또는 그 자체로서 동물이므로(IV 8, 1022a 27 ff.), 사람의 수만큼 동물의 수도 많을 것이다.

211 사람이라는 종과 말이라는 종에 대한 로고스는 '동물'이라는 류를 취할 따름이다. 만일 그렇지 않다면, 다른 것이 그것들에 대한 로고스 안에 속하게 될 것이고, 바로 이것이 사람이나 말의 류가 될 것이다.

212 사람 안에 동물의 이데아가 속해 있다면, 이 이데아는 다른 것 안에 들어가

이 동물은 무엇으로부터 생겨나며, 〔15〕 그것은 어떻게 동물 자체로부터 생겨나는가?[213] 동물 자체가 동물의 실체라면, 어떻게 동물이 동물 자체와 떨어져 있을 수 있는가?

(4.) 감각물들(ta aisthēta)의 경우에도 똑같은 결과가 나오며 그것들보다 더 불합리한 결과들도 따라 나온다. 사정이 이렇듯 불가능하다면, 어떤 사람들이 주장하는 것과 달리 그것들의 형상들이[214] 없음이 분명하다.

《형이상학》 VII권 15장, 1039b 20-1040b 4

개별자들(ta kath' hekasta)에 대한 정의는 없다. 1. 개별적인 감각적 실체들은 정의가 불가능하다. (a) 복합체들은 생성하고 소멸하지만, 그것들에 대한 로고스는 그렇지 않다. (b) 그것들은 질료로 말미암아 소멸하기 때문에, 그것들에 대해서는 어떤 정의(horismos)도 없고 논증(apodeixis)도 없고, 일반적으로 어떤 학문적 인식(epistēmē)도 없다. (c) 소멸하는 것들은 오로지 지각의 대상으로

서 그것의 실체가 될 수 없다. 따라서 서로 다른 종 안에는 저마다 다른 동물의 이데아가 들어 있어야 하고, 동물 종 각각에 속해 있는 동물은 저마다 동물 자체가 될 것이다.

213 Bonitz(*Metaphysica* II, p. 351)를 따라 "pōs ex autou zōion:"으로 읽을 수 있다. 이 경우 다음과 같이 옮길 수 있다. "'동물'은 어떻게 그것으로부터 생겨나는가?"

214 감각적 사물들의 형상들 또는 이데아들을 말한다.

머물러 있는 동안에만 알려질 수 있을 따름이다. 2. 개별자이자 분리된 것으로서의 이데아 역시 정의될 수 없다. (a) 정의 안에서 낱말들을 결합한다고 하더라도 개별자에는 도달할 수 없다. (b) 이데아들이 이데아들로 이루어진다면, 그것들의 구성 부분들은 여럿에 대해 술어로 쓰여야 한다. (c) 영원한 개별자들에 대한 정의의 불가능성.

〔20〕 (1.) 복합체(synolon)와 로고스는 서로 다른 종류의 실체이기 때문에(내가 말하는 한 종류의 실체는 질료와 결합된 로고스이고, 다른 종류의 실체는 단순한 로고스[215]이다), 앞의 뜻에서 실체라고 불리는 것들은 소멸하지만(왜냐하면 그것들은 생성하기 때문이다), 로고스는 소멸 과정을 겪는다(phtheiresthai)는 뜻에서는 소멸하지 않고(왜냐하면 그것은 생성하지 않는데, 〔25〕 생겨나는 것은 집의 본질이 아니라 이 집의 본질(to tēide tēi oikia)이다), 생성과 소멸 없이 있고 있지 않은데, 그 까닭은, 이미 밝혀졌듯이, 어느 누구도 그것들을 낳거나 만들어내지 않기 때문이다.[216] (b) 이 때문에 개별적인 감각적

---

215 1039b 22의 'logos haplōs'를 Ross는 'the formular in its generality'로 옮겼지만, 여기서 'haplōs'는 질료와 결합된(syn tēi hylēi syneilēmenos) 로고스와 대립된 뜻으로 이해해야 할 것이다. 결국 질료와 함께 결합된 로고스와 단순한 로고스는 각각 질료적인 실체(=감각적 실체)와 질료 없는 실체(=형상 또는 본질)를 가리킨다. 질료적인 실체와 질료 없는 실체의 구분에 대해서는 VII 7, 1032b 11 ff.를 참고하라.

216 이 구절의 뜻은 풀이하기 쉽지 않다. 하지만 거기서 아리스토텔레스가 로고스의 생성과 소멸을 전적으로 부정한다고는 볼 수 없다. 그 구절은, 감각적인 실체가 겪는 것과 똑같은 뜻에서의 생성과 소멸을 로고스가 겪지 않는다

실체들에 대해서는 정의도 없고 논증도 없으니, 그 이유는 이렇다. 그런 실체들은 질료를 갖는데, 질료는 본성상 〔30〕 있을 수도 있고 없을 수도 있으며, 그로 말미암아 모든 개별적인 실체들은 소멸한다. 그런데 논증은 필연적인 것들과 관계하고 학문적인 정의 또한 그렇다.[217] 그리고 학문적 인식이 어떤 때는 학문적 인식이고 어떤 때는 무지인 경우는 있을 수 없고 그런 가변성을 갖는 것은 의견(doxa)인 것과 마찬가지로, 논증과 정의 역시 그런 가변성을 가질 수 없고 〔1040a〕 달리 있을 수 있는 것에 관계하는 것은 의견이다. 사실이 이렇다면, 감각적 실체들에 대해서는 정의도 논증도 있을 수 없음이 분명하다. (c) 왜냐하면 소멸하는 것들은, 그것들이 감각에서 멀어지고 나면, 그것들에 대한 학문적 인식을 갖고 있는 사람에게 분명하게 드러나지 않게 되고, 설령 그것들에 대한 로고스들이 영혼 속에 보존된다고 하더라도, 〔5〕 정의나 논증은 더 이상 존재하지 않을 것이다. 그

는 뜻으로 받아들여야 할 것이다(1035a 28 ff.를 참고). 예컨대 각 사람은 발생 과정에서 그의 아비의 형상이 전달됨으로써 생겨난다. 즉 사람이 태어나기에 앞서 형상은 이미 그의 아비 안에 있다. 그런 뜻에서 보면, 분명 사람의 형상은, 사람이 생겨난다고 말할 때와 똑같은 뜻에서 '생겨난다'고 말할 수 없다. 하지만 어떤 뜻에서는, 즉 아비의 형상이 전달되고 그 과정에서 아비의 형상과 닮고 자식에게 고유한 형상이 생겨난다는 뜻에서 보면, 형상도 생겨난다고 말할 수 있다. 그리고 이런 뜻에서 사람에게 고유한 형상은 소멸한다. 죽음과 함께 그의 몸의 형태와 몸의 기능(=영혼)도 사라진다. 정신(nous)은 예외이다. XII 3, 1070a 24 ff.와 《영혼론》 III 5, 430a 20 ff.를 참고하라.

217 《분석론 전서》 II 21, 67a 39 ff.를 참고하라.

러므로 정의에 뜻을 둔 사람들 가운데 어떤 사람이 개별자들 가운데 어느 하나를 정의한다면, 그는 그 정의가 언제나 폐기될 수 있다는 사실을 잊지 말아야 한다. 왜냐하면 그것들은 정의될 수 없기 때문이다.

(2.) 어떤 이데아도 정의될 수 없다. 그 이유는 이렇다. 사람들의 주장에 따르면, 이데아는 개별자이고 분리되어 있다. (a) 그러나 로고스는 필연적으로 [10] 이름들(onomata)로 이루어지는데, 그 이름들은 정의를 하는 사람이 만들어내는 것이 아니다(왜냐하면 그럴 경우 그 이름의 뜻을 알 수 없을 것이기 때문이다). 그런데 이미 터를 잡은 이름들은 모든 것에 공통적으로 쓰이며, 따라서 그것들은 (정의 대상에 대해서뿐만 아니라—옮긴이) 다른 것에 대해서도 적용된다. 예컨대 어떤 사람이 너를 정의하려고 한다면, 그는 '마른 동물(zōion ischnon)'이라고 부르거나 '창백한 동물'이라고 부르거나 또는 다른 대상에도 적용되는 다른 어떤 말을 사용할 것이다. 만일 이에 맞서 어떤 사람이, 이 모든 이름은 따로 떨어져서는 여럿에 대해 쓰이지만, [15] 함께 쓰일 때는 이것 하나에 대해서 쓰이지 못할 이유가 없다고 말한다면, 이에 대해 다음과 같이 대답해야 한다. 첫째로, 예컨대 '두 발 가진 동물'이라는 이름이 동물과 두 발 가진 것에 적용되듯이,[218] 그것들도[219] 둘에 적용된다(그리고 영원한 것들의 경우에는 더욱 그럴 수밖에 없는데, 그것들은[220] 복합체에 앞서며 그것의 부분들이기 때문

---

218 이에 대해서는 Ross, *Metaphysics* II, p. 215를 참고하라.
219 '마른 사람' 또는 '창백한 사람'이라는 표현을 가리킨다.

이다. 더욱이 사람이 분리되어 있다면, 그것들도 분리되어 있다. 왜냐하면 어떤 것도 분리되어 있지 않거나 둘 다 분리되어 있을 터이기 때문이다. [20] 그래서, 만일 어떤 것도 그렇지 않다면, 류는 종들과 떨어져서 있을 수 없을 것이고, 만일 모두 분리되어 있다면, 차이도 분리되어 있어야 할 것이다). 또한 '동물'과 '두 발 가진 것'은 존재에 있어서 ('두 발 가진 동물'보다—옮긴이) 앞서서, (앞의 둘은 뒤의 것이 소멸해도—옮긴이) 함께 소멸하지 않을 것이다.[221] (b) 또한 만일 이데아가 이데아들로 구성된다면(구성 요소들은 복합체보다 더 단순하기 때문이다), 이데아를 구성하는 요소들, 예컨대 '동물'과 '두 발 가진 것' 역시 여럿에 대해 술어가 되어야 할 것이다. [25] 만일 그렇지 않다면, 그것들은 어떻게 인식될 수 있겠는가? 왜냐하면 그 경우에는 하나 이상 여럿에 대해 술어가 될 수 없는 이데아가 있을 터이기 때문이다. 하지만 이는 불가능한 일처럼 보이는데, 모든 이데아는 다른 것들이 관여할 수 있는 것이다. (c) 그렇다면, 앞서 말했듯이, 영원한 것들(aidia)에 속하는 것들, 특히 태양이나 달처럼 혼자 있는 것들은 정의가 불가능하다는 사실을 사람들은 모르고 있다. [30] 왜냐하면 사람들은, '땅 둘레를 도는'이나 '밤에는 사라지는'과 같은 술어처럼, 그것들이 없다고 해도 태양은 남아 있게 될 것들을 부가함으로써 잘못

---

220 예컨대 동물의 이데아와 두 발 가짐의 이데아를 말한다.

221 J. Owens(앞의 책, p. 372)의 해석대로 "구성 요소들은 그것들로 이루어진 복합체에 앞설 것이기 때문에 그들이 가진 본래의 일반성을 잃지 않는다"는 뜻일 것이다.

을 범하기 때문이다(왜냐하면 그들의 생각에 따르면, 만일 태양이 멈추거나 밤에도 볼 수 있다면, 그것은 더 이상 태양이 아니라는 결론이 따라나오는데, 사실이 그렇다면, 이는 터무니없는 일이기 때문이다. '태양'은 어떤 실체를 가리키기 때문에 그렇다).[222] 또한 (태양을 정의하면서—옮긴이) 다른 것에도 적용될 수 있는 것들을 제시하는 것도 잘못이니, 예컨대 다른 어떤 천체가 그런 성질을 갖게 되면, 그것은 분명 태양이 될 것이다. 결국 [1040b] 로고스는 공통적인 데 반해, 태양은, 클레온이나 소크라테스가 그렇듯이, 개별자에 속하는 것이다. 이데아론의 지지자들 가운데 어느 누구도 이데아에 대한 정의를 제시하지 못하는 이유는 거기에 있지 않은가? 그들이 이데아를 정의하려고 시도해본다면, 이제까지 말한 것이 진리임이 분명하게 드러날 것이다.

《형이상학》 VII권 16장, 1040b 5-1041a 4

실체에 대한 두 가지 잘못된 견해를 반박함. 1. 생물의 부분들과 요소들. 2. 하나

---

[222] 태양은 실체이고, '지구 주변을 도는'이나 '밤에는 사라지는'과 같은 것들은 그 실체에 부수적으로 속하는 것들을 가리키기 때문에, 태양은 그런 부수적인 것들과 무관하게 존재할 수 있다는 뜻일 것이다. 만일 그것들이 태양의 실체를 표현하지 않는다면, 그런 것들만을 나열해서는 태양에 대한 정의에 이를 수 없다. 왜냐하면 태양에 대한 정의는 태양이 '그 자체로서' 무엇인지를 진술하는 로고스이기 때문이다.

〔5〕 (1.a) 사람들이 실체라고 생각하는 것들 가운데 대다수는 분명 가능적인 것들(dynameis)에 불과하다.[223] 이를테면 동물들의 부분들과(이것들 가운데 어떤 것도 분리되어서 있을 수 없고, 분리될 경우 그 모두는 질료로서 있기 때문이다), 흙, 불, 공기가 그런데, 그 까닭은 그것들 가운데 어떤 것도 하나가 아니고, 그것들이 열처리되어[224] 그것들로부터 어떤 하나의 통일체가 생겨나기 전까지는 단순한 더미(sōros)에 지나지 않기 때문이다. 〔10〕 (b) 물론 어떤 사람은 살아 있는 것들의 부분들과 그것들에 인접한 영혼의 부분들이 그 둘 모두에 해당한다고, 즉 완성된 상태에도 있고 가능적인 상태로도 있다고 가정할 수도 있다. 어떤 생물들은 몸의 여러 마디에 운동의 원리들을 가지고 있기 때문에, 몸이 절단되어도 살아 있다고 그들은 주장한다.[225] 하지만 그것이 사실이라고 하더라도, 신체의 모든 부분들은,

---

223 VIII 1, 1042a 27 ff.와 XII 5, 1071a 10을 참고하라.

224 1040b 9의 'pephthēi' 는 pessein 또는 pettein의 조건법 수동 완료형이다. 'pettein' 은 본래 열을 통해 음식물을 익히거나 소화시키는 과정을 가리키는 용어이지만, 아리스토텔레스의 생물학 저술에서는 생명체의 발생을 가능하게 하는 생화학적 과정을 가리키는 일반적 용어로 쓰인다. 즉 생명체는 아비의 정액 속에 있는 열기(pneuma)에 의해 어미가 제공한 질료가 열처리됨으로써 생겨나는데, 이 과정을 일컬어 pepsis라고 부른다. 졸고, 〈생성이론〉, 113쪽 아래를 참고하라.

225 예컨대 곤충들이나 식물들이 그렇다. 이에 대해서는 《동물의 부분에 대하여》 IV 6, 682b 20-32를 보라. 이 구절에 대한 분석은 D.-H. Cho, *Ousia*

그것들이 〔15〕—강제나 함께 붙어 자라남에 의해서가 아니라— 본성에 의해서 하나를 이루어 서로 연결되어 있을 경우에는, 언제나 가능성의 상태에 있을 터인데,[226] 앞의 경우에 해당하는 현상은 비정상이기 때문이다.

(2.a) '하나'는 '있는 것'과 같은 방식으로 쓰이고,[227] 하나인 것의 실체는 한 개이고, 한 개의 실체를 갖는 것들은 수적으로 하나이기 때문에, 분명 하나도, 있는 것도 여러 대상들의 실체일 수 없으니, 이는 요소임이나 원리임이 실체일 수 없는 것과 마찬가지이다.[228] 하지만 〔20〕 우리는, 그렇다면 원리(archē)가 무엇인지를 탐구하고 있으니, 이렇게 하는 것은 대상을 더 잘 알려질 수 있는 것으로 이끌어가기 위해서이다. (b) 따라서 이것들 가운데서 있는 것이나 하나는 원

---

und Eidos, S. 231 f.를 참고하라.

226 이 구절의 진술은, 실체는 현실적으로 있는 여러 실체들로 이루어질 수 없다는 VII 13, 1039a 3 ff.의 주장과 일치한다.

227 '하나(hen)'와 '있는 것(on)'의 이런 쓰임에 대해서는 다음의 구절들을 참고하라: IV 2, 1004b 5 ff.; VII 5, 1030b 10 ff.; X 2, 1053b 16 ff.

228 예를 들어 물이나 불에 대해 "물은 요소이다" 또는 "물은 원리이다"라고 말한다고 가정해보자. 이런 진술에서 우리가 물이나 불에 귀속시키는 '요소임(to stoicheiōi einai, to be an element)'이나 '원리임(to archē einai, to be a principle)'은 물이나 불의 실체일 수 없다. 왜냐하면 '요소임'이나 '원리임'은 물이나 불 이외에 다른 것들에게도 속하기 때문이다. 마찬가지로 우리는 우리 앞에 있는 사람들이나 동물들 하나하나에 대해서 "이것은 하나이다"(또는 "이것은 하나의 통일체이다") 또는 "이것은 있는 것이다"라고 말할 수 있는데, 이때 '하나'나 '있는 것'은 모든 것에 공통적이기 때문에 실체일 수 없다. X 2, 1053b 20 f.를 보라.

리나 요소나 원인에 비해 상대적으로 더 실체이긴 하지만, 그것들 역시 실체는 아닌데, 그 까닭은 어떤 공통적인 것도 실체가 아니기 때문이다.[229] 왜냐하면 실체는 자기 자신[230]에게나 그것을 갖고 있는 것에―이것에 그 실체가 속한다―속할 뿐 그 밖의 다른 어떤 것에도 속하지 않기 때문이다. [25] 더욱이 하나는 동시에 여러 곳에 있을 수 없는 반면, 공통적인 것은 동시에 여러 곳에 속한다. 그러므로 보편자들 가운데 어떤 것도 개별자들과 떨어져서 분리된 상태로 존재하지 않는다.

(3.) 하지만 형상들을 내세우는 사람들은 그것들을 분리된 것으로 여기는데, 만일 형상들이 실체라면, 그 말은 옳다. 하지만 그들은 여럿에 적용되는 하나(to hen epi pollōn)가 형상이라고 말하는데, 이 말은 옳지 않다.[231] [30] 그들이 이데아론을 내세우는 것은, 개별적이고 감각적인 실체들과 떨어져 있는 그런 종류의 불멸하는 실체들이 어떤 것인지를 제시할 수 없는 데 그 이유가 있다. 그래서 그들은 감각적인 것들에(우리는 이것들을 알고 있기 때문이다) '자체(auto)'

---

229 Ross(*Metaphysics* II, p. 220)의 말대로 '하나'와 '있는 것'은 '있는 것들 모두에 공통적으로 적용되는, 보편자들 가운데 가장 외연이 넓은 것(the widest of all universals, common to all things whatsoever)'이다.

230 1040b 24는 다른 사본들에 따라 'hautēi'로 읽었다.

231 이데아론자들은 서로 양립할 수 없는 두 가지 속성을 형상에 부여한다는 말이다. 만일 형상이 실체라면, 독립적으로 존재하는 것이겠지만, 형상을 그렇게 독립적으로 존재하는 실체로 여기면서 동시에 그것을 개별적인 것에 공통된 보편자로 내세우는 것은 부당하다는 것이 아리스토텔레스 비판의 요지이다.

라는 말을 덧붙인 뒤, 가멸적인 사물들과 종적으로 똑같은 것들, 즉 사람 자체나 말 자체를 만들어낸다. 하지만 설령 우리가 별들을 보지 못했다고 하더라도, 그것들이 언제나, 우리가 알고 있는 실체들과 떨어져 있는 영원한 실체들이었다는 데는 아무 차이가 없다는 것이 내 생각이다. 그러므로 설령 〔1041a〕 우리가 지금은 그런 실체들로서 어떤 것들인지 알지 못한다고 하더라도, 그런 실체들이 있다는 것은 필연적이다.[232] 그렇다면 보편자들 가운데 어떤 것도 실체가 아니라는 사실과 〔5〕 어떤 실체도 여러 실체들로 이루어지지 않는다는 사실은 분명하다.

---

[232] 이런 뜻의 영원한 실체들에 대해서는 XII 1장, 1069a 30 ff.와 《동물의 부분에 대하여》 I 5, 644b 22 ff.를 참고하라.

8. 실체 : 존재의 원인

《형이상학》 VII권 17장

《형이상학》 VII권의 앞 부분에서 실체를 정의 이론이나 생성 이론의 관점에서 다룬 뒤 마지막 장에 이르러 아리스토텔레스는 실체를 또 다른 관점, 즉 원인 이론의 관점에서 다루려고 한다. 마지막 17장의 주제는 원인(aitia)과 원리(archē)로서의 실체인데, 여기서 말하는 것이 감각적인 실체가 아니라 '각자의 실체(ousia hekastou)', 즉 본질이라는 뜻의 실체임은 두말할 나위도 없다. 따라서 17장의 논의는 우리에게 아리스토텔레스의 본질 개념에 대한 새로운 이해를 제공해준다.

탐구 대상이 되는 실체가 원인(근거)이나 원리라는 사실로 말미암아 아리스토텔레스는 먼저 근거 물음의 일반적인 구조를 분석하는 데서 논의를 시작한다. 그에 따르면, "'왜' 물음(dia ti)[233]은 언제나 '무엇 때문에 어떤 것이 다른 어떤 것에 속하는가?'의 형태로 이루어진다". 근거 물음의 일반적 구조에 대한 이런 언급의 속뜻은 뒤따르

---

233 'dia ti'는 말 그대로 옮기면 '무엇 때문에'라고 옮길 수 있을 것이다. 아래에서는 '무엇 때문에'와 '왜'라는 표현을 함께 사용한다.

는 논의에서 분명해진다. 근거에 대한 물음(dia ti)이 언제나 "무엇 때문에 어떤 것은 다른 어떤 것에 속하는가(dia ti allo allōi tini hyparchei)?"라는 형식을 취한다는 말로써 아리스토텔레스가 뜻하는 바는 근거 물음은 언제나 서로 다른 두 관계항의 매개에 대한 물음이라는 사실이다. 다시 말해서 "무엇 때문에 갑은 갑인가?"라는 형태의 물음, 예컨대 "무엇 때문에 음악적인 사람은 음악적인 사람인가?"와 같은 물음은, 아리스토텔레스에 따르면, 대답이 뻔한 공허한 물음에 지나지 않는다. 왜냐하면 "무엇 때문에 사람은 사람인가?" 또는 "무엇 때문에 음악적인 사람은 음악적인가?"라는 물음에 대해서는 "모든 것은 그 자신과 분리될 수 없다"(1041a 18-19)고 말할 수 있을 뿐 다른 대답이 있을 수 없는데, 이 대답은 모든 것에 두루 통하는 내용 없는 대답이기 때문이다. 그런 이유에서 참된 의미의 근거 물음은 "무엇 때문에 사람은 음악적인가?" 또는 "무엇 때문에 사람은 이러저러한 성질을 가진 동물인가?"처럼, 언제나 "무엇 때문에 갑은 을인가?"의 형식을 취한다고 아리스토텔레스는 말한다.

물론 근거 물음의 이러한 이중 구조가 언제나 밖으로 드러나 있는 것은 아니다. 우리는 사람이 있는 이유(사람의 존재 원인)를 찾기 위해 "무엇 때문에 사람이 있는가?"라고 물을 수도 있는데, 이 물음은 이중 구조를 갖지 않은 단순한 형태의 물음이다. 1041a 32 ff.의 말을 빌리면, "주어와 술어가 구분되어 있지 않은 경우에는 대체로 탐구 대상이 눈에 드러나지 않는다. 예컨대 '무엇 때문에 사람이 있는가(ti anthrōpos esti)?'를 탐구할 때 그런데, 그 이유는 이 진술은 단순해서 어떤 것이 주어이고 어떤 것이 술어인지 구분이 안 되기 때문이다. 그러니 그 둘을 구분하고 난 뒤에 탐구를 해야 마땅한데, 만일 그렇게 하지 않으면 아무것도 탐구하지 않는 것과 어떤 것을 탐구하는 것의 경계에 서 있는 셈이 되기 때문이다." 그러면 "무엇 때문에 사람은 있는가?"와 같이 단순한 물음 속에는 어떤 형태의 이중 구조가 숨겨져 있다는 말인가? 1041b 4-9의 대답에 따르면, "무엇 때문에 사람이 있는가?"나 "무엇 때문에 집이 있는가?"라는 물음은 겉보기에는 단순하지만, "무엇 때문에 그 사람은 음악적인가?"와 같이 이중 구조를 갖춘 근거 물음으로 분해될 수 있는데, 여기서의 이중 구조는 한 가지 점에서 독특하다. "무엇 때문에 집이 있는가?"라는 물음은 "무엇 때문에 벽돌과 목재는 집인가?"라는 물음으로 분해될 수 있다. 이와 마찬가지로 "무엇 때문에 사람이 있는가?"라는 물음도 "무엇 때문에 이 살과 이 뼈는 사람인가?"라는 물음으로 해체된다. "무엇 때문에 그 사람은 음악적인가?"라는 물음에서 음악적인 능력과 어떤 사람이 두 관계항으로 주어져 있는 가운데 음악적인 능력이 그 사람에게 속하는 이유가 탐구 대상이 됨과 마찬가지로, "무엇 때문에 이 살과 이 뼈는 사람인가?"라는 물음에서는 사람 몸의 재료들과 사람이라는 종적인 규정이 이미 놓여 있는 가운데 사람이라는 종적인 규정성이 이 뼈와 이 살이 속하는 이유가 탐구 대상이 되는 것이다. 두 물음의 차이는, 하나는 어떤 부수적인 속성이 실체에 속하는 이유를 묻는 반면, 다른 하나는 종적인 규정성이 그 자체로서는 규정되지 않은 어떤 질료에 속하는 이유를 묻는다는 데 있다. 그리고 이 두 번째 물음에서 찾는 원인은 바로 형상이자 실체이다. 다시 말해서 이 형상과 실체가 바로 질료로 하여금 어떤 종적인 규정성

236

을 갖춘 대상으로 있게 만드는 원인이 되는 셈이다.

그러면 여기서 형상 또는 실체라고 불리는 원인은 구체적으로 무엇인가? 이에 대한 대답을 찾는 1041b 11 ff.의 논의는 세 단계로 뚜렷하게 나뉜다.

먼저 1041b 11-19에서 아리스토텔레스는 요소들이 합쳐져서 만들어진 전체는 단순한 더미(sōros)가 아니라 낱말과 같은 복합체(syntheton), 즉 그 구성 요소들로 환원되지 않는 복합체라고 말한다. 이를테면 낱말 'ba'는 낱글자 'b'와 'a'로 이루어져 있지만, 이 두 글자를 아무렇게나 합친 것과 똑같지 않다. 마찬가지로 사람의 살은 더 단순한 요소들―이것을 우리는 흙과 불이라고 해보자―로 이루어져 있지만, 흙과 불과 똑같지 않다. 낱말이나 살이 해체되면 그 구성 요소들은 남지만, 낱말이나 살은 더 이상 안 남는다는 것이 그 증거이다. 아리스토텔레스는 이러한 관찰을 바탕으로, 낱말은 그 구성 요소인 낱글자들로 환원되는 것이 아니라 그 밖의 다른 어떤 것(heteron ti)을 포함하고 있고, 살도 이와 마찬가지로 단순히 흙과 불로 환원되는 것이 아니라 다른 어떤 것을 포함하고 있다는 결론을 이끌어낸다.

그렇다면 살을 그 구성 요소들 이상의 어떤 것으로 만드는 것은 무엇인가? 이어지는 부분(1041b 19-25)에서 아리스토텔레스는, 여기서 문제가 되는 '어떤 것'은 결코 질료라는 뜻에서 사물의 구성 요소일 수 없음을 강조한다. 그의 주장의 요지는 이렇다. 살의 구성 요소들을 살로 만드는 것 자체가 다시 그 구성 요소들과 같은 종류의 어떤 요소일 수는 없다. 왜냐하면 그럴 경우 살의 구성 요소들과―

이것들을 요소 I이라고 해보자—그 구성 요소들을 살로 만드는 다른 요소를—이것들을 요소 II라고 해보자—함께 결합하는 것이 무엇인 가라는 물음이 또다시 제기되고, 이런 물음은 무한 퇴행으로 이어질 것이기 때문이다. 이런 사실에 주목하면서 아리스토텔레스는, 흙과 불을 살로 만드는 요소는 흙이나 불이 아니고 또 그런 것들로 이루어 진 복합체도 아니라고 말한다. 이는 낱글자 b와 a를 ba라는 낱말로 만드는 요소 자체가 b나 a와 같은 낱글자가 아닌 것과 마찬가지이다.

구성 요소들을 묶어 하나의 완결된 전체로 만드는 것이 무엇인가 에 대한 아리스토텔레스의 대답은 1041b 25-33에 담겨 있다 : "그래 서 그것은(요소들을 하나의 통일된 전체로 만들어주는 어떤 것—옮긴이) 요소가 아 닌 어떤 것이며, 바로 그것이 이것을 살로서 있도록 하고, 이것을 음 절로서 있도록 하는 원인이라고 생각할 수 있으며, 다른 경우에도 마 찬가지이다. 그것은 각자의 실체(ousia hekastou)이다(왜냐하면 그 것은 있음의 첫째 원인(aition prōton tou einai)이기 때문이다)." 여 기서 아리스토텔레스는 우리가 찾는 것이 질료라는 뜻의 요소(stoi-cheion)가 아니라 어떤 원인, 각각의 질료로 하여금 살이나 낱말이 되도록 하는 원인임을 분명히 한다. 아울러 그는 실체가 각 사물의 으뜸가는 존재 원인이라는 사실을 이유로 들어, 우리가 찾는 원인이 실체라고 밝힌다. 물론 여기서 말하는 실체는 감각적인 실체, 개별적 인 사물이 아니라 사물의 내적인 본성(physis)이요 원리(archē)를 가 리킨다.

《형이상학》 VII권 17장의 논의는 이것으로 끝난다. 따라서 거기 에는 지금까지 말한 존재 원인으로서의 실체, 즉 질료를 결합하여 복합적인 전체로 만드는 원인이 구체적으로 어떤 것을 가리키는지에 대해 속 시원한 대답을 얻을 수 없다. 이 때문에 적지 않은 아리스토텔레스 연구자들은, 1017b 14-16이나 1035b 15와 같은 구절에서 생물의 존재 원인이나 실체로서 영혼이 제시된다는 사실을 근거로 끌어들여, 17장에서 찾는 존재 원인이―생물의 경우―영혼이라고 주장한다. 하지만 17장에는 영혼에 대한 언급이 전혀 없을 뿐만 아니라 거기서 예로 든 낱말의 경우나 살의 경우를 놓고 볼 때 아리스토텔레스가 염두에 두고 있는 실체가 영혼이라고 보기는 어렵다. 왜냐하면 흙과 불을 살로 만드는 원인이 영혼이라고 보기는 힘들고, 낱글자 b와 a를 함께 묶어 ba로 만드는 원인이 생물의 영혼에 해당하는 어떤 기능이라고 보기는 더욱 힘든 일이기 때문이다. 사실 17장에서 말하는 존재 원인이 가리키는 것이 무엇인지에 대한 대답을 제공해주는 것은 예컨대 I권 10장, 993a 17-22와 같은 구절이다. 거기서 아리스토텔레스는 이렇게 말한다. "엠페도클레스는 뼈가 로고스에 따라 있다고 말하는데, 이것은 본질(to ti ēn einai)이요 각 대상의 실체(ousia tou pragmatos)이다. 마찬가지로 살은 물론 다른 것들도 로고스 덕분에 있을 수밖에 없으며 그렇지 않고서는 하나의 통일체가 되지 못한다. 그러므로 살과 뼈와 다른 것들은 모두 이것(로고스―옮긴이) 덕분에 있는 것이지 재료 덕분에, 즉 그가 말하는 불과 흙과 물과 공기 덕분에 있는 것이 아니다."[234] 잘 알려져 있듯이 엠페도클레스는 만물의

---

[234] 이런 뜻의 실체 개념에 대해서는 XIII 2, 1092b 17과 《동물의 부분에 대하여》 II 1, 734b 33을 함께 참고하라.

재료로 네 요소, 불과 흙과 공기와 물을 들면서, 이것들이 일정한 수적인 비율에 의해 결합되어 살과 뼈 같은 몸의 부분들이 이루어진다고 말했다.[235] 아리스토텔레스는 엠페도클레스의 이런 생각을 받아들여, 네 가지 요소들이 결합하는 수적인 비율인 로고스(logos tēs mixeos)가 사물의 실체와 본질이라고 말한다. 물론 여기서 사물의 존재가 재료들의 결합 비율에 의존한다고 말할 때 염두에 두고 있는 대상은 위에서 예로 나온 살과 뼈와 같은 몸의 부분들만이 아니다. 재료들의 결합 비율에 의존하기는 생물이나 사람 전체도 마찬가지이다. 이런 뜻에서 《형이상학》 I권 9장, 991b 16 ff.에서 아리스토텔레스는 칼리아스는 '불과 흙과 물과 공기의 수적인 비율'이라고 말한다.

이런 구절들을 종합적으로 살펴보면, VII권 17장에서 말하는 원인으로서의 실체가 결합의 비율인 로고스를 가리킨다는 데는 거의 의심의 여지가 없다. 아리스토텔레스는 생물을 비롯한 어떤 것이든 보다 단순한 질료가 일정한 수적 비율에 따라 결합됨으로써만 존재할 수 있다고 보았고, 그런 이유 때문에 수적인 비율, 결합의 비율을 각 사물의 존재 원인으로 생각했던 것이다.[236]

---

235 Diels-Kranz 31 A 78과 B 96, 98을 보라.

236 이런 본질 개념이 생명체의 본질이 영혼이라는 아리스토텔레스의 다른 주장과 어떻게 조화를 이룰 수 있는지에 대해서는 졸고, 〈본질론〉, 212-217쪽을 참고하라.

《형이상학》 VII권 17장, 1041a 6-b 33

실체로서의 형상: 1. 논의의 출발점: 실체는 원리(archē)이자 원인(aitia)이다. 2. 형상은 각 사물의 존재의 원인이다. (a) 왜 물음 또는 근거에 대한 물음(dia ti)의 의미: 무엇 때문에 어떤 것은 다른 어떤 것에 속하는가? (b) 대상의 존재와 자기 동일성은 그 물음에 앞서 미리 전제되어 있다. (c) (a)에 대한 부연 설명. (d) "집은 무엇인가?"라는 물음은 "무엇 때문에 이 질료적인 부분들은 집인가?"의 형태로 분석 가능하다. 일반적으로 표현하면, "무엇 때문에 질료는 규정된 어떤 것인가(tēn hylēn zētei dia ti estin)?"라는 형태의 물음이 탐구의 대상이다. 3. 질료 부분은 원인으로서는 불충분하다: (a) 전체는 부분들의 총합 이상이다. (b) 이 이상에 해당하는 것은 요소일 수 없고 요소들로 이루어진 것일 수도 없다. (c) 그것은 실체, 즉 존재의 원인이다.

(1.) 실체가 무엇이고 어떤 종류의 것이라고 말해야 하는지, 다른 출발점을 취해 다시 이야기해보자. 왜냐하면 그런 논의로부터 우리는 감각적인 실체들과 분리된(kechōrismenē) 실체에 대해서도 분명한 인식을 얻을 수 있기 때문이다. 그런데 실체는 원리이자 〔10〕 원인이기 때문에, 이를 출발점으로 삼아 탐구를 진행해야 한다.

(2.a) '왜' 물음(dia ti)에 대한 탐구는 언제나 "무엇 때문에 어떤 것이 다른 어떤 것에 속하는가?"의 형태로 이루어진다. 그 이유는 이렇다. 무엇 때문에 음악적인 사람이 음악적인 사람인지를 탐구한다는 것은—이미 말했듯이—무엇 때문에 그 사람이 음악적인지를 탐구하는 것이거나 아니면 다른 어떤 것이다. (b) 그런데 "무엇 때문에

어떤 것이 그 자체인가?"라는 물음에서는 아무것도 탐구되는 것이 없다[15] (왜냐하면 사실(hoti)과 있음(einai)은—이를테면 달이 월식을 한다는 사실을 두고 하는 말이다—분명하게 (그런 질문에 앞서—옮긴이) 전제되어 있어야 하는데, 어떤 것이 그 자체라는 것은 "무엇 때문에 사람이 사람인가?" 또는 "무엇 때문에 음악적인 사람이 음악적인가?"와 같은 모든 물음에 대한 하나의 설명이자 하나의 원인이며, 이런 물음들에 대해서는 기껏해야, 각자는 자기 자신에 대한 관계에서 불가분적이며, 이것이 바로 하나임(to heni einai)을 뜻한다고 말할 수 있을 뿐인데, 이는 [20] 모든 것에 공통된 것이요 싸잡는 대답에 지나지 않기 때문이다). (c) 하지만 "무엇 때문에 사람은 이러저러한 동물인가?"를 탐구하는 것은 가능한 일이다. 그렇다면 무엇 때문에 이사람이 사람인지를 탐구하는 일이 없음은 분명하며, 따라서 무엇 때문에 어떤 것이 다른 어떤 것에 속하는지가 탐구의 대상이다(어떤 것이 어떤 것에 속한다는 사실은 분명해야 하는데, 그렇지 않다면, 탐구의 대상이 전혀 없기 때문이다). 예를 들어 "무엇 때문에 [20] 천둥이 치는가?"는 "무엇 때문에 구름 속에서 소리가 나는가?"와 같다. 이렇듯 무엇 때문에 어떤 것이 다른 어떤 것에 속하는지가 탐구의 대상이다. 또한 무엇 때문에 이것들, 예컨대 벽돌들과 돌들은 집인가? 분명 이 물음은 원인을 찾고 있으니 [이것은 로고스의 관점에서 보면 본질(to ti ēn einai)이지만], 어떤 때는 목적이 그것에 해당하는데 예컨대 집이나 [25] 침대의 경우에 그렇고, 어떤 때는 운동을 낳는 첫째 원인이 그런데, 이것 또한 원인이기 때문이다. 하지만 그런 원인은 생성과 소멸을 다룰 때 탐구되고, 앞의 것은 있음을 다룰 때 탐구된

242

다. (d) (i) 주어와 술어가 구분되어 있지 않은 경우에는 대체로 탐구 대상이 눈에 드러나지 않는다. 〔1041b〕 예컨대 "무엇 때문에 사람이 있는가?"[237]를 탐구할 때 그런데, 그 이유는 이 진술은 단순해서 어떤 것이 주어이고 어떤 것이 술어인지 구분이 안 되기 때문이다. 그러니 그 둘을 구분하고 난 뒤에 탐구를 해야 마땅한데, 만일 그렇게 하지 않으면 아무것도 탐구하지 않는 것과 어떤 것을 탐구하는 것의 경계에 서 있는 셈이 되기 때문이다. (ii) 우리는 어떤 것이 〔5〕 있다는 사실(to einai)을 전제로서 보유해야 하기 때문에, 우리가 탐구하는 것은 무엇 때문에 질료가 〈어떤 것〉인가라는 물음임에 분명하다. 예컨대 무엇 때문에 이것들[238]은 집인가? 그 이유는 집의 본질에 해당하는 것(ho ēn oikia einai)이 그것들에 속하기 때문이다. 무엇 때문에 이것은 사람인가? 또는 무엇 때문에 이 몸은 이러저러한 상태에 놓여 있는가?[239] 그러므로 우리가 탐구하는 것은 질료에 대한 원인인데 〔이것은 형상이며〕, 그것에 의해서 질료는 종적인 규정성을 갖춘 어

---

237 문맥에 따라 볼 때, 1041b 1의 물음 "ti anthrōpos esti"는 "dia ti anthrōpos esti"의 뜻으로 이해해야 할 것이다. Bonitz, *Metaphysica* II, p. 360을 참고하라. 그에 대한 Bonitz의 번역은 다음과 같다. "Der Gegenstand der Untersuchung ist dann besonders dunkel, wenn die Frage nicht so ausgedrückt ist, daß etwas von einem andern ausgesagt wird. Z.B. man fragt, warum der Mensch ist, darum, weil dies einfach und schlechthin ausgedrückt ist, (...)"

238 예컨대 이 벽돌과 돌들을 말한다.

239 Ross의 번역은 이렇다. "And why is this individual thing, or this body having this form, a man?"

떤 것[240]으로 있으니, 그 원인은 바로 실체이다. 그렇다면 단순한 것들에 대해서는 [10] 탐구도 가르침도 없고 그런 것들과는 다른 방식의 탐구가 있음이 분명하다.

(3.a) 어떤 것을 구성 부분으로 삼아 이루어진 복합체(syntheton)는 그 전체가 하나의 통일체를 이루고 있어서, 더미와 같은 상태가 아니라 음절과 같은 상태로 있다.[241] 음절은 여러 개의 철자가 아니고, ba는 b와 a와 똑같은 것이 아니며,[242] 살 역시 불과 흙이 아니다(왜냐하면 (전체가─옮긴이) 해체되면 어떤 것들, [15] 예컨대 살과 음절은 더 이상 남아 있지 않지만, 철자들은 남아 있고, 불과 흙도 그렇기 때문이다). 그렇다면 음절은 단순히 철자들, 즉 모음과 자음에 지나지 않는 것이 아니라 다른 어떤 것이기도 하며, 살은 단순히 불과 흙 또는 열기와 냉기에 지나지 않는 것이 아니라 다른 어떤 것이기도 하다. (b) 그러면 만일 그 어떤 것[243] 자체도 필연적으로 요소이거나 [20] 요소들로 이루어질 수밖에 없다고 가정해보자. 만일 그것이 요소라면, 똑같은 논변이 다시 성립될 것이다(왜냐하면 그 요소와 불과 흙으로 살이 이루어지고 그것들 이외에 또 다른 어떤 것이 있다면, 결과적으로 무한 퇴행에 빠지게 되기 때문이다). 반면, 만일 그것

---

240 Bonitz와 Ross를 따라 'hōi ti estin'에서의 ti를 의문사가 아니라 부정사(indefinitum)의 뜻으로 읽었다.

241 이어지는 부분에서는 질료를 종적인 규정성을 갖는 어떤 것이 되게 하는 원인인 실체가 어떤 것인지를 단계적으로 규명한다.

242 XII 4, 1070b 5 f.를 보라.

243 앞서 말한 '다른 어떤 것'에 해당하는 것을 말한다.

이 요소로 이루어진 복합체라면, 그것은 분명 하나의 요소가 아니라 여러 요소로 이루어진 것일 테고(만일 그렇지 않다면 그것 자체가 요소일 것이다), 결과적으로 그 복합체에 대해서 〔25〕 살이나 음절에 대해 말한 것과 똑같은 논변을 사용할 수 있을 것이다. (c) 그래서 그것은[244] 요소가 아닌 어떤 것이며, 바로 그것이 이것을 살로서 있도록 하고, 이것을 음절로서 있도록 하는 원인이라고 생각할 수 있으며, 다른 경우에도 마찬가지이다. 그것은 각자의 실체(ousia hekastou) 이다(왜냐하면 그것은 있음의 첫째 원인[245]이기 때문이다). 하지만 어떤 것들은 실체들이 아니지만 〔30〕 본성에 따라 〔본성에 의해서〕 이루어진 여러 종류의 실체들이 있으니, 그런 것들의 경우에는 바로 그 본성(physis)이 그것들의 실체로 밝혀질 것이니, 그것은 요소가 아니라 원리이다. 그에 반해 요소는 어떤 것이 분해되어 되돌아가는 것이면서 밑바탕에 질료로서 놓여 있는 것인데, 예컨대 a와 b는 음절의 요소이다.[246]

---

244 즉 요소들을 하나의 통일된 전체로 만들어주는 어떤 것.

245 ʼaition prōton tou einaiʼ는 어떤 질료가 종적인 규정성을 가진 어떤 개별자로서 있도록 하는 원인을 가리킨다. V 8, 1017b 15와 《영혼론》 II 4, 415b 12에서 아리스토텔레스는 영혼을 일컬어 생명체의 aiton tou einai라고 부른다.

246 모든 복합체는 질료와 형상으로 이루어진다는 것이 아리스토텔레스의 생각인데, 여기서 질료와 형상은 각각 ʻ요소ʼ와 ʻ원리ʼ라고 불린다.

9. 가능성과 현실성

《형이상학》 IX권 6장(부분)과 8장

《형이상학》에 전개된 아리스토텔레스의 존재론은 여러 이론들을 포함하고 있지만, 이들 가운데 가장 중요한 것 가운데 하나는 '뒤나미스(dynamis)'와 '에네르게이아(energeia)'에 대한 이론이다. 아리스토텔레스는 《형이상학》 VII권과 VIII권에서 실체의 종류와 본성에 대한 논의를 중심으로 있는 것에 대한 탐구를 수행한 데 뒤이어 IX권에서는 '뒤나미스'와 '에네르게이아' 개념을 중심으로 새로운 각도에서 존재론적인 탐구를 수행한다.[247] VII권과 VIII권의 논의와 IX권의 논의를 비교하면서 사람들은 보통 '실체에 대한 정태적 고찰'과 '변화에 대한 역동적 고찰'이라는 표현을 쓰는데,[248] 이런 표현은 부적절

---

247 '있는 것(on)'의 네 가지 의미 구분, (i) 부수적인 뜻에서 있는 것, (ii) 범주에 따른 있는 것의 구분, (iii) 참이라는 뜻에서 있는 것, (iv) 가능적인 것 및 현실적인 것이라는 뜻에서 있는 것의 구분에 대해서는 V 7, 1017a 7 ff.를 참고하라. 이 '있는 것'의 다의성에 대한 고전적인 연구로는 F. Brentano, *Von der mannigfachen Bedeutung des Seienden nach Aristoteles*, Freiburg 1862(=*On the Several Senses of Being in Aristotle*, trans. R. George, Berkeley 1975)를 참고하라.

하지 않다. 왜냐하면 '뒤나미스'와 '에네르게이아'는—아리스토텔레스 자신이 분명하게 밝히고 있듯이—변화 및 운동을 분석하기 위해 도입된 개념들이고, 아리스토텔레스는 이런 개념들을 통해 자연 세계에서 이루어지는 운동의 내용을 분석하는 한편, 운동의 궁극적 근거가 되는 신적인 존재에 대한 논의로 나아갈 발판을 마련하기 때문이다.

《형이상학》 IX권 1장 서두에서 아리스토텔레스는 '뒤나미스'와 '에네르게이아'가 본래 운동(kinēsis)과 관련해서 쓰이는 개념임을 분명하게 밝힌다(1046a 1 ff.). 그의 정의에 따르면 '엄밀한 뜻의 뒤나미스'는 '변화의 원리(archē metabolēs)'가 되는 능력 또는 가능성을 가리킨다. 이를테면 어떤 작용을 할 수 있는 능력(능동적 능력), 어떤 작용을 받을 수 있는 능력(수동적 능력), 다른 것으로 오는 작용에 맞서는 능력(저항 능력), 젖은 장작은 불에 잘 탈 수 없다고 말할 때처럼 잘 작용하거나 잘 작용받을 수 있는 능력 모두를 일컬어 '뒤나미스'라고 부른다. 그런 점에서 우리는 '뒤나미스'를 '능력', '잠재력', '가능성', '가능한 것' 등의 용어로 옮길 수 있을 것이다. 반면 '에네르게이아'는 본래, 그런 능력 또는 가능성의 실현인 운동을 가리킨다. 1047a 30-32의 표현에 따르면, "우리가 엔텔레케이아(entelecheia)와 결부시키는 '에네르게이아'라는 말은 주로 운동들로부터 다른 것으로 그 쓰임이 넓어졌다. 왜냐하면 엄밀한 의미의 에네르게이아는 운동과 같은 것이라고 생각되기 때문이다". 예를 들자면,

---

248 Ross, *Metaphysics* I, p. cxxiv.

집을 지을 수 있는 능력이나 볼 수 있는 능력을 일컬어 뒤나미스라고 한다면, 에네르게이아는 그런 능력이 현실적으로 작용하는 운동의 상태를 가리킨다. 이런 뜻에서 보면, '에네르게이아'는 가능성의 실현으로서 '현실적인 것', '현실적인 작용'의 뜻을 갖는다.

이처럼 '뒤나미스'와 '에네르게이아'는 본래 운동을 할 수 있는 능력과 그 가능성의 실현으로서 운동을 가리키는 용어이지만, 아리스토텔레스는 그 사용 범위를 넓혀, 그 두 개념을 각각 어떤 것이 될 수 있는 가능성을 갖고 있는 질료와 그 가능성이 실현된 상태에 있는 실체에 대해 사용하기도 한다. 예를 들어 집을 짓는다고 해보자. 집을 짓기 위해서는 먼저 건축 재료가 있어야 하는데, 건축 재료는 아직 완성된 집이 아니라 완성된 집이 될 수 있는 것에 불과하다. 그런 뜻에서 건축 재료는 집이 될 수 있는 가능성 또는 능력이다. 아리스토텔레스는 건축 재료를 비롯해서 모든 재료 또는 질료는 아직 어떤 것은 아니고 그저 어떤 것이 될 수 있는 가능성의 상태에 있다는 뜻에서, 질료를 '가능성의 상태에 있는 것(dynamei on)'[249]이라고 부르기도 한다. 건축 재료를 써서 완성한 집의 존재 방식은 물론 그 경우와 다르다. 집은 건축 재료 안에 있는 가능성이 실현된 것, 현실적인 것이다. 그런 점에서 건축 재료를 뒤나미스라고 부른다면, 그에 대응해서 완성된 집은 에네르게이아 또는 '현실적인 상태에 있는 것(energeiai on)'이라고 부를 수 있다. 이렇게 뒤나미스와 에네르게이

---

[249] 우리말로 '가능적으로 있는 것', '잠재적으로 있는 것'이라고도 옮길 수 있을 것이다.

아는 본래 능력과 능력의 실현인 운동을 가리키지만, 그 의미가 넓혀져 능력을 갖추고 있는 것(예컨대 건축 재료)과 그 능력이 실현되어 완성된 실체(예컨대 집)를 가리키기도 한다. IX권 6장, 1048a 25-b 9에서 아리스토텔레스는 '뒤나미스'와 '에네르게이아'의 쓰임에 대한 유비적인 설명을 제시하는데, 이에 따르면 능력 : 운동＝질료 : 완성된 실체의 유비적 관계가 있고, 이 가운데 능력과 질료는 '뒤나미스', 운동과 완성된 실체는 '에네르게이아'라고 불린다.

IX권에서 가장 중요한 부분은 '뒤나미스'와 '에네르게이아'의 선후 관계에 대한 주장, 즉 가능적인 것보다 현실적인 것이 앞선다는 주장을 담은 8장이다.[250] 이 논의는 여러 사례들을 풍부하게 열거하고 있어서 논지 파악이 비교적 수월하다. 아리스토텔레스는 이 장에서 세 가지 측면에서, 즉 로고스와 시간과 실체에서 현실적인 것이 가능한 것에 앞선다고 말하는데, 그의 주장의 골자는 다음과 같다.

첫째로, 모든 능력 또는 가능성은 정의상 어떤 현실적인 작용을 행할 수 있는 능력 또는 가능성이다. 이를테면 건축가는 집을 지을 수 있는 능력을 갖추고 있고, 눈은 볼 수 있는 능력을 갖추고 있다. 그런데 이런 경우 능력 또는 가능성에 대한 로고스, 예컨대 '집을 지을 수 있다' 또는 '볼 수 있다' 안에는 언제나 현실적인 작용에 대한

---

250 'dynamis'와 'energeia'는 보통 우리말로 각각 '가능태'-'현실태' 또는 '잠재태'-'활동태'로 번역된다. 하지만 이 그 두 개념의 다양한 의미를 포괄하는 번역어를 찾기란 쉽지 않다. 그래서 이 글에서는 문맥에 따라 'dynamis'는 '능력', '잠재력', '가능성', '가능적인 것'으로, 'energeia'는 '현실성', '현실적인 작용', '현실적인 것' 등으로 옮긴다.

로고스, 예컨대 '집을 짓다' 또는 '보다'가 들어 있다. 그런 점에서 현실적인 것은 로고스에서 가능적인 것에 앞선다.

둘째로, 현실적인 것은 시간에서도 가능적인 것에 앞선다. 사람이나 곡식은 씨에서 생긴다. 이때 사람의 씨(정액)나 곡식의 씨는 물론 그것에서 생겨날 현실적인 사람이나 현실적인 곡식에 시간적으로 앞선다. 하지만 사람의 씨나 곡식의 씨 그 자체는 다른 어떤 현실적인 사람이나 곡식에서 생겨난 것이다. 그리고 그런 점에서는 현실적인 것이 가능적인 것에 앞선다. 일반적으로 말하자면 "생겨나는 것은 모두 어떤 것으로부터 어떤 것의 작용에 의해 어떤 것이 되는데, 작용을 하는 어떤 것은 생겨난 것과 종적으로 동일하다"(1049b 28-29). 방금 예로 든 곡식과 씨의 경우만 그런 것이 아니라, 다른 모든 활동의 경우에도 그렇다. 집을 지을 수 있는 능력을 갖추기 위해서는 집을 지어보아야 하고, 키타라 연주 능력을 갖추기 위해서는 키타라를 직접 연주해보아야 한다.

아리스토텔레스가 더 비중 있게 다루는 것은 현실적인 것이 갖는 세 번째 뜻의 선행성, 즉 실체에서의 선행성이다. 이에 대한 논의는 크게 두 부분으로 나뉘는데, 첫 부분(1050a 4-b 6)에서 아리스토텔레스는 우리 주변의 자연 세계와 경험 세계에서 관찰할 수 있는 것들에 비추어 현실적인 것이 앞섬을 보인 뒤, 두 번째 부분(1050b 6 ff.)에서는 영원한 것들을 논의 대상으로 끌어들여 이것들이 가멸적인 것에 대해 갖는 관계에 의거해서 현실적인 것의 선행성을 논증한다.

1050a 4 ff.에서 아리스토텔레스는 현실적인 것이 가능적인 것보다 더욱 실체라는 사실을 여러 각도에서 설명한다. (i) 생성 과정은

250

가능성이 실현되는 과정인데, 이런 과정에서 뒤에 오는 것은 앞에 오는 것보다 실체에서 더 앞선다. 왜냐하면 그것은 아직 덜 실현된 것보다 형태를 갖추고 완성된 것이기 때문이다. (ii) 모든 생성은 어떤 것을 실현하기 '위해서' 진행되는데, 그런 점에서 생성 과정의 마지막에 오는 현실적인 것은 목적으로서 생성 과정 전체의 시초이며, 모든 가능성은 그것을 이루기 위해서 있다. 예컨대 집짓는 사람이 건축 재료를 구하는 것은 집을 짓기 위해서이며, 집을 짓는 능력을 습득하는 것은 집을 짓기 위해서이다. (iii) 질료와 형상을 일컬어 각각 가능적인 것과 현실적인 것이라고 부르는데, 질료를 가능적인 것이라고 부르는 이유는 그것이 형상에 도달할 수 있는 능력을 갖고 있기 때문이다. (iv) 능력 또는 가능성을 활용한다고 할 때, 거기에는 두 가지 경우가 있다. 시각 능력의 활용처럼 그로부터 다른 어떤 결과물도 생기지 않는 경우와 집을 짓는 능력의 활용처럼 그로부터 결과물이 생기는 경우이다. 이처럼 두 가지 종류의 활동이 있지만, 두 경우 모두 활동은 목적이거나 목적에 가깝고, 그런 뜻에서 활동은 단순한 가능성이나 능력에 앞선다. 이상의 논의로부터 아리스토텔레스는 실체와 형상이 현실적인 것임을 결론으로 이끌어내면서 이렇게 말한다 : "그런 설명에 따르면, 현실적인 것은 분명 실체에 있어서 가능적인 것에 앞서며, 이미 말한 바와 같이 현실적인 것이 하나 있으면 항상 그것에 시간적으로 앞서는 다른 현실적인 것이 있으니, 이는 가장 앞선 것이면서 영원히 운동을 낳는 것의 현실성으로까지 이어진다."

1050b 6 ff.에서는 현실적인 것이 갖는 보다 엄밀한 뜻의 선행성이 논의된다. 이제 영원한 것들이 논의거리로 등장하는데, 이 부분은

한편으로는 현실적인 것의 선행성을 보이면서, 다른 한편으로는 지금까지 VII권과 VIII권에서 전개한 실체에 대한 이론, 가능성-현실성 이론, XII권에서 전개될 신학적 이론 사이의 연결 고리를 만들어낸다는 점에서 매우 중요하다. 1050b 6 ff. 부분에서 아리스토텔레스가 제시하는 논변을 간추리면, 그 내용은 다음과 같다 : 영원한 것들은 가멸적인 것들보다 실체에 있어서 앞선다. 그런데 가멸적인 것들은 소멸의 가능성을 포함하는 반면, 영원한 것들은 그런 가능성을 포함하지 않은 채 현실적으로 있다. 따라서 가멸적인 것들과 영원한 것들을 비교해보면, 현실적인 것이 가능적인 것에 앞섬을 확인할 수 있다. 이런 논변은 두 가지 이유에서 중요하다. 한편으로 그 논변은 어떤 뜻에서 현실적인 것이 가능한 것보다 실체에서 앞서는지를 분명하게 보여준다. 다른 한편으로는 그 논변은 '영원한 것들', '필연적인 것들', '영원한 운동'을 비롯해서 해, 달, 하늘 전체에 대해 말하는 가운데, XII권에서 전개될 신학적 논의를 예비한다.

《형이상학》 IX권 6장(부분), 1048a 25-b 9

현실적인 있음. 운동과 작용: 1. 현실적인 것에 대한 규정으로 나아감. 다른 뜻의 가능성에 대한 소개. 2. 현실적인 있음. (a) 부정적인 규정. (b) 귀납적 규정. (c) 유비적인 설명 : 운동 : 가능성=실체 : 질료.

〔25〕(1.) 운동과 관련된 가능성(dynamis)이라는 말의 쓰임에 대

해서는 이미 이야기했으니,[251] 현실성(energeia)과 관련해서 현실성이 무엇이고 그 본성이 어떤지 규정해보기로 하자. 왜냐하면 이런 의미 구분을 하는 가운데 우리는 가능적인 것과 관련해서도, 그것이—무제한적인 뜻에서건 어떤 특정한 방식에서건—본성상 다른 것을 운동하게 할 수 있는 것이나 또는 다른 것에 의해 운동할 수 있는 것을 일컬을 뿐만 아니라 〔30〕 다른 방식으로도 쓰인다는 사실을 분명하게 알게 될 터이니, 이런 이유 때문에 우리는 앞서 탐구를 진행하면서 그것들에 대해 두루 살펴보았던 것이다.

　(2.a) 우리가 '가능적'이라고 일컫는 것과 같지 않은 방식으로 사물이 놓여 있을 때, 이런 존재가 바로 현실적인 것이다. 나무 안에는 헤르메스가 가능적으로 들어 있고 전체 선분 안에는 절반의 선분이 가능적으로 들어 있으며(그것이 분리될 수 있기 때문에 그렇다) 학문적 인식은 갖고 있지만 이론적인 활동을 하지 않는 사람을 일러 가능적으로 있다고 말하는데,[252] 그는 이론적인 활동을 할 수 있는 능력이 있기 때문이다. 〔35〕 현실적인 것은 이와 다르다. (b) 개별적인 경우들에서는 우리가 말하려는 것이 귀납(epagoge)[253]에 의해 분명해

---

251 '운동과 관련된 가능성', 즉 잠재적인 능력이라는 뜻에서의 'dynamis'는 IX 1-5의 논의 주제이다. 'dynamis'의 여러 가지 의미에 대해서는 V 12, 1019a 15 ff.를 함께 참고하라.

252 이를테면 기하학적인 지식을 습득해서 갖고는 있지만, 지금 이 순간에 기하학적인 연구 활동을 하지 않는 경우가 이에 해당한다.《동물의 생성에 대하여》II 1, 735a 9 ff.를 참고하라.

253 'epagoge'란 '개별적인 것들로부터 출발해서 보편적인 것에 이르는 방법'

지는데, 모든 것에 대해서 정의(horos)를 찾아서는 안 되고 유비적으로(tōi analogon)[254] 전체를 개관해야 한다. 〔1048b〕집을 지을 수 있는 자에 대해서 집을 짓고 있는 자, 잠자는 자에 대해서 깨어 있는 자, 눈을 감았으되 눈이 있는 자에 대해서 보고 있는 자, 질료에 대해서 질료를 깎아낸 것, 그리고 만들어질 수 있는 것에 대해 만들어진 것은 서로 유비 관계에 있다. 이런 〔5〕비교항들 가운데 한 부분은 현실적인 것으로 분류되고, 다른 부분은 가능적인 것으로 분류된다고 해보자. (c) 모든 것은 똑같은 방식에 의해서가 아니라 유비에 의해서, 즉 갑이 을 안에 있거나 을에 대해 취하는 관계는 병이 정 안에 있거나 정에 대해 취하고 있는 관계와 같다는 이유에서 현실적인 것이라고 일컬어진다. 왜냐하면 현실적인 것이란 어떤 때는 능력에 대한 운동을, 어떤 때는 어떤 질료에 대한 실체를 뜻하기 때문이다.

《형이상학》 IX권 8장, 1049b 4-1051a 2

가능성에 대한 현실성의 선행성: 0. 테제: 현실성은 로고스에서, 실체에서, 시간에서 가능성에 앞선다. 1. 로고스에서의 선행성. 2. 시간적 선행성. (a) 설명. (b) 패러독스의 해소. 3. 실체에서의 선행성. (a) 생성과 관련된 논거들: (i) 생

《토피카》 I 12, 105a 13 f.)이다.

254 'analogia'는 '로고스들의 균등성'이며 '적어도 네 개의 항으로 이루어진다' (《니코마코스 윤리학》 V 3, 1131a 31). 이에 대한 다른 예에 대해서는 졸고, 〈게노스와 에이도스〉, 128쪽 아래를 참고하라.

성에서 뒤에 오는 것은, 실체에서 앞선다. (ii) 생성은 목적(telos)을 지향한다. (iii) 목적과 작용(ergon). (iv) 외적인 목적과 내적인 목적. (v) 요약. (b) 영원한 것들과의 비교를 통한 논거들: 가멸적인 것들보다는 다음과 같은 것들이 앞선다: (i) 영원한 것들. (ii) 필연적으로 있는 것. (iii) 영원한 운동. (iv) 가멸적인 것은 영원한 것을 모방한다. 4. 결론.

(0.) '앞선다(proteron)'는 여러 가지 말뜻으로 쓰이기 때문에, 〔5〕 현실성(energeia)이 가능성(dynamis)에 앞선다는 것은 분명하다. 내가 여기서 말하는 것은 다른 것 안에 있거나 또는 다른 것으로서의 자기 안에[255] 있는 변화의 원리라는 뜻의 가능성뿐만 아니라 모든 종류의 운동과 정지의 원리이다. 왜냐하면 본성은 가능성과 같은 부류에 속하기 때문인데,[256] 그것은 운동의 원리이지만, 다른 것 안에 있지 않고, 〔10〕 자기 자신 안에 있다.

---

255 예를 들어 어떤 의사가 병에 걸렸을 때 그는 다른 의사에게 치료를 받을 수도 있고, 자기 스스로 치료할 수도 있다. 이 경우 그 의사가 자기 자신을 치료한다면, 그는 치료하는 자이면서 동시에 치료받는 자이다. 똑같은 사람에게서 두 가지 측면, 치료를 하는 자기와 치료를 받는 자기가 나뉜다. 이때 자기 자신을 치료할 수 있는 능력은 '다른 것으로서의 자기 안에 있는 변화의 원리'에 해당한다. V 12, 1019a 17 ff.를 참고하라.

256 1049b 8 f.의 'gignetai en tautōi gar'는 Jaeger를 따라 빼고 읽었다. 자연물은 자기 안에 운동과 변화의 원리를 가지고 있는데, 이 원리를 일컬어 '본성(physis)'이라고 한다. 이런 본성을 갖는 자연물은 자기 자신을 변화시키는 능력을 자기 자신 안에 가지고 있다. 'physis'의 여러 가지 의미에 대해서는 V 4, 1014b 16 ff.와 《자연학》 II 1, 192b 13 ff.를 참고하라.

(1.) 현실성은 로고스에서나 실체에서나 그런 종류의 모든 가능성에 앞서지만, 시간에서 보면 어떤 뜻에서는 앞서고 어떤 뜻에서는 그렇지 않다. 로고스에서 앞섬은 분명하다(왜냐하면 첫째가는 뜻에서 가능적인 것(to prōtōs dynaton)은 어떤 현실적인 작용을 수행할 수 있다(endechesthai energesai)는 이유에서 가능적이기 때문이니, 이를테면 집을 지을 수 있는 능력이 있는 자를 일컬어 '집을 지을 수 있다'고 부르고, 볼 수 있는 능력이 있는 것을 일컬어 '볼 수 있다'고 부르며, [15] 보일 수 있는 것을 일컬어 '보일 수 있다'고 부른다. 똑같은 설명이 다른 것들에도 해당되는데, 결과적으로 현실적 작용에 대한 로고스와 앎은 필연적으로 가능성에 대한 〈로고스와〉 앎에 앞서야 한다).

(2.a) 시간에서는 이런 뜻에서 앞선다. 즉 종적으로 동일하면서 현실적으로 있는 것은—수적으로는 그렇지 않다고 하더라도—가능적인 것에 앞선다. (a) 내 말의 뜻은 이렇다. [20] 이미 현실적으로 있는 사람이나 곡식이나 보는 자보다는 질료[257]나 씨나 볼 수 있는 것이 시간적으로 앞서는데, 이런 것들은 가능적으로 사람이고 곡식이고 보는 자이지만, 현실적으로는 아직 그렇지 않다. 하지만 그것들에 시간적으로 앞서서, 그것들의 출처인 다른 것들이 현실적으로 있으니, 왜냐하면 현실적으로 있는 것(energeiai on)은 언제나 [25] 현실적으로 있는 것의 작용에 의해 가능적으로 있는 것(dynamei on)으로

---

257 사람의 질료는 어미가 제공해주는 피이다. VIII 4, 1044a 34 f.와 《동물의 생성에 대하여》 II 4, 738b 20 ff.를 참고하라.

부터 생겨나기 때문인데, 이를테면 사람은 사람으로부터, 교양 있는 자는 교양 있는 자에 의해서 생겨나는 바, 항상 운동을 낳는 첫 번째 것이 있으니, 이 원동자(to kinoun)는 이미 현실적인 상태에 있다.[258] 이미 실체에 대한 논의에서 말했듯이, 생겨나는 것은 모두 어떤 것으로부터 어떤 것의 작용에 의해 어떤 것이 되는데, 작용을 하는 어떤 것은 생겨난 것과 종적으로 동일하다.[259] (b) 그런 까닭에 〔30〕 집을 지은 적이 없이 집을 지을 수 있거나 키타라를 연주한 적이 없이 키타라를 연주할 수 있는 경우는 있을 수 없으니, 왜냐하면 키타라 연주를 배우는 사람은 키타라를 연주하면서 키타라 연주를 배우며, 다른 경우도 마찬가지이다. 이로부터 소피스테스식 반박(sophistikos elenkos), 어떤 사람이 학문적 인식을 갖지 못한 상태에서 그 학문적 인식이 관계하는 것을 만들어내는 꼴이라는 반박이 생겼는데,[260] 왜냐하면 배우고 있는 사람은 아직 학문적 인식을 갖고 있지 않기 때문이다. 〔35〕 하지만 생겨나는 것의 어떤 부분은 이미 생겨난 상태에 있고 전체적으로 볼 때 운동하는 것의 어떤 부분은 이미 운동을 거친 상태에 있기 때문에(이는 운동에 대한 글[261]에서 살펴본 바에 따라 분명하다), 〔1050a〕 배우는 자 또한 학문적인 인식의 어떤 부분을 가지

---

258 1049b 24 ff.의 진술은 아리스토텔레스 생성 이론의 핵심을 담고 있다. 이에 대해서는 졸고, 〈생성 이론〉, 98쪽 아래를 참고하라.

259 VII 7, 1032a 13 f.와 22 ff.를 보라.

260 이에 대한 자세한 논의는 《분석론 후서》 I 1, 71a 26 ff.와 Platon, 《메논》 80D를 참고하라.

261 《자연학》 VI 6을 가리킨다.

고 있어야 한다.[262] 그렇다면 여기서도 역시 생성 및 시간에 있어서 현실성이 가능성에 앞선다는 사실이 분명히 드러난다.

(3.a) 하지만 실체에서도 그렇다.[263] (i) 첫째로, 생성에서 〔5〕 뒤에 오는 것이 형상과 실체에서 앞선다는 이유에서 그렇고(예를 들면 어른이 아이보다 앞서고 사람이 씨보다 앞서는데, 그 가운데 하나는 형상을 이미 보유하고 있지만, 다른 것은 그렇지 않기 때문이다[264]), (ii) 생겨나는 것은 모두 시초(archē)이자 끝(목적, telos)을 향해 나아간다는 이유에서도 그런데(지향점(to hou heneka)은 시초이며, 생

---

262 예컨대 수학적인 계산 능력이 아직 수학적 인식을 갖지 않은 사람의 계산 활동에 의해 생겨날 수 있다는 말은, 아직 수학적 인식을 갖지 않은 사람이 계산 활동을 한다는 말이기 때문에 모순적이라는 것이 소피스트식 반박의 내용이다(Bonitz, *Metaphysica* II, p. 402를 참고). 이에 대해 아리스토텔레스는 수학을 배우는 사람은 어떤 뜻에서 이미 수학적인 인식을 가지고 있다는 말로써 응수한다. 그에 따르면 사람은 타고난 계산 능력이 있으며, 수학을 배우는 과정의 계산 활동은 이 능력을 실현시켜 완전한 수학적 인식을 소유한 상태로 만드는 일이다. 다시 말해서 사람에게는 타고난 계산 능력이 있고, 이를 바탕으로 계산 활동을 통해 현실적으로 실현된 계산 능력을 습득한다. 그런 뜻에서 이 두 번째 의미에서의 계산 능력(dynamis)은 배우는 과정의 계산 활동(energeia)으로부터 생겨난다.

263 현실적인 것이 실체에서 가능적인 것에 앞선다는 말은, 현실적인 것은 가능적인 것보다 더욱 실재적이고 완성된 실체라는 말이다.

264 식물의 씨나 사람의 씨(정액)는 어떤 의미에서는 형상을 갖추고 있다. 하지만 가능적인 의미에서 그럴 뿐이다. VII 9, 1034a 33 ff.와《동물의 생성에 대하여》II 1, 735a 5 ff.를 참고하라. 졸고,〈생성 이론〉, 115쪽 아래도 함께 참고하라.

성은 끝을 위해서 있기 때문이다[265]), 현실적인 것은 목적이요 이것을 위해서 가능적인 것이 〔10〕 취해진다. 왜냐하면 동물들이 보는 것은 시각을 갖기 위해서가 아니라 거꾸로 그들은 보기 위해서 시각을 갖는 것이고, 마찬가지로 집을 짓는 기술은 집을 짓기 위해서 있으며 이론적인 지식은 이론적인 활동을 위해서 있는 것이지, 이론적인 지식을 갖기 위해서 이론적인 활동을 하는 것이 아니니, 연습을 하는 사람들의 경우를 제외하면 그런 경우는 없다. 하지만 이들은 실제로 이론적인 활동을 하는 것이 아니고 어떤 제한된 뜻에서 그렇게 할 뿐이다.[266] 〔15〕 (iii) 더욱이 질료가 가능적으로 있는 것은 형상에 도달할 수 있다는 사실 때문이며, 현실적으로 있게 되면 그때 질료는 형상 안에 있다. 운동이 최종 목적인 다른 경우에도 이와 같아서, 가르치는 사람들은 학생이 현실적으로 연구 활동을 하고 있는 것을 보이

---

265 'telos'는 본래 끝을 뜻한다. 생성은 끝에 오는 것에 도달하기 '위해서' 진행된다. 그런 뜻에서 생성 과정의 끝은 생성 과정의 목적이다. 이를테면 아이가 자라나 어른이 되는 성장 과정의 경우 어른은 성장 과정의 끝이자 동시에 그 과정의 목적인데, 그 까닭은 성장 과정은 어른이 되기 '위해서' 있기 때문이다. 한편 이런 뜻의 목적은 성장 과정이 시작될 때부터 이미 그 과정의 지향점으로 놓여 있었던 것이다. 그래서 성장 과정의 끝은 동시에 그 과정의 시작(archē)이기도 하다. VII 7의 기술적 제작의 예와《동물의 부분에 대하여》I 1, 640a 18 ff.를 참고하라. 생명체의 생성 과정이 어떻게 목적을 중심으로 진행되는지에 대해서는 졸고, 〈생성 이론〉, 108쪽 아래를 함께 참고하라.

266 1050a 14의 "hē oti ouden deontai theorein"은 빼고 읽었다. 이 말의 뜻은 분명하지 않다. 이 구절에 대한 해석의 어려움에 대해서는 Ross, *Metaphysics* II, p. 264를 참고하라.

고 나서야 끝을 보여주었다고 생각하는데, 자연도 이와 마찬가지이다. 왜냐하면 만일 그렇지 않다면, 그 경우는 (20) 파우손의 헤르메스와 같게 될 터이기 때문인데, 학문적인 인식은 그 조각 상처럼 안에 있는 것인지 밖에 있는 것인지 분명치 않겠기 때문이다.[267] 그러니까 작용(작품, ergon)은 목적이요, 현실적인 것(energeia)은 그 작용이니, 그런 까닭에 'energeia'라는 이름은 'ergon'에서 파생되어서 완성된 것(entelecheia)을 가리키게 되었다.[268] (iv) 어떤 경우에는 활용(chrēsis)이 마지막에 오는 것이고(이를테면 시각의 경우에는 보는 활동이 그런데, 시각 작용으로부터는 그 작용 자체와 다른 어떤 것도 생겨나지 않는다), (25) 어떤 경우에는 무언가 생겨나는 것이 있지만(이를테면 집을 짓는 활동으로부터는 집짓기 활동과 별도로 집이 생겨난다), 어쨌건 앞의 경우에는 활용이 목적이고, 뒤의 경우에는 활용이 가능성보다 목적에 더 가까우니, 그 까닭은 집짓기는 지어지는 대상 안에 있고 집과 동시에 생겨나고 있기 때문이다.[269] (30) 활용과

---

267 조각가 파우손은 돌을 쪼아서 헤르메스를 조각해 넣었는데, 겉보기에는 마치 돌에서 솟아나온 부조(浮彫)처럼 보였다. 마찬가지로 어떤 사람이 학문적인 활동을 하고 있지 않다면, 그가 학문적인 지식을 갖고 있는지 그렇지 않은지를 알 수 없다는 말이다.

268 엄밀하게 말해서 'energeia'는 능력의 현실적인 작용(activity) 또는 능력의 실현(현실화, actualization)을 뜻하는 반면, 'entelecheia'는 현실화의 결과인 작용 또는 활동의 상태(actuality)나 완성의 상태(perfection)를 가리킨다. 'entelecheia'는 'to enteles echon(완성을 가진)'이나 'entelōs echon(완성된 상태에 있는)'으로부터 만들어낸 추상 명사로 보인다. Ross, *Metaphysics* II, pp. 245 f.를 참고하라.

별도로 다른 어떤 생겨나는 것이 있는 경우, 현실적 작용(energeia)은 만들어지는 것 안에 있다(이를테면 집짓기는 건축되는 것 안에 있고 직조는 직조되는 것 안에 있으며, 다른 모든 것들의 경우도 이와 같아서 일반적으로 말하자면 운동은 운동하는 것 안에 있다). 반면 현실적 작용과 별도로 다른 어떤 결과물(작품, ergon)이 없는 경우, 〔35〕현실적 작용은 그런 작용들 자체 안에 있다(이를테면 보는 활동은 보는 자 안에 있고 이론적인 관조 활동은 관조하는 자 안에 있고 〔1050b〕삶은 영혼 안에 있고 따라서 행복도 그런데,[270] 왜냐하면 행복은 어떤 성질을 가진 삶이기 때문이다). (v) 그러므로 분명 실체와 형상은 현실적인 것(energeia)이다. 그런 설명에 따르면, 현실적인 것은 분명 실체에 있어서 가능적인 것에 앞서며, 이미 말한 바와 같이 현실적인 것이 하나 있으면 〔5〕항상 그것에 시간적으로 앞서는 다른 현실적인 것이 있으니, 이는 가장 앞선 것이면서 영원히 운동을 낳는 것의 현실성으로까지 이어진다. (b) 그러나 현실성은 보다 엄밀한 뜻에서도 그런데,[271] (i) 왜냐하면 영원한 것들은 실체에 있어서 소멸하는 것들에 앞서고, 영원한 것은 결코 가능적으로 있지 않기 때문이다. 그에 대한 설명은 이렇다. 모든 가능성은 동시에 대립(anti-

---

269 운동이 운동하는 물체 안에 있듯이, 집짓기 활동은 지어지는 집 안에 있다. 집을 짓는 활동은 아직 그 목적인 집을 만들어내는 데까지는 이르지 못했지만, 그럼에도 불구하고 집을 지을 수 있는 능력의 상태와 비교해보면 그 활동의 최종 목적에 더 가까이 있다.

270 《니코마코스 윤리학》 I 8, 1098b 12-22를 참고하라.

271 보다 엄밀한 뜻에서 보아도 현실적인 것이 가능적인 것에 앞선다.

phasis)의 가능성인데, 그 까닭은 어떤 것에 속할 가능성이 없는 것은 〔10〕 어떤 것에도 속할 수 없으나,[272] 가능적인 것은 모두 현실적인 상태에 있지 않을 수 있기 때문이다. 그래서 있을 가능성을 가진 것은 있을 수도 있고 있지 않을 수도 있으며, 그 때문에 동일한 것이 있음과 있지 않음의 가능성을 공유한다. 한편 있지 않을 가능성을 가진 것은 있지.않을 수 있으며, 있지 않을 수 있는 것은 소멸할 수 있으니, 무제한적인 뜻에서 그럴 수도 있고, 어떤 것이 〔15〕 있지 않을 수 있다고 말할 때 우리가 고려하는 어떤 제한된 측면에서, 즉 장소에서나 양에서나 질에서 그럴 수도 있는데, 무제한적인 뜻에서 그렇다는 말은 실체에서 그렇다는 말이다. 그러므로 무제한적인 뜻에서 소멸하지 않는 것들 가운데 어느 것도 무제한적인 뜻의 가능성을 갖지 않으니(그렇다고 해도 특정한 측면에서는, 예를 들어 양에서나 장소에서는 변화를 겪을 수 있다), 그 모두는 현실성의 상태에 있다. (ii) 필연적으로 있는 것들도 모두 이와 같다[273](하지만 이런 것들은 첫째가는 것들인데, 그 까닭은 그것들이 없다면, 아무것도 없겠기 때문이다). 〔20〕 (iii) 영원한 것이 있다면, 운동은 없을 것이고, 영원한 운동체가 있다면, 그때도 마찬가지인데, 그것은 어디에서 와서 어디로 움직인다는 뜻을 제외하고는(그런 운동의 질료[274]가 있는 것을 가로막

---

[272] 있을 가능성이 전혀 없는 것은 현실적으로도 있을 수 없다.

[273] 예컨대 XII 7, 1072b 7 f.에 따르면 "운동을 낳지만 그 자신은 운동하지 않고 현실적인 작용 가운데 있는 것이 있다면, 그것은 어떤 방식으로도 달리 있을 수 없다."

는 점은 없다) 다른 운동의 가능성을 갖지 않는다. 이 때문에 해와 별들과 하늘 전체는 항상 현실적으로 작용하는데, 자연 철학자들이 걱정하듯이, 하늘이 멈추지 않을까 하는 걱정은 할 필요가 없다.[275] 그것들은 지칠 줄 모르고 움직이는데, 〔25〕 그 까닭은 그들의 운동은 가멸적인 것들처럼 대립의 가능성에 매어 연속적인 운동에 힘겨워하는 일이 없기 때문이니, 그런 사태의 원인은 실체가 현실적인 작용이 아니라 질료와 가능성인 데 있다.[276] (iv) 변화 속에 있는 것들, 예컨대 흙과 불도 불멸하는 것들을 모방한다(mimeitai). 왜냐하면 그것들 또한 항상 현실적으로 작용하기 때문인데, 〔30〕 그것들은 그 자체로서(kath' hauta) 자기 안에 운동을 지니고 있다. 이미 논의한 다른 가능성들은 모두 대립의 가능성인데(왜냐하면 어떤 방식으로 운동할 수 있는 것은 그런 방식으로 운동하지 않을 가능성을 갖고 있기 때문이다), 이성적인 능력들이 그렇고, 똑같은 비이성적인 능력들은 그것들의 있고 없음에 따라 반대 결과를 낳을 수 있다. 그러므로 만일 변증론자들이 이데아들이라고 부르는 것과 같은 종류의 본성들이나 실체들이 있다면, 학문 자체보다도 훨씬 더 학문적인 것이 있을 것이고

---

274 이런 질료를 일컬어 VIII 1, 1042b 6에서는 '장소 이동 능력을 가진 질료'(hylē topikē)라고 부른다.

275 엠페도클레스를 두고 하는 말이다. 《천체에 대하여(De caelo)》 II 1, 284a 24를 참고하라.

276 동물, 식물, 사람과 같은 가멸적인 감각적 실체들은 본질적으로 질료를 포함하며, 그에 따라 있음과 있지 않음의 가능성을 함께 가지고 있다. VII 7, 1032a 20 ff.를 보라.

운동 자체보다도 훨씬 더 운동하는 것이 있을 것이니, 왜냐하면 이것들이 더 높은 정도로 현실적인 것들(energeiai)이며, 학문 자체나 운동 자체는 그런 현실성에 대한 가능성들이기 때문이다.

(4.) 그렇다면 현실성은 가능성뿐만 아니라 모든 변화 가능한 원리에 앞섬이 분명하다.

IV

《형이상학》의 신학

《형이상학》에서 '탐구되는 학문'이 보편적 존재론과 신학의 성격을 함께 갖는다는 사실은 이미 앞에서 지적한 바 있다.[1] 아리스토텔레스 형이상학의 이런 양면성을 보여주는 동시에 실체를 둘러싼 존재론적인 탐구가 어떻게 영원하고 부동적인 실체인 신에 대한 신학적 논의과 결합되는지를 분명하게 보여주는 것은 《형이상학》 XII권(Δ)이다.

XII권은 크게 두 부분, 전반부(1장-5장)와 후반부(6장-10장)로 나뉜다. 전반부는 감각적 실체들의 원인과 원리들에 대한 자연 철학적 탐구 수준의 논의로 채워져 있다. 아리스토텔레스는 1장 서두에서 다음과 같이 말한다(1069a 19-21) : "우리의 이론은 실체에 대한 것이니, 그 까닭은 우리가 찾는 것은 실체의 원리들이요 원인들이기 때문이다. 왜냐하면 만일 온 세상이 어떤 전체라면 실체는 그것의 첫째 부분(prōton meros)이요, 또한 그것이 연속적인 계열에 의해서 있는 것이라면, 그런 경우에도 역시 실체는 첫째(prōton)요, 그 다음에 성질이 있고, 그 다음에 양이 있기 때문이다." 존재론적인 탐구의 맥락에서 실체에 대한 이론이 갖는 의미에 대한 이런 진술에 뒤따라 전개되는 감각적 실체의 원리들에 대한 분석의 내용은 '실체에 대한 책들'에 담긴 실체론의 범위를 벗어나지 않는다. 특히 VII권 7장-9장의 생성 이론의 축약된 형태를 우리는 XII권의 전반부에서 다시 만난다. 아리스토텔레스는 감각적 실체들을 주로 생성(genesis)의 관점에서 분석하면서, 생성의 세 가지 원인으로서 질료와 형상과 결여

---

1   위의 42쪽을 참고하라.

(sterēsis)를 든다. 그에 따르면 질료는 생성 및 변화 과정의 밑바탕에 놓여 있는 기체이자 변화 가능성의 담지자이다. 형상은 생성 과정의 지향점이자 어떤 적극적인 상태(hexis tis)로서, 그런 형상적 규정을 갖지 않는 결여의 상태와 대립된 위치에 있다. 질료와 형상과 결여가 감각적 실체들 안에 있는 내재적인 원리인 반면, 감각물의 바깥에 있으면서 그것을 생겨나게 하는 또 다른 원인이 있으니, 그것은 바로 운동인(to kinoun)이다. VII권의 생성 이론에서 그랬듯이, 아리스토텔레스는 질료와 형상과 관련해서는 그것들이 생겨나지 않는다는 사실을 강조하는 한편, 운동인에 대한 이야기에서는 VII권 8장에서 소개된 바 있는 생성의 동종성을 부각시킨다. 그런 뜻에서 그는 "사람이 사람을 낳는다"는 주장을 거듭 되풀이한다(1070a 8, a 27). 한편 아리스토텔레스는 4장 첫머리(1071a 31-33)에서 실체의 원리들과 다른 범주들의 원리들이 같은지 다른지의 문제를 논의한다. 그의 대답에 따르면 "서로 다른 것들의 원인들과 원리들은 어떤 의미에서는 다르지만, 만일 보편적(katholou)이고 유비적으로(kat' analogian) 말한다면 어떤 의미에서는 그것들은 모든 경우에 있어서 동일하다". 이 말의 뜻은 이렇다. 개별적 실체들의 원인에 해당하는 질료와 형상은 개별자마다 서로 다르며, 그것들을 있게 하는 운동인 역시 서로 다르다. 하지만 아킬레우스의 아버지와 소크라테스의 아버지가 모두 사람이라는 점에서 똑같듯이, 각 사람의 질료와 형상, 이를테면 몸과 영혼도 각각 개별적이지만, 그것들이 사람의 몸이요 사람의 영혼이라는 점에서 보면 보편적으로 동일하다. 그런가 하면 실체들의 원인들과 다른 범주에 속해 있는 것들의 원인들을 비교하면, 그것들 사이

에는 유비적 동일성이 있다.[2] 예컨대 사람과 색깔과 낮과 밤 사이에는 다음과 같은 비례 관계가 성립한다. 영혼 : 영혼의 결여 : 몸 = 하양 : 검정 : 표면 = 빛 : 어둠 : 대기. 이 비례식에서 세 비례항이 각각 형상과 결여와 질료에 해당하는 것임은 더 말할 필요도 없다.

그 대강을 살펴보면 확인할 수 있듯이, XII권의 전반부는 '실체에 대한 책들'에 담긴 실체론을 간추린 것 같은 내용을 담고 있다. 전통적으로 아리스토텔레스 연구의 권위자들은 그것이 신학적인 논의로 나아가는 길목에서 VII권-IX권의 실체론을 다시 한번 요약한 것으로 보곤 했다.[3] 하지만 오늘날 이런 견해를 그대로 받아들이는 학자들은 거의 없다. 요즘 통용되는 일반적 견해에 따르면, XII권은 VII

2　1071a 24-33에서 아리스토텔레스는 다음과 같이 말한다 : "나아가 만일 실체의 원인들이 만물의 원인이라고 하더라도 다른 것들은 서로 다른 원인들과 요소를 갖는다. 가령 색깔과 소리, 실체와 양처럼 동일한 류에 속하지 않는 것들의 원인들은 유비적인 뜻을 제외한다면 서로 다르며, 동일한 종에 속하는 것들의 원인들은 종적으로는 다르지 않지만 서로 다른 개별자들의 원인들은 서로 다르다는 의미에서, 즉 그것들에 대한 보편적인 정의 상에서는 그것들이 동일하지만 너의 질료와 형상과 운동인은 나의 것과 다르다는 뜻에서 서로 다르다. 그리고 우리가 실체와 관계들과 성질들의 원리들이나 요소들이 무엇인지를─그것들은 동일한지 다른지를─탐구한다면, 분명히 원인이라는 명칭들이 여러 가지 뜻으로 쓰일 때는 각자의 원인들이 동일하지만, 그러나 그 의미들이 구별된다면 그 원인들은 다음과 같은 의미에서 모든 것의 원인들이 동일하다는 점을 제외한다면 동일하지 않고 서로 다르다."

3　예컨대 Rolfes, *Metaphysik* 2, S. XIX와 Ross, *Metaphysics* I, p. lxxix을 참고하라.

권-IX권이 씌어지기 이전에 씌어진 '독립된 논고'이고 나중에야 이 것이 다른 글들에 덧붙여져 《형이상학》에 편입되었다.[4] 편입의 이유 는 분명하다. 실체를 중심으로 있는 것의 원인들과 원리들을 탐구하 려는 것이 아리스토텔레스 존재론의 의도인데, 신적인 실체 또는 실 체들은 그런 원인들 가운데 포함되어 있기 때문에, 그런 신적인 실체 를 다루는 XII권이 《형이상학》의 정점에 놓이게 되었다고 우리는 추 측할 수 있다.

본격적인 신학적 논의를 담은 XII권의 후반부 6장-10장은 훗날 서양 전통 형이상학의 원형적 문제들을 다룬다. 이 문제들에 대한 자 세한 논의는 우리 글의 범위를 넘어서는 일이기 때문에, 여기서는 세 가지 문제만을 간략하게 소개하는 데 만족해야겠다.

먼저 6장의 신 존재 논증부터 살펴보자. 오늘날까지 남아 있는 아리스토텔레스 대화편의 조각 글 가운데는 신의 존재에 대한 다양 한 형태의 논증들이 흩어져 있다. 그 가운데 하나는 대화편 《철학에 대하여(De philosophia)》의 다음과 같은 구절이다. "일반적으로 더 좋은 것이 있는 곳에는 가장 좋은 것도 있다. 그런데 있는 것들 가운 데 어떤 것은 다른 것보다 더 좋기 때문에, 결국 가장 좋은 것도 있어 야 한다. 이것이 바로 신적인 것(to theion)이 될 것이다."[5] 로스는 이

---

4 최근의 논의로는 M. Frede and D. Charles (edd.), *Aristotle's Metaphy-sics. Lamda. Symposium Aristotelicum*, Oxford 2000, p. 4를 보라. I. Düring, 앞의 책, S. 593도 함께 참고하라.

5 *De philosophia* Fr. 16 in: W. D. Ross (ed.), *Aristotelis Fragmenta Selecta* (OCT), Oxford 1955.

논증을 소개하면서 '존재론적 논증(ontological argument)'이라고 부르는데, 그런 이름이 얼마나 적절한지는 따로 따져볼 일이겠지만, 어쨌든 아리스토텔레스의 진술에서는 신의 관념이 최고 완전자의 관념과 결부되어 있는 것이 사실이다. 똑같은 대화편에서 찾을 수 있는 또 다른 논증은 세계의 질서로부터 질서의 부여자인 신으로 나아가는 '목적론적인 논증(teleological argument)'이다.[6] 이 논증은 회전 운동을 하는 하늘의 천체들, 규칙적으로 조화롭게 운동하는 행성들과 다른 별들, 그리고 지상의 생명체들이 만들어내는 질서로부터 그것을 있게 한 제작자(demiourgos)를 이끌어내는데, 이 논증은 기술적인 제작물로부터 기술자를 파악할 수 있듯이, 그의 그림자로부터 신을 파악할 수 있다는 생각에 토대를 두고 있다. 이런 존재론적 논증 및 목적론적 논증의 흔적을 우리는 신에 대한 XII권의 논의 여러 곳에서도 찾아볼 수 있지만,[7] 아리스토텔레스가 6장에서 내세우는 논증은 이른바 '우주론적인 논증(cosmological argument)'이다. 귀류법적인 형태를 취한 이 논증의 내용은 다음과 같다. 실체들은 있는 것들 가운데 첫째가는 것이므로, 실체들이 가멸적이라면, 결국 모든 것이 가멸적일 것이다. 하지만 운동도 시간도 생겨나거나 사라질 수 없다. 시간이 생겨나기 '이전'이나 시간이 사라진 '이후'를 생각할 수 없기 때문이다. 그런데 시간이 영원하다면, 운동 역시 영원해야 한

---

6 같은 곳, Fr. 13.

7 신은 최고선(to ariston)이자 목적(to hou heneka)으로서 등장한다. 예컨대 1072a 34-1072b 3과 1075a 11 ff.를 보라.

다. 왜냐하면 시간은 운동과 동일한 것이거나 운동의 어떤 상태이기 때문이다. 따라서 영원한 운동, 즉 원환 운동과 그런 운동을 하는 것(첫째 하늘)이 있어야 하고, 이 첫째 하늘의 운동을 낳으면서 그 자체로는 운동하지 않는 것이 있어야 한다. 시간과 운동의 영원성에 근거를 둔, 부동의 원동자로서의 신에 대한 이런 논증은 분명 옛 시절의 매력을 잃어버렸다. 하지만 전통 형이상학의 핵심 주제 가운데 하나로서 그것이 가진 철학사적인 의의는 결코 얕잡아 볼 수 없다. 또한 아크릴이 짧지만 조심스런 분석을 통해 보여주듯이, 그 논증의 근본 전제가 되는 두 가지 주장, 즉 시간에는 시작도 끝도 있을 수 없다는 주장이나 시간은 운동의 한 측면이라는 주장은 세계의 시원을 물을 때마다 우리가 부딪칠 수밖에 없는 영원한 문제들 가운데 하나이다.[8] 우리가 그 문제를 현실적인 문제로 여기지 않는다면, 정말 우리가 그 문제에 대한 해답을 갖고 있어서 그런지, 아니면 세계의 시원에 대한 물음의 의미를 망각해서 그런지 되물어보아야 할 것이다.

두 번째로 말해야 할 것은 신적인 사유에 대한 9장의 논의이다. 아리스토텔레스가 논증을 통해 도달한 '부동의 원동자(ti ho ou kinoumenon kinei)'(1072a 25)는 물질적인 존재가 아니다. 그것은 본성상 현실적인 작용(energeia)이기 때문에 가능성의 담지자인 물질 또는 질료를 전혀 갖지 않는다. 이런 비물질적 본성을 근거로 삼아 아리스토텔레스는 부동의 원동자에게 '우리 눈에 보이는 것들 가

---

8   J. L. Ackrill, *Aristotle the Philosopher*, Oxford 1981, pp. 129-131(=《철학자 아리스토텔레스》, 한석환 옮김, 서광사: 서울 1992, 240-243쪽).

운데 가장 신적인 것'(1075a 16), 즉 사유의 활동(noēsis)만을 인정한다. 하지만 이때 신의 사유 활동은 물론 인간의 사유 활동과 다르다. 인간의 사유 활동은 사유 능력이 사유 대상과의 만남을 통해 현실적인 활동으로서 실현되는 데서 성립하며, 그런 점에서 사유 대상에 의존한다. 하지만 신의 사유 활동은 어떤 가능성도 포함하지 않는 현실적인 사유 활동이고, 다른 대상을 생각하는 것이 아니라 자기 자신을 생각하는, '사유 활동에 대한 사유 활동' 또는 '사유의 사유(noēsis noēseōs)'이다. 다시 말해서 인간의 사유는 다른 대상을 사유하고, 그에 부수적으로 사유하는 자기 자신을 생각할 수 있을 뿐이지만, 신의 사유는 처음부터 다른 대상에 의존함이 없이 최고의 사유 대상인 자기 자신을 생각할 따름이다. 신적인 사유의 이런 자기 관계는 오랫동안 논란거리였다. 신은 다른 아무것도 생각하지 않고 오로지 자기 자신만을 생각하는가? —이 문제에 대해서는 두 가지 상반된 대답이 있다. 많은 아리스토텔레스 연구자들은 신의 사유를 자기 자신만을 대상으로 하는 절대적인 자기 관계로 이해한다. 하지만 이에 반대해서 토마스 아퀴나스(St. Thomas Aquinas)나 브렌타노(F. Brentano)는 신의 자기 관계가 타자 관계를 배제하지 않는 것으로 본다.[9] 그들

9   Thomas Aquinas의 입장은 다음과 그의 말로 압축된다 : "Nec tamen sequitur, quod omnia alia a se ei sunt ignota ; nam intelligendo se intelligit omnia alia(그렇지만 그에게는 자신과 다른 것 모두가 알려지지 않는다는 사실이 따라나오지는 않는다. 그는 자기 자신을 앎으로써 다른 모든 것을 알기 때문이다)." (In duodecim libros Metaphysicorum Aristotelis expositio, ed. M.R. Cathara, O.P. exarata retractatur cura et studio P.

에 따르면 신의 고유한 사유 대상은 물론 자기 자신이지만, 부수적으로는 자기에 의존해서 있는 것들 모두를 생각하는데, 건강을 생각하는 사람은 건강과 관련된 모든 것을 알고 나아가서는 건강의 부재 상태인 병에 대해서도 아는 것과 마찬가지 이치이다. 신의 사유 내용을 둘러싼 논쟁으로는 20세기 초반의 브렌타노와 쩰러(Ed. Zeller) 사이의 논쟁[10]과 그 후속편에 해당하는 20세기 후반기의 크래머(H. J. Krämer)와 �욀러(K. Oehler)사이의 논쟁[11]이 유명하다. 이 논쟁은《형이상학》에 대한 내재적 해석의 문맥을 떠나서도 그리스의 신 관념과 기독교적인 신 관념의 관계는 물론 서구의 '정신 형이상학(Geistmetaphysik)'의 흐름과 관련된 것으로서도 매우 흥미로운 것이다.[12]

Fr. Raymundi M. Spiazzi. O.P, Turin 1950, lib. xii. lect. xi.

10 이 논쟁의 자세한 내용에 대해서는 F. Brentano, *Aristoteles Lehre vom Ursprung des menschlichen Geistes*, Hamburg 1980, S. 121-141을 참고하라.

11 이 논쟁의 자세한 내용에 대해서는 K. Oehler, *Antike Philosophie und byzantinische Mittelalter. Aufsätze zur Geschichte des griechischen Denkens*, Mücchen 1969, S. 162-183을 참고하라. 여기 실린 글 'Zum Ursprung der Gestmetaphysik'에서 Oehler는, 아카데미아 학파나 신플라톤주의의 입장에 서서 신적인 사유는 '신 안에 내재한 실체들', 즉 55개의 지성체들을 생각한다고 주장하는 Krämer의 해석을 반박한다.

12 H. J. Krämer, *Der Ursprung der Geistmetaphysik: Untersuchungen zur Geschichte des Platonismus zwischen Platon und Plotin*, Amsterdam ²1967을 참고하라. Hegel의 정신 철학과 관련된 논의로는 예컨대 K. Gloy, 'Die Substanz ist als Subjekt zu bestimmen. Eine Interpretation der XII Buches von Aristoteles' Metaphysik', Zeitschrift für Philosophische

마지막으로 XII권의 신학을 다루면서 빼놓을 수 없는 논의 주제는 아리스토텔레스의 목적론이다. 아리스토텔레스는 XII권 마지막 장에서 세계의 본성이 어떤 방식으로 좋음 또는 선(to agathon)을 포함하고 있는가라는 물음을 제기한 뒤, 그 방식을 군대의 경우를 예로 들어 설명한다. 군대의 선이 군대 안의 편재된 질서 안에도 있지만 더 궁극적으로는 그 질서를 낳은 사령관에게 놓여 있듯이, 세계의 선역시 세계 안에도 있지만 최고의 선은 세계의 궁극적 원리인 신에게 있다고 아리스토텔레스는 말한다. 한편 세계의 내적 질서를 설명하면서 그는 또 다른 예, 즉 집안의 질서를 비유로 끌어들인다. 이 비유에 따르면 세계 안에 있는 것들의 결속 상태는, 마치 자유민들은 질서에 따라 정해진 일을 하지만 노예나 짐승들은 아무 일이나 닥치는 대로 하는 집안의 상태와 같다. 이 비유로써 아리스토텔레스는 세계 전체의 질서가 필연적인 법칙에 따라 규칙적인 운동을 하는 달 위 세계의 천체들과 우연적 변화에 내맡겨져 있는 달 아래 세계의 존재자들의 운동으로 짜여져 있다는 자신의 생각을 드러낸다. 아리스토텔레스가 생각하는 이런 관계, 특히 세계 안에 있는 질서는 어떻게 이해해야 할까? 군대의 비유는 세계의 내적인 질서가 합목적적인 질서이고 그 질서는 신의 계획의 소산이라는 생각을 갖게 한다. 이런 뜻에서 브렌타노는, 아리스토텔레스가 서로 다른 종류의 생명체들을 서로 목적적인 관계에 놓인 것으로 여기며, 그런 관계로 이루어지는 세계의 질서를 제작자의 의도 탓으로 돌린다고 해석한다.[13] 롤페스도

Forschung, Bd. 37, H. 4, 1983, S. 515-543을 참고하라.

이와 비슷한 해석을 제시한다.[14] 그러나 제작자의 의도에 의거한 세계의 목적적 관계를 상정하는 이런 해석은 얼마만큼 정당성을 인정받을 수 있을까? 물론 군대와 사령관의 비유나 집안의 비유는 그런 그리스도교적 해석의 여지를 남겨두고 있는 것이 사실이다. 하지만 그런 비유들에서 아리스토텔레스의 목적론에 대한 어떤 확정된 결론을 이끌어낼 수 있을지는 의심스럽다. 이와 관련해서 몇 가지 점들을 지적해야 할 것이다. 아리스토텔레스에 따르면 신은 최고선으로서 목적이고, 신에 이르기까지 '자연의 사다리(scala naturae)'가 있다. 달 아래 세계에서 네 요소, 식물, 동물, 사람의 등급이 있고, 달 위의 세계에도 그에 상응하는 등급이 있다. 하지만 이런 사다리의 위아래에 있는 것들 사이에 수단과 목적의 관계가 있다고 아리스토텔레스는 말하지 않는다. 이를테면 식물이 동물을 위해서 있고, 동물이 사람을 위해서 있고, 사람이 신을 위해서 있다는 식의 수단-목적 관계에 대한 관념은 아리스토텔레스에겐 없다. 물론 사람은 생존을 위해서 식물과 동물을 수단으로 이용할 수 있고, 동물도 식물을 그렇게 할 수 있다. 하지만 이런 수단과 목적의 관계는 어디까지나 사람 편에서 본 것이고, 동물 편에서 본 것에 불과하다. 아리스토텔레스에 따르면 식물이나 동물의 존재 목적은 사람에게 먹히는 데 있는 것이 아니다. 각 생명체는 저마다 고유한 목적을 가지고 있다. 그리고 이

---

13 F. Brentano, *Aristoteles und seine Weltanschauung*, Hamburg 1977, S. 72 f.

14 아래 311쪽의 주 67을 보라.

고유한 목적은 바로 신적인 영원한 삶에 참여하는 것이다. 이 참여는 본성에 따라 달리 실현된다. 예컨대 천체들은 영원한 운동을 통해, 땅 위의 생명체들은 종의 번식을 통해 영원한 삶에 도달하려고 한다.[15] 아리스토텔레스는 신을 정점으로 하는 이런 생존의 사슬이 신의 계획의 소산이라고는 말하지 않는다. 그것이 어디에서 오는지에 대해 그는 분명한 말을 하지 않는다. 그것은 '신적인 계획의 작용보다는 자연의 무의식적 목적론'[16]의 탓으로 돌리는 것이 더 아리스토텔레스의 본의에 맞을 것이다.

아리스토텔레스《형이상학》의 문제 중심적 탐구 성격(aporetic character)이 가장 잘 드러나는 곳은 바로 XII권이다. 우리는 거기서 많은 문제들이 미해결의 상태로 남겨진 듯한 인상을 받는다. 하지만 그런 점은 아리스토텔레스 신학 및 형이상학의 개방성을 보여주는 것이기도 한다. 아리스토텔레스의 신학은 굵은 원주들에 둘러싸인 열린 공간 바티칸 광장과 같다. 그것은 전통 형이상학의 신학적 사유가 시작되는 곳이요 그곳을 떠났던 사유가 다시 되돌아오는 곳이다. 아리스토텔레스 이후의 서구 형이상학의 역사가 이를 증명한다. 토마스 아퀴나스의 형이상학적 신학과 헤겔의 정신 철학을 우리는 그 대표적 사례로 손꼽을 수 있을 것이다.

---

15 이에 대해서는 《영혼론》 II 4, 415a 22 ff.; 《동물의 생성에 대하여》 II 1, 731b 18 ff.를 보라. 뒤의 구절에 대한 자세한 분석은 D.-H. Cho, *Ousia und Eidos*, S. 242 ff.를 참고하라.

16 Ross, *Metaphysics* I, cxxxi. Barnes, 앞의 책, pp. 73-76도 함께 참고하라.

1. 영원한 원동자의 존재와 작용

《형이상학》 XII권 6장-7장

    《형이상학》 XII권 6장은 신학적인 논의를 여는 장이다. 이 장에서 아리스토텔레스는 운동의 영원성을 전제로 삼아 그것을 가능하게 하는 궁극적인 원리로서 '영원하고 부동적인 실체(aidios tis ousia akinētos)'의 존재를 증명하고, 뒤이어 7장에서는 그런 실체의 본성과 작용 방식을 해명한다.

    6장은 영원하고 부동적인 실체의 존재에 대한 다음과 같은 주장으로 시작한다(1071b 3-5) : "실체에는 세 종류가 있는데 둘은 자연적인 것들이고 하나는 부동적인 것이기 때문에, 뒤의 것과 관련해서 우리는 영원하고 부동적인 어떤 실체가 있어야 한다고 말해야 한다." 모든 것이 어떤 시점에서 생겨났고 또 어떤 시점에서 없어지리라고 생각할 수 없는 이유는 무엇인가? 아니, 설령 세계 안에 있는 모든 것의 생성과 소멸 가능성을 받아들이지 않는다고 하더라도, 꼭 영원하고 부동적인 실체의 존재를 요청해야 하는 이유는 무엇인가? 왜 아리스토텔레스는 영원한 실체의 존재를 내세우는 데 그치지 않고, 영원하면서 운동하지 않는 실체의 존재를 요청하는가? 1071b 5부터 1072a 26까지의 부분은 이런 물음들에 대한 답변이다. 자연 세계의 운동은 영원해야 하고, 그렇기 위해서는 영원한 운동 가운데 있는 첫째 하늘(prōtos ouranos)이 있어야 하며, 첫째 하늘의 영원한 운동은 이 운동을 낳으면서 그 자체는 운동하지 않는 원리, 이른바 '부동의 원동자(ti ho ou kinoumenon kinei 또는 kinoun akinēton)'에 의존한다는 것이 논변의 뼈대를 이룬다. 하지만 부동의 원동자의 존재 증명을 구성하는 이런 주장들은 사이사이 삽입된 선대 철학자들에 대한 비판적 주장들과 뒤얽혀 다소 복잡한 형태를 띠게 된다.

부동의 원동자의 존재에 대한 증명이 여러 주장이 엮인 사슬과 같다면, 그 사슬의 첫째 고리는, 위에서 말했듯이, 운동의 영원성에 대한 주장이다. 아리스토텔레스는 운동의 영원성을 시간의 영원성과 결부시켜 주장하는데, 그 뜻은 대략 다음과 같다. 실체들은 있는 것들 가운데 첫째가는 것이므로, 실체들이 가멸적이라면, 결국 모든 것이 가멸적이겠지만, 사실 운동도 시간도 생겨나거나 사라질 수 없다. 만일 시간이 생겨나거나 사라질 수 있다면, 마땅히 시간이 생겨나기 '이전(prōteron)'이나 시간이 사라진 '이후(hysteron)'가 있을 터인데, 시간이 없이는 '이전'도 '이후'도 생각할 수 없다. 그런데 시간이 영원하다면, 운동 역시 영원해야 한다. 왜냐하면 시간은 운동과 동일한 것이거나 운동의 어떤 상태(pathos)이기 때문이다. 운동 가운데 연속적인 것은 장소 운동이고, 장소 운동 가운데는 원환 운동(kinēsis kyklōi)이 연속적이다.

이런 논증을 통해 운동의 영원성을 입증한 뒤 아리스토텔레스는 1071b 11-22에서 자신의 뒤나미스-에네르게이아 이론을 근거로 영원한 운동, 즉 원환 운동을 낳는 원리에 대한 논의로 말머리를 돌린다. 그에 따르면 그 원리는 현실적으로 작용하는 것일 뿐만 아니라 현실적인 작용(energeia)을 자신의 본질(ousia)로 갖는 것이어야 한다. 이로써 아리스토텔레스는 가능성 또는 잠재적인 능력(dynamis)을 가진 원리가 영원한 운동의 원리가 될 가능성을 단호히 배제한다. 단순히 운동을 낳을 수 있는 능력을 가진 것은 현실적으로 그 능력을 행사하지 않을 수도 있고, 그렇다면 운동도 없을 수 있다는 것이 그가 내세우는 이유이다. 이런 맥락에서 아리스토텔레스는 자연 세계에 본질적인 운동을 낳는 원리를 제시하지 않은 채 단순히 영원한 실체들을 가정할 뿐인 플라톤의 이데아론을 비판한다. 물론 현실적인 작용을 그 본질로 하는 원리는 질료를 가질 수 없다. 왜냐하면 질료는 본성상 이럴 수도 저럴 수도 있는 가능성의 원리이기 때문이다.

질료 없이 현실적인 작용을 본질로 갖는 원리를 내세우는 아리스토텔레스의 관점에서 보면, 카오스(chaos)나 밤(nyx) 또는 만물의 혼재 상태(homou panta chrēmata)를 우주의 시원에 두고 그런 상태로부터 우주의 발생을 주장했던 앞 세대의 신학자들이나 자연 철학자들의 생각도 그릇된 것이다. "만일 현실적으로 작용을 하고 있는 어떤 원인이 없다면, 어떻게 다른 것들이 운동을 부여받을 수 있을 것인가?"(1071b 28 f.) —이것이 그들에 대한 아리스토텔레스의 반문이다. 우주 생성의 원리를 밤이나 혼재된 만물에서 찾는 사람들은, 목수의 기술 없이 목재로부터 집이 생겨나고 씨의 작용 없이 흙에서 식물이 자라난다고 주장하는 것과 다를 바 없는 주장을 하고 있다고 아리스토텔레스는 비판한다. 레우키포스나 플라톤은 운동의 영원성을 내세웠다는 점에서 카오스나 밤 또는 없는 것으로부터 세계의 생성을 이끌어내려고 했던 사람들과 다르지만, 그들 역시 영원한 운동이 있는 이유나 그런 운동의 종류 및 본성에 대해 충분한 설명을 하지 못했다는 점에서 아리스토텔레스의 비판을 벗어나지 못한다. 반면 아낙사고라스와 엠페도클레스는 각각 정신(nous)이나 사랑(philia)과 미움(neikos)을 현실적인 작용을 원리로서 이끌어들이긴 하지만, 이들 또한 자신들의 주장을 일관되게 펼치지 못했으며, 그런 까닭에 비판의 대상이 된다.

1071b 11-22가 영원한 운동 원리의 본성을 밝히는 데 부정적인 방식으로(via negationis) 기여한다면, 이어지는 1072a 7-18은 보다 적극적인 방식으로 그 원리의 성격을 밝힌다. 앞 부분의 비판적인 논의로부터 아리스토텔레스가 이끌어내는 주장은 다음과 같다(1072a 7-9) : "따라서 카오스나 밤이 무한한 시간 동안 있었던 것이 아니고, 만일 현실적인 것이 가능적인 것보다 앞선다면, 항상 똑같은 것들이 원환 운동 속에 있거나 아니면 그와 다른 방식으로 있었던 셈이다." 이 진술의 뒷부분은 그 뜻이 분명하지 않지만, 달 위의 세계에서 일어나는 천체들의 원환 운동과 달 아래 세계에서 일어나는 생성과 소멸의 순환을 염두에 둔 발언이라고 추측할 수 있다. 실제로 아리스토텔레스는 이어지는 진술에서 그 두 가지 형태의 운동을 명시적으로 언급하면서 각각의 운동의 원리를 제시한다. 똑같은 것이 겪는 원환 운동, 예컨대 천체들의 원환 운동의 원인은 똑같은 방식으로 작용을 하면서 항상 그대로 머물러 있는 것, 붙박이별들의 첫째 하늘이다. 생성과 소멸의 운동을 낳는 원인은 다른 방식으로 작용하는 것, 즉 태양이다. 달 위의 세계에서 일어나는 천체들의 원환 운동과 달 아래

세계에서 일어나는 동물과 식물들의 생성 및 소멸의 운동은 모두 이두 가지 원인 탓이다. 첫째 하늘은 다른 천체들은 물론 적도와 평행선을 그리는 태양의 운동을 낳는다. 한편 태양은 하루 거리 운동을할 뿐만 아니라 해를 주기로 황도대를 따라 운동을 하는데, 이에 따라 생성과 소멸이 일어난다.

6장에서는 운동의 영원성을 정립하고 영원한 운동을 낳는 것이첫째 하늘임을 확인했지만, 이것으로써 운동의 영원성에 대한 해명이 완결된 것은 아니다. 첫째 하늘 자체는 다른 천체들의 운동뿐만아니라―간접적으로―생성과 소멸의 운동까지 낳지만, 다른 한편으로는 그 자체도 운동하는 것이고, 따라서 첫째 하늘의 운동을 낳는또 다른 어떤 원인을 상정하지 않을 수 없다. 왜냐하면 운동을 하면서 운동을 낳는 것은 중간자(meson)이며, 그런 중간자인 첫째 하늘에서 영원한 운동에 대한 궁극적인 설명을 구할 수는 없기 때문이다.말하자면 운동의 궁극적인 원리로서 이제 첫째 하늘의 운동을 낳으면서도 그 자신은 운동하지 않는 원리가 있어야 한다. 이런 뜻에서아리스토텔레스는 7장 서두에서 첫째 하늘의 영원한 운동이 있음을확인한 뒤 이렇게 덧붙인다(1072a 24-26) : "따라서 그 운동을 낳는어떤 것도 있다. 하지만 운동을 하면서 운동을 낳는 것은 중간자이기때문에…… 운동하지 않으면서 운동을 낳는 어떤 것, 영원하고 실체이며 현실적인 작용인 것이 있다." 하지만 이 부동의 운동인은 어떻게 첫째 하늘의 운동을 낳는가? 인용한 구절에 뒤따르는 7장의 나머지 부분(1072a 26 ff.)은 이제 그 자신은 운동하지 않으면서 다른 것을 운동하게 하는 원리의 작용 방식과 본성을 주제로 삼아 논의를 펼친다.

아리스토텔레스에 따르면 부동의 원동자가 운동을 낳는 방식은 욕구의 대상(to orekton)이나 사유의 대상(to noēton)이 운동을 낳는 것과 그 방식이 같다. 욕구의 대상이나 사유의 대상이 우리 안에 욕구와 생각을 일으키고 이것이 다시 신체의 운동을 낳듯이(《영혼론》 III권 10장, 433b 13 ff.를 참고), 부동의 원동자 역시 욕구의 대상이자 사유의 대상으로서 첫째 하늘의 운동을 낳고, 그럼으로써 세계 전체의 운동을 낳는다는 말이다. 부동의 원동자가 어떻게 동시에 욕구의 대상이자 사유의 대상이 되는지는 이어지는 논변(27-b1)에서 드러나는데, 그 논지는 다음과 같이 풀이할 수 있을 것이다. 욕구는 좋은 것을 지향한다. 이때 욕구의 대상이 되는 좋은 것은 겉보기에만 좋은 것일 수도 있고 실제로 좋은 것일 수도 있지만, 어쨌건 우리가 어떤 대상에 대해 욕구를 갖게 되는 것은 그것을 우리가 좋게 생각했기 때문이다. 그런 점에서 욕구의 시작은 생각 또는 사유(noēsis)이다. 그렇다면 어떤 것이 생각을 불러일으키는가? 피타고라스학파의 대립자 이론에 따르면, 사유의 대상은 두 축(systoichia)으로 갈라진다. 한 축에는 그 자체로서 사유되는 것들이 속하고, 다른 축에는 그렇지 않은 것들이 속한다. 예컨대 건강은 그 자체로서 사유의 대상이 되지만, 병은 건강의 부재 또는 결핍으로서 사유의 대상이 되는 것과 같은 이치이다. 그런데 그 자체로서 사유되는 것들 가운데 첫째가는 것은 실체이고, 실체들 가운데 첫째가는 것은 다시 단순하고 현실적인 작용 가운데 있는 실체이다. 바꿔 말하자면 사유의 첫째 대상은 단순하고 현실적인 실체라는 말이다. 이 사유의 첫째 대상은 욕구의 첫째 대상과 어떤 관계에 있는가? 그 둘은 일치한다. 왜냐하면 사유의 첫째 대상은 좋은 것과 같은 축에 놓여 있고, 어디서나 첫째가는 것은 가장 좋은 것이라 사유의 첫째 대상은 좋은 것을 추구하는 욕구의 첫째 대상이기도 하기 때문이다. 부동의 원동자가 사유와 욕구의 첫째 대상이라는 말은 달리 표현하면, 그것이 목적(to hou heneka)임을 말하는 것이지만, 여기서 말하는 목적은 우리가 일상 세계에서 말하는 목적과 다르다. 우리가 내세우는 목적은 일정한 과정을 통해 현실화되어야 하지만, 부동의 원동자는 그 자체로 존재하는 현실적 작용이기 때문이다. 그것은 세상에 작용을 하지만, 세상으로부터 작용을 받지 않는다. "그것은 사랑을 받음으로써 운동을 낳고, 나머지 것들은 운동을 함으로써 운동을 낳는다."(1072b 3 f.)

이제 부동의 원동자의 존재 방식을 다루는 1072b 14 ff. 부분으로 눈을 돌려보자. 여기서 아리스토텔레스는 부동의 원동자의 존재 방식을 몇 가지 특징을 들어 기술한다. 먼저 운동을 낳지만 그 자신은 운동하지 않고 현실적인 작용 가운데 있는 원리는 어떤 방식으로도 달리 있을 수 없다. 운동 가운데 첫째가는 것은 장소 운동이고 장소 운동 가운데 첫째가는 것은 원환 운동이며, 이런 운동을 하는 것은 첫째 하늘이지만, 부동의 원동자는 운동함이 없이 첫째 하늘의 원환 운동을 낳는다. 그것은 또한 달리 있을 수 없는 것이라는 점에서 어떤 우연성도 가지지 않는 필연적인 것이며, 좋은 상태에 있다. 그렇기 때문에 그것은 사유와 욕구의 대상이 되고 그럼으로써 운동을 낳는 원리, 하늘과 자연 세계 전체가 의존하는 원리이다. 또한 이 원리를 일컬어 아리스토텔레스는 최선의 생(diagogē)이라고 부른다.

이 말이 무엇을 뜻하는지는 인간 정신의 사유 활동과 신적인 사유 활동을 대비시켜 설명하는 1072b 18 ff. 구절의 설명에서 보다 선명하게 드러난다. 인간의 정신은 우선적으로 사유 대상을 수용하는 능력이다. 그리고 사유 대상을 소유함으로써 현실적인 상태에 놓이게 되며, 이때 정신은 사유 대상을 포착함으로써 자기 자신을 사유한다. 인간의 정신은 이처럼 능력으로부터 현실적인 사유의 상태로 이행함으로써 사유를 하기 때문에, 그의 사유는 영원한 것일 수 없다. 하지만 신적인 사유는 그렇지 않다. 신적인 정신은 언제나 사유 활동의 상태에 놓여 있기 때문이다. 이런 뜻에서 신에게는 사유 활동의 삶이 속하며 그 사유 활동이 바로 신이다. 물론 그것은 인간의 사유 활동과 비교할 수 없이 탁월하고 지속적인 것이기에, 사유 활동에서 이루어지는 신의 삶은 가장 좋고 영원한 삶이다. 그래서 "우리는 신이 영원하고 가장 좋은 생명체이며, 그래서 끊임없이 지속하는 영원한 삶이 신에게 속한다고 말하는데, 신은 바로 그런 존재이기 때문이다".(1072b 28-30)

아리스토텔레스는 이런 기술에 이어 최고의 아름다움과 최고의 선을 원리로 보지 않고 오히려 생성의 결과에서 찾은 피타고라스학파와 스페우시포스를 비판한 뒤, 1073a 5-13에서 6장과 7장의 논의를 요약한다. 즉 "영원하고 부동적이며 감각물들과 분리된 어떤 실체가 있다"는 사실, 그 실체가 어떠한 크기도 부분도 없는 불가분적인 것이라는 사실, 그것은 작용을 받지 않으며 불변한다는 사실을 아리스토텔레스는 증명된 것으로 다시 한번 확인한다.

《형이상학》 XII권 6장, 1071b 3-1072a 18

첫째 운동인이 있어야 할 필연성: 1. 운동과 시간의 항상성을 놓고 볼 때 영원하고 부동적인 실체(aidios ousia akinētos)가 있어야 한다. 2. 운동의 첫째 원리는 현실적으로 활동하는 것(energoun)이어야 한다. (a) 테제. (b) 이데아론의 무용성. (c) 그것의 본질은 잠재력(dynamis)이어서는 안 된다. (d) 그것은 질료(hylē) 없이 있어야 한다. 3. 잠재력은 현실적인 활동에 앞서는 것처럼 보인다. (a) 그에 대한 일상적인 생각과 (b) 옛날의 신론이나 자연 철학의 견해 (c) 현실적이고 영원한 활동에 대한 플라톤의 가정은 근거 없다. (d) 현실적 활동의 선행성. 4. 영원히 동일한 운동의 원인과 상이한 운동의 원인.

(1.) 실체에는 세 종류가 있는데 둘은 자연적인 것들이고 하나는 부동적인 것이기 때문에,[17] 뒤의 것과 관련해서 우리는 영원하고 부동적인 〔5〕 어떤 실체가 있어야 한다고 말해야 한다. 그 이유는 이렇다. 실체들은 있는 것들 가운데 첫째가는 것인데, 만일 그것들 모두가 가멸적이라면 모든 것이 가멸적일 것이다. 하지만 운동이 생겨나거나 사라지기란 불가능한 일이며[18](왜냐하면 그것은 항상 있었기 때

---

17 자연적인 실체들(physikai ousiai)과 부동적인 실체(akinētos ousia)의 구분에 대해서는 XII 1, 1069a 30 ff.와 《동물의 부분에 대하여》 I 5, 644a 22 ff.를 참고하라. 이렇게 자연적인 것과 부동적인 것을 대비시키는 근거는, 자연적인 것은 본성상 자기 안에 운동의 원리를 가지고 운동한다는 데 있다.

18 《자연학》 VIII 1-3을 참고하라.

문이다) 시간 역시 그렇다. 왜냐하면 시간이 없다면 먼저도 나중도 있을 수 없기 때문이다. 그래서 시간이 그렇듯이, 운동 또한 연속적인데, [10] 그 까닭은 그것은 운동과 동일한 것이거나 또는 운동의 어떤 상태이기 때문이다.[19] 장소 운동을 빼놓고는 어떤 운동도 연속적이 아니며, 장소 운동 가운데는 원환 운동이 연속적이다.[20]

(2.a) 하지만 운동하게 하거나 만들어내는 능력은 갖지만 현실적으로 작용을 하지 않는 어떤 것이 있다면, 운동은 있지 않을 것이다. 왜냐하면 잠재력(가능성, dynamis)을 가진 것은 현실적으로 작용하지(energein) 않을 수도 있기 때문이다. (b) 그래서 설령 우리가 형상들을 내세우는 사람들처럼 영원한 실체들을 내세운다고 하더라도, [15] 만일 그것들 가운데 변화를 낳을 능력을 가진 어떤 원리가 없다면, 아무 쓸모도 없을 것이다.[21] 아니, 실제로는 그런 원리[22]도, 형상들과 따로 떨어져 있는 다른 실체[23]도 충분하지 않으니, 그 까닭은 만

---

19 시간이 운동의 상태(pathos)라는 주장에 대해서는 예컨대《자연학》IV 10, 219b 2 ff.를 참고하라. 거기서 시간은 '앞뒤와 관련된 운동의 수'로 정의된다. 아리스토텔레스의 시간관에 대해서는 소광희,《시간의 철학적 성찰》, 문예출판사, 2002, 221-238쪽을 참고하라.

20 원환 운동(kinēsis kyklōi)의 연속성에 대해서는《자연학》VIII 8, 261b 27-263a 3; 264a 7-265a 12를 참고하라.

21 이데아론에 대한 VII 8, 1033b 26 ff.의 비판도 같은 맥락에 있다. 두 곳에서 모두 아리스토텔레스는 운동의 원리(archē)를 제시하지 못한다는 사실을 들어 이데아론을 비판한다.

22 변화의 원인이 될 수 있는 원리를 말한다.

23 이를테면 수학적인 대상들이 그런 실체에 해당한다.

일 그것이 현실적으로 작용하지 않는다면, 운동은 있지 않을 것이기 때문이다. (c) 또한 그것이 현실적으로 작용한다고 하더라도, 만일 그것의 실체가 가능성[24]이라면, 그것도 충분하지 않은데, 그 까닭은 그 경우 운동은 영원하지 않을 것이기 때문이다. 왜냐하면 가능적으로 있는 것은 있지 않을 수도 있기 때문이다. [20] 그러므로 현실적 작용(energeia)을 실체로 갖는 원리가 있어야 마땅하다. (d) 더욱이 그런 실체들은 질료 없이 있어야 마땅한데, 만일 무엇인가 영원한 것이 있다면, 바로 그것들이 영원해야 하기 때문이다.[25] 그러므로 그것들은 현실적으로 작용하는 것(energeia)이어야 한다.

(3.a) 그런데 난점이 하나 있다. 왜냐하면 일반적인 의견에 따르면 현실적으로 작용하는 것은 모두 작용할 능력이 있지만, 작용할 능력을 가진 것 모두가 현실적으로 작용하는 것은 아니며, 그 결과 가능성이 앞서는 것처럼 보이기 때문이다. [25] 그런데 만일 이것이 사실이라면, 있는 것들 가운데 어떤 것도 있지 않을 터이니, 그 까닭은 그것들은 있을 수 있는 가능성은 갖지만 결코 있지 않을 수 있기 때문이다. (b) 더욱이 세계가 밤으로부터 생겨났다고 말하는 신학자들의 말이 맞거나[26] 또는 "만물은 뒤섞여 있다"라고 말하는 자연 철학

---

24 원문의 'ousia'는 어떤 것의 실체, 즉 본질이라는 뜻의 실체를 가리킨다. 'dynamis'는 물론 잠재적 능력이라는 뜻의 가능성을 가리킨다.

25 질료는 본성상 있거나 있지 않을 수 있는 가능성을 갖고 있기 때문에(VII 15, 1039b 29 f.를 참고), 질료 없는 것만이 영원한 현실적 작용의 상태에 있을 수 있다.

자들의 말이 맞는다면,[27] 똑같은 불가능한 결과가 따라 나온다. 만일 현실적으로 작용을 하는 어떤 원인이 없다면, 어떻게 다른 것들이 운동을 부여받을 수 있을 것인가? [30] 왜냐하면 분명 목재(hylē) 자체가 자기 자신을 운동하게 하는 것이 아니라 목수의 기술이 그렇게 하며,[28] 경혈(頸血, epimenia)이나 흙도 자기 자신을 운동하게 하지는 못하고 씨나 정액이 그것들에 운동을 부여하기 때문이다.[29] (c) 그렇기 때문에 어떤 사람들, 예컨대 레우키포스와 플라톤은 영원한 현실

---

26 헤시오도스(Hesiodos)의 《신들의 탄생(Theogonia)》에 따르면 맨 먼저 생겨난 것은 '카오스'이며, 이에 뒤이어 다른 신들이 생겨난다(116-122). "맨 처음 카오스가 생겼고, 그런 뒤/가슴이 넓은 가이아, 모든 영원한 것들의 앉을 자리가 생겼으니,/곧 눈덮인 올림포스 산정에 거하는 죽지 않는 자들의 앉을 자리라./또한 안개 짙은 타르타로스가 생겼으니, 넓은 땅속의 외딴 구석에 있도다./또한 에로스, 죽지 않는 신들 가운데 가장 아름다운 신이 생겼는데,/(이 신은) 사지의 맥을 풀고 모든 신들과 모든 사람들의/가슴속에 든 생각과 사려깊은 뜻을 억누른다." 아리스토파네스(Aristopha-nes), 《새》 693 ff.(=Diels-Kranz, 1 A 12)에서는 오르페우스교의 우주 발생론을 다음과 같이 기술한다. "맨 처음에는 카오스와 밤과 검은 어둠과 넓은 타르타로스가 있었으나,/가이아도 아에르도 우라노스도 없었다. 검은 날개의 밤이 어둠의/끝없이 넓은 몸 속에 바람 알(風卵)을 낳았으니……/" 자세한 전거에 대해서는 Ross, *Metaphysics* II, p. 370의 주석을 참고하라. 《신들의 탄생》에서 카오스의 의미에 대해서는 졸고, 〈카오스와 헤시오도스의 우주론〉, 《철학》, 제71집, 2002, 51-74쪽을 참고하라.

27 아낙사고라스의 견해를 두고 하는 말이다. Diels-Kranz 59 B 1을 참고하라.

28 VII 9, 1034a 16 ff.를 참고하라.

29 VII 7, 1032a 25에 대한 주석을 참고하라.

적인 것을 내세우는데,[30] 그 까닭은 그들은 운동이 영원하다고 말하기 때문이다. 하지만 그것이 무엇 때문에 있고 어떤 것인지에 대해서 그들은 말하지 않으며, 또한 이렇게 〈또는〉 저렇게 있는 이유에 대해서도 말하는 바가 없다. 왜냐하면 [35] 우연히 운동이 이루어지는 경우는 없고, 언제나 (운동을 낳는—옮긴이) 어떤 것이 선재해야 하기 때문인데, 본성에 따라서는 어떤 것이 이러저러하게 움직이지만, 힘이나 정신이나 그 밖의 다른 어떤 것의 작용에 의해서는 그와 다른 방식으로 움직이는 것과 같은 이치이다. 더욱이 첫째가는 것은 어떤 성질을 갖는가? 이 문제에 대해서는 이루 따질 수 없을 정도의 의견 차이가 있다. 하지만 플라톤으로서는 [1072a] 그가 때때로 원리로 내세우는 것, 즉 스스로 운동하는 것이 (첫째가는 원리로서—옮긴이) 있다고 말할 수 없는데, 그 까닭은 그의 설명에 따르면 영혼은 나중에 오는 것이고 천체들과 동시적이기 때문이다.[31] (d) 그렇다면 가능성이 현실적인 것에 앞서 있다고 생각하는 것은 어떤 점에서는 옳지만, 어떤 점에서는 그렇지 않다(그 의미에 대해서는 이미 설명한 바 있다[32]). [5] 현실적인 것이 앞선다는 사실을 증거한 사람으로는 아낙사고라스가 있고(왜냐하면 그의 '정신(nous)'은 현실적인 작용이기 때문이다), 사

---

30 1071b 32의 'aei energeian'은 '영원한 현실적 작용'으로 옮길 수도 있을 것이다. 레우키포스와 플라톤에 대해서는 각각 《천체에 대하여》 III 2, 300b 8 ff.와 《티마이오스》 30A를 참고하라.

31 이 말은 플라톤의 《티마이오스》 34 BC를 염두에 둔 것인데, 이 구절에 따르면 영혼은 나중에 생겨난다.

32 앞의 1071b 22-26을 보라.

랑과 미움을 내세우는 엠페도클레스도 그렇고, 운동이 언제나 있다고 말하는 레우키포스도 그렇다.

(4.) 따라서 카오스나 밤이 무한한 시간 동안 있었던 것이 아니고, 만일 현실적인 것이 가능적인 것보다 앞선다면, 항상 똑같은 것들이 원환 운동 속에 있거나[33] 아니면 그와 다른 방식으로 있었던 셈이다. 그런데 똑같은 것이 [10] 항상 원환 운동 속에 있다면, 어떤 것[34]이 똑같은 방식으로 현실적인 작용을 하면서 항상 그대로 머물러 있어야 한다. 한편 생성과 소멸이 있으려면, 항상 다른 방식으로 현실적으로 작용하는 다른 어떤 것[35]이 있어야 한다. 그러면 이것은 불가불 어떤 방식으로는 자기 자신의 힘으로 작용하지만, 또 어떤 방식으로는 다른 어떤 것의 힘으로 작용할 수밖에 없으니, 결국 제3자[36]나 첫째가는 것(to prōton)이 그 다른 어떤 것에 해당할 것이다. 그런데

---

33 '항상 똑같은 것들의 원환 운동'이란 엠페도클레스가 말한 4원소의 원환 운동을 가리킨다는 것이 일반적인 생각이다(《천체에 대하여》 I 9, 279b 14와 《자연학》 VIII 1, 250b 26을 참고). 하지만 뒤따르는 진술과 관련지어보면 오히려 천체들의 영원한 원환 운동을 염두에 둔 표현이라고 보아야 옳을 듯하다. Leo Elders, *Aristotle's Theology. A Commentary on Book Δ of the Metaphysics*, Assen 1972, pp. 155f.를 참고하라.

34 붙박이별들의 하늘을 가리킨다. 이 하늘의 회전에 따라 다른 천체들의 원환 운동이 일어난다.

35 태양을 가리킨다. 태양은 해마다 황도대를 따라 운동하고 날마다 적도와 평행선을 그리면서 운동한다. 앞의 운동은 생성과 소멸의 원인이다. XII 5, 1071a 15 f.을 참고하라.

36 태양도 첫째 하늘도 아닌 제3의 어떤 것을 말한다.

그것은 불가불 첫째가는 것에 의존할 수밖에 없으니, 왜냐하면 그렇지 않다면 제3자로 설정된 것이 〔15〕 그것의 운동의 원인이 될 뿐만 아니라 그 제3자에 대해서도 운동의 원인이 또 있을 것이기 때문이다. 그러므로 첫째 작용인이 그런 것이 더 나으니,[37] 그 까닭은 그것은 언제나 똑같은 방식으로 이루어지는 운동의 원인이었으며, 다른 방식으로 이루어지는 운동의 원인은 다른 어떤 것이었고, 그 둘이 언제나 다른 운동의 원인임이 분명하다. 그러므로 여러 운동들은 이런 방식으로 이루어진다. 그렇다면 왜 다른 원리들을 찾을 필요가 있다는 말인가?[38]

《형이상학》 XII권 7장, 1072a 19-1073a 13

첫째 운동인의 본성과 작용 방식: 1. 첫째 하늘(prōtos ouranos)의 영원성과 끊임없는 원환 운동. 2. 부동의 원동자: (a) 그 존재의 필연성. (b) 작용 방식: 그것은 사유 대상(noēton)이자 욕구 대상(orekton)으로서 운동을 낳는다. (c) 목적(telos)으로서 부동적인 것. 3. 부동의 원동자와 원환 운동. (a) 움직여지는

---

37 아리스토텔레스는 태양의 운동을 첫 번째 것, 즉 첫째 하늘의 운동 탓으로 돌리는 것을 더욱 '경제적인 가설(economical hypothesis)'(Frede)로 여긴다. M. Frede and D. Charles(edd.), 앞의 책, p. 32를 참고하라.

38 이데아들을 내세웠던 플라톤주의자들을 겨냥한 반문이다. 이미 VII 16에서 보았듯이, 아리스토텔레스는 이데아들이 아닌 달 위 세계의 천체들을 영원한 실체들로 내세운다.

것은 다른 방식으로도 있을 수 있다. (b) 운동함이 없이 운동을 낳는 것은 다른 방식으로는 있을 수 없다. (c) 그런 까닭에 그것은 필연적이고 선하다. 4. 부동의 원동자의 삶. (a) 즐거움을 수반하는 지속적인 활동. (b) 정신(nous)은 최선의 것, 즉 자기 자신을 생각한다. (c) 그의 활동은 최선의 영원한 생이다. 5. 최선은 원리 안에 포함되어 있지 않다는 견해에 대한 반박. 6. 요약.

(1.) 이것이 문제에 대해 있을 수 있는 설명이고, 그렇지 않을 경우, 세계는 밤이나 [20] '혼재된 만물'이나 있지 않은 것으로부터 유래할 것이기 때문에,[39] 난점들은 해결된 것으로 볼 수 있을 것이다. 그리고 끊임없는 운동 속에서 항상 운동하는 어떤 것이 있고, 원환 운동이 바로 그런 운동이기 때문에(이는 논리적으로 보나 실제적으로 보나 분명하다), 결국 첫째 하늘은 영원할 것이다.[40]

(2.a) 따라서 그 운동을 낳는 어떤 것도 있다. 하지만 운동을 하면서 운동을 낳는 것은 중간자이기 때문에…… 결국 [25] 운동하지 않으면서 운동을 낳는 어떤 것, 영원하고 실체이며 현실적인 것이 있다. (b) 그런데 욕구의 대상과 사유의 대상은 그런 방식으로 운동을 낳는데, 그것들은 운동하지 않으면서 운동을 낳는다. 욕구의 첫째 대상과 생각의 첫째 대상은 서로 똑같다. 왜냐하면 겉보기에 좋은 것은 욕구의 대상이 되지만, 이성적인 바람의 첫째 대상(boulēton prōton)

---

39 오르페우스교와 아낙사고라스의 우주 발생론 따위를 겨냥한 말이다.

40 첫째 하늘(prōtos ouranos)이란 붙박이별들의 천구를 말한다. 이 천구는 우주의 가장 바깥을 둘러싸고 있기 때문에 첫째 하늘이라고 불린다.

은 실제로 좋은 것이기 때문이다. 우리가 욕구를 갖기 때문에 좋게 생각되는 것이 아니라, 좋다고 생각하기 때문에 우리가 욕구를 갖게 되는 것이니, [30] 그 까닭은 생각[41]이 시초(archē)이기 때문이다. 그러나 정신(nous)은 사유 가능한 것에 의해 운동하게 되는데, 대립쌍들의 한 축은 그 자체로서 사유 가능하고,[42] 실체는 그 가운데 첫째가는 것이며, 실체 가운데는 단순하고 현실적인 작용 가운데 있는 것이 첫째가는 것이다(하나인 것과 단순한 것은 똑같지 않은데, 그 까닭은 하나는 척도를 가리키고, 단순하다는 것은 어떤 것의 존재 방식을 가리키기 때문이다). 그러나 좋은 것과 [35] 그 자체 때문에 선택되는 것은 같은 축에 속하며, 어떤 부류에서나 첫째가는 것이 항상 가장 좋은 것이거나 [1072b] 그에 해당하는 것(analogon)이다. (c) 하지만 목적인(to hou heneka)이 운동하지 않는 것들에 속한다는 사실은 그 의미 구분에 의해 분명하게 드러나는데, 목적에는 어떤 활동을 통해 실현되는 것과 어떤 활동의 지향점이 있으니,[43] 그 가운데 뒤의 것은

---

41 원문의 'noēsis'를 '생각'으로 옮겼다. 아래에서는 이 말을 맥락에 따라 '생각', '사유' 또는 '사유 활동' 등으로 옮긴다.

42 아리스토텔레스는 I 5에서 피타고라스학파의 대립자 이론을 다루면서, 이 학파가 내세운 두 축(systoichia)의 대립자들을 소개한다. 그에 따르면 한정자-무한정자, 홀수-짝수, 하나-여럿, 오른쪽-왼쪽, 남자-여자, 정지-운동, 직선-곡선, 빛-어둠, 좋은 것-나쁜 것, 정방형-장방형이 서로 대립을 이루는 열 개의 쌍이다. 아리스토텔레스의 주장에 따르면, 이 대립자들 가운데 하나는 그 자체로서 실질적인 내용을 가진 것이고 다른 것은 그 내용의 결여태이다. 그래서 앞의 것은 그 자체로서 사유 가능하다.

운동하지 않는 것들에 속하지만, 앞의 것은 그렇지 않다. 그것은 사랑을 받음으로써 운동을 낳고, 나머지 것들은 운동을 함으로써 운동을 낳는다.

(3.a) 그런데 어떤 것이 운동을 한다면, 그것은 [5] 달리 있을 수도 있다. 그러므로 그것의 현실적인 작용이 첫째 형태의 장소 운동이라면,[44] 그런 상태에서 운동을 하는 한, 그것은 달리 있을 수 있다. 즉 실체에 있어서가 아니라면 장소에 있어서 달리 있을 수 있다.[45] (b)

---

43   1072b 2 f.의 'tini to hou heneka <kai> tinos'를 Ross는 '(a) some being for whose good an action is done, and (b) something at which the action aims'로 옮겼는데, 적절한 우리말 번역을 찾기는 어렵다. 하지만 이 구분을 내용에 따라 풀이하면, 그 의미는 이렇다. 두 가지 활동, 예컨대 생각과 산책을 비교해보자. 두 활동 모두 그것들이 겨냥하는 것, 즉 지향점 및 목적이 있다. 생각의 지향점은 생각의 대상이고, 산책의 지향점은 건강이다. 산책의 목적인 건강은 산책을 함으로써 얻어지며, 그렇기 때문에 산책은 건강에 유용하다. 반면 우리가 어떤 대상을 지향해서 생각을 한다면, 이때는 사정이 다르다. 생각의 대상은 생각의 지향점이지만, 그 대상 자체가 생각에 의해 어떤 유익을 얻지는 않기 때문이다. 이런 구분에 따르면 건강은 tini to hou heneka의 의미에서 산책의 지향점 또는 목적이고, 사유의 대상은 to hou heneka tinos의 뜻에서 사유의 목적 또는 지향점이다. 목적 개념의 이런 구분에 대해서는 W. Kullmann, *Die Teleologie in der aristo-telischen Biologie*, Heidelberg 1979, 특히 S. 31-37과 같은 저자의 논문 'Different Conceps of the Final Cause in Aristotle', in: A. Gotthelf (ed.), *Aristotle on Nature and Living Things*, Bristol 1985, S. 169-175를 참고하라.

44   1072b 5는 Ross를 따라 "...hōste ei [hē] phora prōtē hē energeia estin..." 으로 읽었다.

그러나 운동을 낳지만 그 자신은 운동하지 않고 현실적인 작용 가운데 있는 것이 있다면, 그것은 어떤 방식으로도 달리 있을 수 없다.[46] 왜냐하면 장소 운동은 변화들 가운데 첫째가는 것이요, 장소 운동 가운데는 원환 운동이 첫째가는 것이기 때문이다.[47] [10] 이것은 바로 그것[48]에 의해 운동을 부여받는다. (c) 그것은 필연적으로 있는 것이며,[49] 필연적인 한에서 그것은 좋은 상태에 있으며,[50] 그런 뜻에서 시초(archē)이다. 왜냐하면 필연적인 것에는 여러 가지 종류가 있으니, 그것은 어떤 때는 내적인 운동력(hormē)에 반대되는 강제에 의한 것을, 어떤 때는 좋은 것이 있기 위해서 없어서 안 될 것을, 또 어떤 때

---

45 생성과 소멸은 겪지 않지만, 공간적인 운동은 한다는 말이다.

46 XII 2, 1069b 9 ff.에서 말하는 네 가지 종류의 변화, 즉 생성(genesis)과 소멸(phthora), 양의 증가(auxēsis)와 감소(phthisis), 질적인 변화(alloiōsis), 공간적 이동(phora)을 모두 벗어나 있다는 말이다.

47 첫째 운동인이 운동을 한다면, 그 운동은 첫째가는 것이어야 할 것이다. 그러나 그것은 첫째가는 운동, 즉 원환 운동을 낳을 뿐, 그 스스로 그 운동에 참여할 수는 없다. 왜냐하면 만일 그것이 그런 운동을 한다면, 그 첫째 운동인에 앞서 있으면서 그것에게 그런 운동을 부여해주는 다른 어떤 것을 또다시 상정해야 하기 때문이다. 이런 논변의 밑바탕에는 앞서 아리스토텔레스가 밝힌 생각, 운동하면서 다른 것을 운동하게 하는 것은 중간적인 것이라는 생각이 깔려 있다.

48 운동하지는 않으면서 현실적인 작용 또는 활동 가운데 있는 것을 말한다.

49 여기서 말하는 필연성은 부수성 또는 우연성과 반대되는 뜻의 필연성이다. 그것은 강제라는 뜻의 필연성이나 어떤 목적을 이루기 위해 필요 조건이 지니는 필연성과 다른 것이다. '필연성'(anankē)의 다양한 뜻에 대해서는 V 5, 1015a 20 ff.를 참고하라.

50 그것은 이랬다 저랬다 하는 것이 아니기 때문이다.

는 달리 있을 수는 없고 단 한 가지 방식으로만 있는 것을 가리키기도 하기 때문이다. 그러므로 하늘과 자연 세계는 그런 원리에 의존한다.

(4.a) 〔15〕 그것은 우리에게 짧은 시간 허락된 최선의 생이다.[51] 왜냐하면 (우리는 그럴 수 없지만) 그것은 영원히 그런 상태에 있기 때문인데, 그 까닭은 그것의 현실적인 작용(energeia)은 즐거움이기도 하기 때문이다(그리고 이런 이유 때문에 깨어 있음, 감각, 사유는 가장 즐거운 것이요, 희망과 기억은 그것들로 말미암아 즐거움을 준다). (b) 그리고 사유 활동 자체는 그 자체로서 가장 좋은 것과 관계하며, 가장 뛰어난 것은 가장 뛰어난 것과 관계한다. 그런데 정신은 사유 대상을 포착함으로써 자기 자신을 사유하는데,[52] 그 까닭은 정신은 대상과 접촉하고 사유하는 가운데 사유 대상이 되고, 결과적으로 정신과 사유 대상은 똑같은 것이 된다. 왜냐하면 사유 대상, 즉 실체를 수용하는 능력이 지성이요, 그것은 〔20〕 사유 대상을 소유함으로써 현실적으로 활동하기 때문이니, 따라서 수용 능력보다는 소유가 정신이 가지고 있는 것으로 보이는 신적인 것이며, 관조 활동[53]은 가장 즐겁고 가장 좋은 것이다. 그런데 만일 〔25〕 우리가 한순간 누리

---

51 원문의 'diagōgē'란 어떤 것에도 매이지 않은 여가의 삶을 말한다. I 1, 981b 18을 참고하라. 더욱 자세한 뜻에 대해서는 《정치학》 VII 15, 1334a 16 ff.를 참고하라.

52 인간의 정신 활동이 그렇다. 아리스토텔레스는 먼저 인간의 정신 활동을 분석하고 이를 실마리로 삼아 신적인 정신의 사유 활동을 설명해내려고 한다.

53 'theōria'의 의미에 대해서는 982a 29에 대한 주석을 참고하라.

는 좋은 상태를 신이 항상 누리고 있다면, 이는 놀라운 일이요, 그 정도가 더하다면, 더욱 놀라운 일이다. 하지만 실제로 그렇다. (c) 그리고 신에게는 삶(zōē)이 속하는데, 그 까닭은 정신의 현실적인 작용은 삶이요, 그런 현실적인 작용이 바로 신이기 때문이다. 현실적인 작용은 그 자체로서 신에게 속한 것으로서, 가장 좋고 영원한 삶이다. 우리는 신이 영원하고 가장 좋은 생명체이며, 그래서 끊임없이 지속하는 [30] 영원한 삶이 신에게 속한다고 말하는데, 신은 바로 그런 존재이기 때문이다.

(5.) 피타고라스 학도들이나 스페우시푸스처럼, 식물들과 동물들의 시초들은 원인들이며 아름다움과 완전함은 그 원인들로부터 나오는 결과물들 가운데 있다는 이유를 들어, 가장 아름다운 것과 가장 좋은 것은 시초에 놓여 있지 않다고 가정하는 사람들은 잘못 생각하고 있다. 왜냐하면 씨는 그에 앞서 있는 다른 완전한 개별자들로부터 오며, [1073a] 첫째가는 것은 씨가 아니라 완전한 것이기 때문인데, 예를 들어 씨에 앞서 사람이 있다고 말할 수 있으니, 이때 말하는 사람은 씨에서 나온 사람이 아니라 씨의 출처가 되는 다른 사람을 가리킨다.[54]

---

54 현실적인 것이 현실적으로 있는 다른 것으로부터 나온다는 생각은 아리스토텔레스 생성 이론의 근본 전제이다. 그는 이를테면《동물의 생성에 대하여》II 1, 734b 19 f.에서 다음과 같이 말한다. "자연적으로 생겨나는 것이나 기술을 통해 생겨나는 것은, 현실적으로 있는 것(energeiai on)의 작용을 받아 가능적으로 있는 것(dynamei on)으로부터 생겨난다." IX 8, 1049b 17-27에도 같은 생각이 펼쳐진다.

(6.) 그러면 영원하고 부동적이며 감각물들과 분리된 어떤 실체가 있다는 것은 이제까지의 논의를 놓고 볼 때 〔5〕 분명하다. 동시에 이 실체는 어떠한 크기도 가질 수 없으며 부분이 없고 불가분적인 것이라는 점도 이미 밝혀졌다(그 이유는 이렇다. 그것은 무한한 시간에 걸쳐 운동을 낳는다. 그런데 어떤 유한자도 무한한 능력을 갖지 못한다.[55] 따라서 만일 모든 크기가 무한하거나 유한하다면, 그 실체는 위에서 말한 이유로 말미암아 유한한 〔10〕 크기를 가질 수 없을 것이며, 그렇다고 무한할 수도 없으니, 그 까닭은 무한한 크기란 결코 있을 수 없기 때문이다[56]). 한편 그것이 상태 변화를 겪지 않으며 불변하는 것이라는 점도 이미 분명해졌으니, 그 까닭은 다른 모든 변화는 장소의 변화 뒤에 오기 때문이다.[57] 어째서 사실이 그런지 그 이유는 분명하다.

---

55 《자연학》 VIII 10, 266a 24-b 6을 참고하라.

56 《자연학》 III 5와 《천체에 대하여》 I 5를 참고하라.

57 위의 1072b 7f.와 《자연학》 VIII 7, 260a 26-261a 26을 참고하라.

2. 신적인 정신 : 사유의 사유

《형이상학》 XII권 9장[58]

9장의 주제는 신적인 정신 또는 사유의 존재 방식이다. 첫머리에서 아리스토텔레스는 신적인 정신(nous)의 존재 방식과 관련된 몇

---

58 XII권 8장은 우리의 논의에서 제외한다. Jaeger에 따르면 XII권의 다른 부분과 달리 8장은 아리스토텔레스의 생애 말년에 씌어진 것이다(*Aristoteles. Grundlegung einer Geschichte seiner Entwicklung*, Berlin 1923, S. 366-392). 이 장에는 이른바 '지성체들(intelligences)'에 대한 신학적-천문학적 이론이 담겨 있다. 이 이론에 따르면 영원한 운동을 하는 것에는 첫째 하늘 이외에도 47개 또는 55개의 천구들(spheres)이 있는데, 아리스토텔레스는 달, 태양, 5개의 행성들 각각에 5-9개 씩의 천구들을 배당한다. 한편 그는 영원한 운동 가운데 있는 이 천구들 하나하나에 대해 부동의 원동자, 즉 그 자체로는 운동하지 않으면서 천구를 운동하게 하는 지성체를 배당하는데, 그 결과 47개 또는 55개의 지성체들에 대한 이론이 생겨난다. 다수의 부동의 원동자들에 대한 이런 이론이 XII권의 다른 주장들과 어떻게 조화를 이룰 수 있는지는 논란거리이다. 왜냐하면 아리스토텔레스는 XII권 10장에서 분명히 하나의 지배자만을 인정하는데, 이런 주장은 그의 지성체들에 대한 이론과 양립하기 어려워 보이기 때문이다. 이에 대한 최근의 논의로는 G. E. R. Lloyd, 'Metaphysics 8', in M. Frede and D. Charles (ed.), 앞의 책, pp. 245-274를 참고하라.

가지 난점들을 제기한 뒤 이어지는 부분에서는 그것들에 대한 가능한 대답을 찾는다.

당면한 난점들은 신적인 사유의 내용과 대상에 관한 것이다. 먼저, 신적인 정신이 아무것도 생각하지 않기란 불가능한 일이다. 그럴 경우 그것은 마치 잠자는 사람과 같아서 아무런 위엄도 가질 수 없기 때문이다. 하지만 만일 그것이 무엇인가를 생각한다면, 이 생각은 다른 어떤 것에 의존할 수 없다. 왜냐하면 그럴 경우 신적인 사유(noēsis)는 오로지 자기와 다른 사유 대상과의 관계 속에서만 활동할 뿐, 그 자체로서는 사유 능력에 불과할 것이며, 따라서 최선의 실체일 수 없겠기 때문이다. 나아가서, 신적인 사유가—그것이 본성상 잠재적인 사유 능력(dynamis)이건 아니면 사유 활동이건 간에—생각하는 대상은 무엇인가? 가능성은 두 가지, 자기 자신을 생각하거나 아니면 다른 어떤 것을 생각하거나이다. 그리고 만일 뒤의 경우라면, 그때 사유 대상은 변하지 않는 것이거나 아니면 끊임없이 변화하는 것일 것이다. 그런데 어떤 것을 생각하는가에 따라 생각의 가치가 달라진다. 그러므로 최선의 존재인 신적인 사유는 가장 신적인 것을 대상으로 가져야 하며, 결코 순간순간 변화하는 것을 대상으로 삼을 수 없다.

그러면 최선의 존재로서 신적인 사유를 둘러싼 이런 난점들에 대해 어떤 대답이 가능한가? 아리스토텔레스는 1074b 28-35에서 신적인 사유를 사유 활동으로, 특히 다른 것에 의존하지 않는 사유 활동으로 규정함으로써 그 물음에 대답한다. 이에 대해 두 가지 논증이 제시된다. 첫째로, 만일 신적인 사유가 능력으로부터 활동으로의 이행에서 성립한다면, 이런 일은 신적인 정신에게는 피곤한 일일 터인데, 이는 당치 않은 일이다. 둘째로, 만일 신적인 정신이 사유 대상(nooumenon)에 의존해서 실현되는 능력 또는 가능성에 불과하다면, 정신보다는 그 정신에 현실적 활동성을 부여하는 사유 대상이 더 높은 가치를 지니게 될 것이다. 왜냐하면 신적인 사유의 가치는 그것이 사유하는 대상의 가치에 따라 결정될 것이고, 따라서 그 자체로서는 가치 중립적인 그런 사유 능력을 최선의 사유 활동으로 만드는 사유 대상 자체가 신적인 정신보다 더 고귀할 것이기 때문이다. 하지만 신적인 사유보다 더 높은 가치를 지니는 대상은 있을 수 없다. 결과적으로 신적인 사유가 본성적으로 사유 활동이고, 이 사유 활동보다 더 좋은 것이 있을 수 없다면, 신적인 사유 활동은 사유 활동 자체를 대상으로 삼아야 한다. 신적인 사유 활동의 자기 관계를 아리스토텔레스는 다음과 같은 말로 표현한다(1074b 33-35) : "그러므로 사유 활동은, 만일 그것이 최선의 것이라면, 자기 자신을 사유하고, 그 사유 활동은 사유 활동에 대한 사유 활동이다."

이어지는 부분(1074b 35-75a 5)은 신적인 사유가 '사유 활동에 대한 사유 활동' 또는 '사유의 사유'라는 데 대해 제기될 수 있는 반론에 대한 대답으로 이루어진다. 아리스토텔레스의 진술에 함의된 반론의 내용은 두 가지이다. 인간적인 인식, 예컨대 지식이나 감각은 먼저 다른 대상과 관계하고 오로지 부수적으로만(en parergōi) 자기 자신과 관계하는데, 신적인 사유는 어떻게 이와 다른 것일 수 있는가? 또한 신적인 사유의 두 측면, 즉 사유 활동의 측면과 사유 대상의 측면이 구별되는데, 이 가운데 어디에 더 높은 가치가 놓여 있는가? 이에 대한 아리스토텔레스의 대답은 매우 함축적이다. 즉 질료를 갖지 않는 것들의 경우, 사유 주체와 사유 대상은 동일하다는 것이 그의 대답이다. 예컨대 의사(사유 주체)가 치료를 하기 위해 건강(사유 대상)에 대해 생각한다면, 이때 사유 대상인 건강은 의사 자신의 정신 속에 있다. 하지만 신적인 사유에 본질적인 동일성, 즉 사유 활동과 사유 대상의 동일성에 대한 주장을 직접적으로 뒷받침하는 것은 사유 주체와 사유 대상의 일치에 대한 《영혼론》 III권 4장의 논의이다. 여기서는 현실적인 사유나 감각을 일종의 동화(assimilation)로서, 즉 사유 주체와 사유 대상이 하나가 되는 과정으로서 파악하는데, 이에 따르면 항상 현실적인 상태에 있는 신적인 사유에서는 사유 활동의 주체와 사유 대상의 구별은 지양될 것이기 때문이다.[59] 1074b 38-75a 5의 압축적인 논변은, 그런 이론을 전제로 삼아 신적인 사유에 특유한 자기 인식과 대상 인식의 불가분성과 사유 주체와 사유 대상의 동일성을 옹호한다.

마지막 부분(1075a 5-10)에서는 신적인 사유를 다시 한번 사유 대상의 측면에서 해명한다. 신적인 사유 대상은 복합적인 것(synthe-ton)인가? 이런 가능성은 받아들일 수 없는데, 왜냐하면 그럴 경우 신적인 정신은 복합체 전체의 부분들을 오가면서 변화를 겪게 될 것

---

[59] 위의 XII 7, 1072b 19-21을 참고하라. "그런데 정신은 사유 대상을 포착함으로써 자기 자신을 사유하는데, 그 까닭은 정신은 대상과 접촉하고 사유하는 가운데 사유 대상이 되고, 결과적으로 정신과 사유 대상은 똑같은 것이 된다."

이기 때문이다. 9장의 마지막 부분에서 제시된 논변에 따르면, 신적인 사유는 인간의 사유와 달리 시간적 과정을 거치지 않는다. 복합체를 대상으로 삼는 인간의 사유는 시간적 과정 속에서 이루어지지만, 절대적으로 단순하고 질료 없는 것, 즉 자기 자신을 대상으로 삼는 신적인 사유는 그런 시간적 과정을 넘어서 있다. 그런 점에서 아리스토텔레스는 신적인 사유에 대해 "자기 자신에 대한 사유 활동 자체는 영원한 시간에 걸쳐 있을 것이다"(1075a 10)라고 말한다.

《형이상학》 XII권 9장, 1074b 15-1075a 10

정신(nous)과 대상 사이의 관계: 1. 신적인 정신과 관련된 세 가지 난점. (a) 그것이 아무것도 생각하지 않는다면, 그것은 아무 가치도 없다. (b) 신적인 사유가 다른 어떤 것에 의존한다면, 그것은 최선의 것일 수 없을 것이다. (c) 신적인 사유는 무엇을 생각하는가? 2. 대답: 신적인 사유가 지속적인 현실적 활동이라면, (a) 문제 (1.a)와 (b) 문제 (1.b)는 사라진다. (c) 정신은 자기 자신을 생각한다. 3. (a) 다른 물음: 학적인 인식이 언제나 다른 대상에 관계한다면, 어떻게 정신은 자기 자신을 사유할 수 있는가? (b) 대답: 질료 없는 것의 경우 정신과 사유 대상은 하나이다. 4. (a) 다른 물음: 사유 대상은 복합적인가? (b) 대답: 질료 없는 것은 불가분적이다.

〔15〕 (1.) 정신에 관한 논의는 몇 가지 난점을 수반하는데, 일반적인 견해에 따르면 그것은 우리 눈에 보이는 것들[60] 가운데 가장 신

적인 것이지만, 그것이 어떻게 그런 본성을 가질 수 있는지는 몇 가지 어려움을 수반하기 때문이다. (a) 만일 그것이 아무것도 생각하지 않는다면, 거기에 무슨 위엄이 있겠는가? 그것은 마치 잠자는 자와 같은 상태에 있을 것이다. (b) 한편 만일 그것이 사유를 하지만 다른 어떤 것에 의존한다면, [20] 그것의 실체는 사유 활동(noēsis)이 아니라 능력(dynamis)일 것이기 때문에, 그것은 최선의 실체일 수 없을 터인데, 그 이유는 그것에 권위가 속하는 것은 사유(noein)를 통해서이기 때문이다. (c) 더욱이 그것의 실체가 정신이건 사유 활동이건, 도대체 그것은 무엇을 사유하는가? 그것은 자기 자신을 사유하거나 다른 어떤 것을 사유할 것이다. 그리고 다른 어떤 것을 사유한다면, 그것은 항상 동일한 것이거나 항상 다른 것일 것이다. 그렇다면 그것이 좋은 것을 사유하는가 되는 대로 아무것이나 사유하는가에 따라 어떤 차이가 있는가 아니면 그렇지 않은가? [25] 아마도 어떤 것들은 그것이 사유(dianoeisthai)하기에 부당한 어떤 것들이 있을 것이다. 그것은 분명 가장 신적이고 고귀한 것을 사유하며, 그것은 또한 변화하지도 않는다. 왜냐하면 (이러한 경우의—옮긴이) 변화(metabolē)란 더 나쁜 것으로의 이행일 것이며, 그런 것은 이미 일종의 운동(kinēsis)일 것이기 때문이다.

(2.a) 그렇다면 첫째로, 만일 신적인 정신이 사유 활동이 아니라

---

60 Ross(*Metaphysics* II, p. 399)의 지적대로, 여기서 말하는 'ta phaino-mena'는 감각뿐만 아니라 정신에 드러난 것들 모두를 가리키는 것으로 보아야 할 것이다.

능력이라면, 연속적인 사유 활동은 당연히 그에게 피곤한 일이 될 것이다. (b) 둘째로, 그럴 경우 〔30〕 정신보다 더 고귀한 어떤 것, 즉 사유되는 것(nooumenon)이 있을 것이다. 왜냐하면 사유와 사유 활동은 가장 나쁜 것을 사유하는 자에게도 속할 것이므로, 그런 일을 삼가는 것이 마땅하다면(왜냐하면 어떤 경우에는 보지 않는 것이 보는 것보다 더 낫기 때문이다), 사유 활동은 최선의 것일 수 없기 때문이다. (c) 그러므로 사유 활동은, 만일 그것이 최선의 것이라면, 자기 자신을 사유하고, 그 사유 활동은 사유 활동에 대한 사유 활동(noeseos noesis)이다.

〔35〕 (3.a) 하지만 분명 학문적 인식, 감각, 의견, 분별지[61]는 언제나 다른 어떤 것을 그 대상으로 삼으며, 부수적으로 자기 자신을 대상으로 삼는다. 더욱이 만일 사유(noein)과 사유됨(noeisthai)이 서로 다르다면, 둘 가운데 어떤 방식으로 좋은 상태가 그것에 속하는 것일까? 왜냐하면 사유 활동임과 사유 대상임은 동일한 것이 아니기 때문이다.[62] (b) 하지만 우리는, 〔1075a〕 어떤 경우 학문적 인식이 대상(pragma)이라고 말할 수 있을 것인데, 제작적인 학문들의 경우에

---

61 '의견'과 '분별지'는 각각 'doxa'와 'dianoia'를 옮긴 말이다.

62 원문의 'to einai noēsei'와 'to einai nooumenōi'를 Bonitz는 'Denken-sein'과 'Gedachtes-sein'으로, Ross는 'thinking'과 'being thought'로 옮겼다. '사유 활동임'과 '사유 대상임'은 각각 신적인 사유의 두 측면, 즉 주체적 측면과 대상적 측면을 나타낸다. 'to einai noēsei'와 같은 표현법에 대해서는 VII 4, 1029b 15에 대한 주석과 XII 10, 1075b 4 ff.에 대한 주석을 참고하라.

는 질료가 없는 실체와 본질이 대상이요, 이론적인 학문들의 경우에
는 로고스와 사유 활동이 대상이다. 그렇다면 질료를 갖지 않는 것들
의 경우, 사유 대상과 정신은 서로 다르지 않기 때문에, 동일할 것이
며, [5] 사유 활동은 사유 대상과 하나일 것이다.[63]

(4.a) 또한 사유 대상은 복합체(syntheton)인가라는 문제가 남아
있으니, 그 까닭은 그럴 경우 신적인 정신은 전체의 부분들 가운데
오가며 변화할 것이기 때문이다. (b) 아마도 질료를 갖지 않는 것은
모두 불가분적(adihairethon)일 것이다. 그래서 마치 복합적인 것들
에 대한 인간의 정신[64]이 시간 속에 놓여 있듯이(왜냐하면 그것은 이

---

63 《영혼론》 III 4, 430a 2 ff.의 다음과 같은 진술을 참고하라: "그것(=정신)
역시…… 사유 대상들과 마찬가지로 사유의 대상이 될 수 있다. 왜냐하면
질료 없는 것들의 경우 사유 주체(to nooun)와 사유 대상(to nooumenon)
은 동일하기 때문이다. 말하자면 이론적인 인식과 그런 인식의 대상은 동일
하다." 현실화된 정신(현실적으로 사유 활동 안에 참여하고 있는 정신)과
현실화된 사유 대상(사유 활동 가운데 있는 정신에 의해서, 가능적인 사유
대상으로부터 현실적인 사유 대상으로 변화된 사유 대상)은 동일하다. 그리
고 이는 현실적인 감각과 현실화된 감각 대상의 경우에도 마찬가지이다
(《영혼론》 II 12, 424a 25, III 2, 425b 26 ff.). Ross, *Metaphysics* II, p. 379
를 참고하라. 만일 이런 의미의 동일성을 배경으로 본다면, 그 본성상 현실
태인 신적인 사유의 경우 사유 활동과 사유 대상은 언제나 동일할 것이다.
이에 대한 최근의 논의로는 A. Kosman, 'Metaphysics Λ 9: Divine
Thought', in: M. Frede and D. Charles (edd.), 앞의 책, pp. 319 ff.를 참
고하라.

64 1075a 8의 구문 'hōsper ho anthrōpinos nous ē ho ge synthetōn'은 해석
하기 쉽지 않다. Ross는 'as human thought, or rather the thought of

런 순간 저런 순간에 좋은 상태에 놓여 있는 것이 아니고, 그것의 최고선은—이것은 다른 어떤 것이기 때문에—어떤 전체 시간 안에 놓여 있기 때문이다), 〔10〕 자기 자신에 대한 사유 활동 자체는 영원한 시간에 걸쳐 있을 것이다.

---

composite beings'로 옮겼다(Ross, *Metaphysics* II, 398 f.를 참고). 하지만 여기서 쓰인 synthetōn이 1075a 5의 syntheton과 다른 것을 뜻한다고는 보기 어렵다. 그래서 여기서는 Bonitz(*Metaphysica* II, p. 518)를 따라 'è'를 빼고 읽었다. 그렇게 읽는다면, 그 논지는 아마도 Rolfes (*Metaphysik* 2, S. 408, Anm. 68)의 다음과 같은 풀이에서 크게 벗어나지 않을 것이다. "절대적 사유의 대상, 즉 신적인 실체는 단순하고 불가분적이다. 인간의 사유는, 개별적이고 시간적인 계기 속에서 사유될 수 있고 그렇게 함으로써 사유 주체를 변화시킬 수 있는 개념들의 결합에 의존한다. 그에 걸맞는 대상, 물질적인 것 역시 질료적이고 가분적이다. 인간의 사유는 서로 분리된 것을 결합하는 판단 속에서야 비로소 완성에 이른다. 하지만 절대적 사유는 그의 전체 내용을 정신의 순간적인 바라봄 속에서 파악하며 그런 이유 때문에 영원히 완전한 상태에 있다."

3. 선의 원리와 자연 세계의 질서

《형이상학》 XII권 10장

《형이상학》 XII권의 마지막 장에서 다루는 주제는 자연 세계 가운데 있는 선 또는 좋은 것(to agathon)이다. 6장과 7장이 아리스토텔레스 신학의 우주론적 측면을 담고 있다면, 10장은 그 목적론적 측면을 우리에게 보여준다.

세계의 본성은 어떤 방식으로 선과 최고선을 갖는가? 그것은 따로 떨어져서 그 자체로서 있는가 아니면 세계의 질서 가운데 놓여 있는가?—이것이 10장에서 아리스토텔레스가 던지는 물음이다. 그의 대답에 따르면, 마치 군대의 경우에 그렇듯이, 세계의 선 또는 좋음은 내재적인 방식과 초월적인 방식 모두에 따라서 있다. 군대의 선은 군대의 편재된 질서 안에 내재해 있을 뿐만 아니라 그런 질서의 최고 정점인 사령관 안에도 있는데, 그 둘을 비교해보면 선한 질서의 근거인 사령관이 더욱 선하다고 아리스토텔레스는 말한다. 이런 관계를 세계와 신에 적용해보면, 결국 선은 세계의 질서 가운데 구현되어 있지만, 이 선한 질서보다 더 선한 것은 그런 질서를 가능하게 하는 원리인 신이라는 말이 된다: 그렇다면 세계의 내재적인 질서의 모습은 어떤가? 세계 안에 있는 모든 것은 일정한 질서 속에서 서로 결속되어 있지만, 모두가 똑같은 방식으로 있는 것은 아니다. 아리스토텔레스의 또 다른 비유에 따르면, 세계 안에 있는 것들의 결속 상태는 마치 집안의 상태와 똑같다. 자유민들은 집안에서 해야 할 일이 질서에 따라 확실하게 정해져 있기 때문에 아무 일이나 닥치는 대로 하지 않는다. 반면에 노예들과 짐승들은 닥치는 대로 아무것이나 한다. 비유의 뜻은 굳이 설명을 하지 않아도 분명하다. 이 비유에서 말하는 자유민들은 필연적인 법칙에 따라 규칙적인 운동을 하는 달 위 세계의 천체들을, 노예들과 짐승들은 우연적 변화에 내맡겨져 있는 달 아래 세계의 존재자들을 표현한다.

1075a 25부터 10장의 마지막에 이르는 부분은 '아리스토텔레스 자신의 이론과 반대되는 주요 형이상학적 이론들 중 몇몇에 대한 매우 축약된 논의'(로스)이다. 이 논의 전체는 크게 두 부분으로 나뉜다. 첫째 부분(1075a 28-b 16)에서 아리스토텔레스는, 모든 것이 대립자들로부터 생긴다(ex enantiōn panta)고 주장하는 사람들에 맞서 '모든 것'이 생긴다는 주장도, 생성이 '대립자들로부터' 생긴다는 주장도 옳지 않다고 비판한다. 둘째 부분(1075b 16-76a 4)은 대립자들을 원리로 내세우는 사람들은 '더 중요한 다른 원리(archē kyriōre-ta)'를 외면함으로써 "왜 항상 생성이 있는지, 생성의 원인은 무엇인지" 설명하지 못한다는 비판을 담고 있다.

이 두 부분에 걸쳐 아리스토텔레스는 자연 철학자들과 플라톤주의자들에 대한 매우 압축된 형태의 비판들을 산발적으로 제기한다. 그 가운데 특히 두 가지 주장이 중요한 자리를 차지한다. 1075b 30-34에서 제출된 한 가지 주장은 이렇다. "하지만 대립자들 가운데 어떤 것도 본질적으로 작용의 원리이자 운동의 원리인 것일 수 없으니, 그렇다면 그것은 있지 않을 수도 있겠기 때문이다. 적어도 작용은 잠 재적인 능력보다 뒤에 온다. 그러므로 있는 것들은 영원하지 않을 것 이다. 하지만 그것들은 지금 있으니, 결국 이런 주장들 가운데 어느 하나는 버려야 한다." 이 비판에 따르면 대립자는 (그것에 대립해 있 는 다른 원리에 의해) 변화할 수 있고 소멸할 수 있을 뿐만 아니라, 설령 그것이 작용한다(poiein)고 하더라도 그 작용은 능력(dynamis) 보다 뒤에 오는 것이기 때문에, 그런 대립자는 있는 것들의 영원성을 보장하는 원리일 수 없다. 이로써 아리스토텔레스는 대립성을 너머 선 운동의 원리의 존재를 정당화한다. 한편 1075b 37 ff.에서 아리스 토텔레스는 서로 다른 종류의 실체들이 서로 다른 원리들을 갖는다 고 본 스페우시포스를 겨냥해서 "세계 전체의 실체를 삽화적인 것으 로 만든다"고 비판한다. "여럿의 지배는 좋지 않다. 하나의 지배자만 있게 하라"―아리스토텔레스의 신적인 학문은 궁극적인 원리의 단 일성에 대한 주장으로 끝을 맺는다.

《형이상학》 XII권 10장, 1075a 11-1076a 4

1. (a) 자연 가운데 있는 선(좋은 것, to agathon)은 따로 떨어져 있는 것이면서 동시에 부분들의 질서 가운데 있는 것이기도 하다. (b) 모든 것은 하나에 방향을 맞추어 질서 있게 결속해 있다. 2. 다른 이론들이 갖는 난점들. (a) 모든 것이 대립자들로부터 생긴다는 이론. (b) 생성과 생성의 지속성에 대한 설명의 부재.

(1.a) 우리는 또한, 세계의 본성[65]이 두 방식 가운데 어떤 방식으로 선과 최고선을 갖는지,[66] 즉 그것이 따로 떨어져 그 자체로서 있는지 아니면 질서 가운데 놓여 있는지를 탐구해야 한다. 아마도 군대가 그렇듯이, 그 두 방식 모두에 따라 그럴 것이다. 그 경우 좋은 것(to eu)은 질서 안에도 있지만 사령관도 좋은 것이며, 뒤의 것이 더욱 그렇다. 〔15〕 왜냐하면 그가 그 질서 때문에 있는 것이 아니라 그 질서가 그에게 의존하기 때문이다.[67] (b) 그런데 모든 것은 어떤 방식으로

---

65 여기서 쓰인 표현 '세계의 본성(he tou holou physis)'은 1076a 1의 'tēn tou pantos ousian(세계 전체의 실체)'과 같은 뜻으로 보아야 할 것이다. 둘 다 세계의 본질, 즉 내적인 구성과 짜임새를 가리키는 표현이다. physis는 아리스토텔레스의 저술 여러 곳에서 ousia와 같은 뜻으로 쓰인다. 예를 들어 IV 4, 1014b 35 ff.를 보라.

66 여기서는 1075a 10의 'to agathon'과 'to ariston'을 각각 '선'과 '최고선'으로 옮겼지만, 그것들은 물론 도덕적인 의미의 선만을 뜻하는 것은 아니다. 그 안에는 도덕적 관념, 유용성의 관념, 미적인 관념이 모두 들어 있다. 따라서 '좋은 것' 또는 '좋음', '가장 좋은 것' 또는 '가장 좋음'이 더 적절한 번역일 수 있다.

67 Rolfes(*Metaphysik* 2, S. 408, Anm. 69)는 이 비유를 세계의 질서와 창조자의 계획의 관계를 시사하는 것으로 보면서 다음과 같이 풀이한다: "선한 질서와 그것에 의존해 있는 군대의 탁월한 전투 능력과 공격 능력은 군대 안에 있는 선 또는 소임(Bestimmung)이다. 이 사명 가운데서 군대는 그에 고유한 완전성에 이른다. 그러나 이 목적은 또 다른 외적인 목적에 수단으로 종속되어 있으니, 승리의 성취가 바로 그 목적이며, 이것을 이루기 위해 사령관은 군대를 통솔한다. 《니코마코스 윤리학》 I 1, 1094a 9를 참고하라. 따라서 사령관과 그의 의도는 (군대가 수행해야 할 임무보다) 더 상위에 있는, 군대의 목적이다. 이 세계 역시 질서와 합목적성과 아름다움에 있어 내

든 일정한 질서 속에서 서로 결속해 있지만, 똑같은 방식으로 있지는 않다. 물고기들과 새들과 식물들이 그런데, 이것들은 서로 아무 관계 없이 있는 것이 아니라 어떤 관계 속에 놓여 있다. 왜냐하면 그 모든 것은 하나와의 관계 속에서 질서를 이루고 서로 결속해 있지만, 그 방식은 마치 집안의 상태와 똑같아서, 자유민들은 집안에서 〔20〕 우연히 닥치는 것을 아무것이나 할 수 있는 여지가 거의 없이 모든 일 또는 거의 모든 일이 질서에 따라 정해져 있지만, 노예들과 짐승들은 공통적인 것을 위해 하는 일이 적고 많은 경우 우연히 닥치는 것을 아무것이나 하는 것과 똑같으니, 그 까닭은 그것들[68] 각각의 본성은 바로 그런 종류의 원리이기 때문이다. 모든 것은 필연적으로 서로 분리된 상태로 돌아갈 수밖에 없고, 이런 방식으로 〔25〕 모든 것들이 전체를 위해 공유하는 다른 점들이 있다.[69]

재적으로 정해진 내용이 있다. 그러나 이 모든 것은 창조자의 의도에 기여하는 수단이며, 그 의도는 눈에 보이는 세상 가운데서 드러난다. 7장 1072b 2와 10 ff.에서 우리에게 알려주듯이, 신은 목적으로서 세상을 움직이며 이 목적은 세상의 운행 과정의 필연성의 근거가 된다. 하지만 이때 세계 운행의 필연성은 그것에 반대되는 것을 생각할 수 없다는 뜻에서의 필연성이 아니라 첫째 운동인의 의도에 따라 우주에 부가된 필연성이다."

68 세계를 구성하는 모든 것들을 말한다.

69 1075a 23 f.의 "eis ge to diakrithēnai anankē apasin elthein"의 뜻은 분명하지 않다. Ross는 "...all must at least come to be dissolved into their elements(sc. in order that higher forms of being may be produced by new combinations of the elements)"로 옮겼다. 하지만 세계 안에 있는 것들은 각자의 본성에 따라 여기저기 흩어져 작용하면서도, 전체의 선 또는

(2.) 이와 다른 주장을 내세우는 사람들에게 따라 붙는 불가능하거나 당치않은 결과들이 얼마나 많은지, 좀 더 주의 깊은 사람들이 펼치는 주장들은 어떤 것들이고 가장 난점들이 적은 것은 어떤 주장들인지 눈에서 놓쳐서는 안 된다. 그 내용은 이렇다. (a) 모든 사람들은 모든 것이 대립자들로부터 생긴다고 주장한다. (i) 그러나 '모든 것'이 생긴다는 주장도, '대립자들로부터(ex enantiōn)' 생긴다는 주장도 옳지 않으려니와, 대립자들을 안에 갖고 있는 것들의 경우 그것들이 어떻게 〔30〕 대립자들로부터 존재하게 되는지에 대해서도 그들은 설명하지 못하는데, 그 까닭은 대립자들은 상대방의 작용에 의해 아무런 상태 변화도 겪지 않기(apathē) 때문이다.[70] 우리가 제3의 어

유익을 위해 공통적으로 하는 것이 있다는 뜻으로 볼 수도 있을 것이다. 이런 뜻에서 보면, 아리스토텔레스의 논지는—Rolfes(*Metaphysik* 2, S. 408, Anm. 70)를 따라—대체적으로 다음과 같이 풀이할 수 있을 것이다. "보다 높은 자리에 있는 것들은 낮은 자리에 있는 것들보다 전체를 위해 더 많이 봉사한다. 따라서 그것들은 더욱 엄격한 법칙에 묶여 있다. 천체들은 더 높은 정도의 규칙성에 따라 운동하는 반면, 달 아래의 세계, 생성과 소멸의 영역은 훨씬 더 높은 정도로 우연에 내맡겨져 있으니, 이런 우연성은 기형아의 탄생이나 기상 이변 등에서 볼 수 있다. 하지만 여기에도 넘어설 수 없는 확고한 질서들이 있다. 그래서 예컨대 각각의 자연물은 그 나름의 본성을 가지며, 이 본성에 따라 대자연의 집안에서 정해진 자리를 지키고 있다. 그에 반해 소멸함이 없는 하늘에서는 거기 있는 것 모두가 전체에 복무할 수밖에 없도록 정해져 있다. 우주 전체를 이끌어가는 위대한 아버지가 각자에게 내리는 명령은 똑같지 않다. 자연물들이 가진 서로 다른 본성은 그의 의지의 계시이며, 이 본성은 자연물들의 고유한 활동의 법칙이다."

[70] 예컨대 뜨거움과 차가움은 대립자이지만, 뜨거움이 차가움이 되거나 차가

떤 것을 상정하면 이런 난점은 자연스럽게 해결된다. 반면 다른 사람들은 대립자들 가운데 어느 하나를 질료로 삼는데, 같은 것에 대해 같지 않은 것을, 하나에 대해 여럿을 질료로 삼는 사람들이 그렇다.[71] 그러나 이 역시 똑같은 방식으로 해결되는데, 그 까닭은 하나의 질료 는[72] 어떤 것에 대해서도 대립하지 않기 때문이다. (ii) 더욱이 [35] (우리가 비판하고 있는 견해에 따르면-옮긴이) 하나를 제외한 모든 것들은 나쁜 상태에 관여할 것인데, 그 까닭은 악(나쁜 것) 자체는 요소들 가운데 하나이기 때문이다.[73] 또 다른 사람들은 선과 악을 원리들로 내세우지 않지만, 선은 모든 것 가운데 가장 으뜸가는 원리(archē)이다.[74] 어떤 사람들은 그것을 원리로 삼는다는 점에서는 옳지만, 어떻게 선이 원리인지, [1075b] 즉 그것이 목적으로서 그런지 운동인으로

움이 뜨거움이 되는 일은 없다. 오직 차가운 **것**이 뜨거운 **것**으로 되거나, 뜨거운 **것**이 차가운 **것**으로 될 뿐이다. 따라서 이런 변화를 겪는 것은 차가움도 뜨거움도 아닌 제3의 기체이다. XII 1, 1069b 4 ff.와 VIII 1, 1042a 32 ff.를 참고하라.

71 XIV 1, 1087b 4 ff.를 참고하라. 같지 않은 것을 질료로 삼는 사람은 플라톤을, 여럿을 하나에 대한 질료로 삼는 사람들은 피타고라스학파나 스페우시포스를 가리킨다.

72 1075a 34는 다른 사본들과 Ross를 따라 "hē gar hylē hē mia oudeni enantion"으로 읽었다. 하나의 질료란 '대립쌍들 밑에 있는 질료'를 말한다.

73 여기서 말하는 '하나'는 플라톤의 하나일 것이고, '악' 또는 '나쁜 것(to kakon)'은 그 하나의 대립자인 '여럿'일 것이다.

74 선을 모든 것의 원리 또는 시작으로 삼지 않았던 피타고라스 학파와 스페우시포스를 겨냥한 비판이다. 1072b 30 ff.를 참고하라.

서 그런지 형상으로서 그런지 설명하지 않는다.[75] (iii) 엠페도클레스 역시 당치않은 견해를 펼친다. 왜냐하면 그는 사랑이 선한 것이라고 말하는데, 그것은 운동인이라는 뜻에서 원리이기도 하고 (사랑은 결합시키기 때문이다) 질료라는 뜻에서 그렇기도 하다. 왜냐하면 그것은 혼합물의 부분이기 때문이다.[76] 하지만 똑같은 것이 [5] 질료라는 뜻에서 원리가 되기도 하고 운동인이라는 뜻에서 그렇기도 하다고 하더라도, 그 둘의 존재는 똑같지 않다.[77] 그렇다면 사랑은 둘 가운데 어떤 것인가? 싸움이 불멸한다는 주장도 당치않은데, 그의 주장에

---

75 선의 이데아를 내세운 플라톤을 두고 하는 말이다.

76 Diels-Kranz 31 B 17, 18-20을 참고하라. B 20에서 엠페도클레스는 사람과 물고기와 짐승과 새들을 지배하면서 번갈아 우세를 보이는 사랑(Philia)과 미움(Neikos)의 작용에 대해 이렇게 말한다. "이는 사람의 몸뚱이에서 분명히 드러난다. 때로는 몸을 이루는 모든 지체가 피어나는 생의 절정에서 하나로 모이고, 때로는 나쁜 뜻을 가진 싸움에 의해 다시 사분오열 나뉘어 제각각 생의 가장자리에서 이리저리 방황한다. 덤불이나 물에 사는 물고기들이나 산에 사는 짐승들이나 날아다니는 새들도 이와 같다." 한편 B 17에서는 사랑을 네 요소들과 더불어 복합체의 한 부분을 이루는 것처럼 기술하고 있다: "사랑은 그것들 가운데서 똑같은 넓이와 폭을 갖고 있도다……. 생각건대, 그것은 죽을 것들의 지체들 속에 들어 있으니, 그로 말미암아 그들은 사랑의 뜻을 품고 화합을 이룬다. 사람들은 그것을 일러 즐거움(Gēthosynē) 또는 아프로디테라고 부른다."

77 "사랑은 질료이다"와 "사랑은 운동인이다"라고 말한다면, 이 두 진술을 통해 '사랑'에 두 가지 서로 다른 존재, 즉 질료로서의 존재(hylēi einai, Stoffsein)와 운동인으로서의 존재(kinounti einai, Bewegendes-sein)가 귀속된다. 하지만 그 두 존재가 함께 사랑에 속한다고 하더라도, 적어도 논리적인 관점에서는 그 둘은 서로 다르다. 1074b 38의 표현법을 참고하라.

따르면, 악의 본성은 바로 싸움에 놓여 있기 때문이다.[78] 아낙사고라스는 운동을 낳는 자라는 뜻에서 선을 원리로 삼는데, 그 까닭은 그가 말하는 정신은 운동을 낳기 때문이다. 하지만 그것은 어떤 것을 위하여[79] 운동을 낳는데, 따라서 그것은―우리가 앞서 말했던 것과 같은 방식을 따라 〔10〕 (의술이 어떤 의미에서 건강이라고―옮긴이) 말하지 않는다면[80]―정신과 다른 어떤 것이어야 한다. 또한 선 및 정신과 대립되는 것을 내세우지 않는다는 것 또한 당치않다.[81] (iv) 하지만 대립자들을 내세우는 사람들은 모두, 누군가 그 주장에 모양새를 부여하지 않는 한,[82] 그것들을 활용하지 않는다. 그리고 왜 어떤 것들은 소

---

78 Diels-Kranz 31 B 20의 '나쁜 뜻을 가진 싸움에 의해(kakēisi... Eridessi)' 라는 표현을 참고하라.

79 원문의 'heneka tinos'는 포괄적으로 어떤 원인 또는 이유를 가리키는 표현으로서 '어떤 것 때문에'라고 옮길 수도 있겠지만, 지금의 문맥에서는 목적으로서의 원인을 가리키는 것이기 때문에 '어떤 것을 위하여'라고 옮겼다.

80 정신은 세계 질서의 근거로서 선이라고 불릴 수 있다. 하지만 그것은 어떤 것을 위해서 운동을 낳기 때문에, 그것은 이 목적에 의해 움직여지는 것처럼 보인다. 하지만 신적인 정신 안에서는 생각된 것과 생각의 주체는 하나이다. 이런 사유 대상과 사유 주체의 통일성은―제한적인 형태에서이긴 하지만―유한한 정신의 경우에도 나타난다. 왜냐하면 의사가 가지고 있는 의술은 어떻게 보면 사상 속에서 파악된 건강이고, 이에 따라서 치료 과정이 진행되기 때문이다. VII 7, 1032a 5 ff.를 참고하라.

81 아리스토텔레스는 I 6에서 아낙사고라스가 선과 악을 대립적인 원리로 내세운다고 말한다. 이런 발언을 배경으로 해서 보면, 아낙사고라스가 만물의 혼재 상태(homou panta)를 지성이나 선의 대립자로서 분명하게 파악하지 못했다는 것이 그에 대한 아리스토텔레스의 비판인 듯하다.

멸하고 어떤 것들은 불멸하는지, 어느 누구도 말하지 않는데, 왜냐하면 그들은 모든 것이 똑같은 원리들로부터 생긴다고 주장한다.[83] 더욱이 [15] 어떤 사람들은 있는 것들이 있지 않은 것으로부터 생긴다고 주장하는 반면, 다른 사람들은 그런 주장의 필연성을 회피하기 위해, 모든 것이 하나라고 주장한다.[84] (b) 더욱이 왜 언제나 생성이 있으며, 생성의 원인은 무엇인지, 누구도 설명하지 않는다.[85] (i) 그리고 두 개의 원리를 내세우는 사람들은 더 중요한 다른 원리를 상정하지 않을 수 없다.[86] 형상들을 내세우는 사람들의 경우에도 마찬가지인데, 더 중요한 다른 원리가 있기 때문이다. 어떤 이유 때문에 관여했거나 [20] 관여하고 있는지 그 이유를 설명해야 하기 때문이다. (ii) 그리고 다른 사람들의 견해에 따르면 지혜와 가장 고귀한 학문에 대

---

82 원문의 'rythmizein'을 '모양새를 부여하다'는 말로 옮겼다. 그 말은 본래 '형태(rythmos)'의 동사형으로 '형태를 부여하다', '정돈하다'의 뜻이 있는데, Ross는 'bring into shape'로 옮겼다. 985a 4와 989a 30에서 아리스토텔레스는 대립자 이론의 맥락에서 각각 엠페도클레스와 아낙사고라스의 주장의 속뜻을 드러내어 그것에 모양새를 부여하려고 한다.

83 III 4, 1000a 5-b 21을 참고하라.

84 앞의 사람들은 우주 생성론을 내세운 헤시오도스를 비롯한 신학자들이나 자연 철학자들을, 뒤의 사람들은 생성을 부정한 파르메니데스와 멜리소스를 가리킨다.

85 여기부터 1076a 4에 이르는 부분에는 생성과 운동의 원인에 대해 충분한 설명을 제시하지 않은 데 대한 비판뿐만 아니라 자연 철학자들과 플라톤주의자들에 대한 일반적 비판이 함께 포함되어 있다.

86 여기서 말하는 '더 중요한 원리(archē kyriōtera)'란 작용인을 가리킨다.

립되는 어떤 것이 필연적으로 있어야 하지만,[87] 우리의 견해에 따르면 그렇지 않다. 왜냐하면 첫째가는 것에 대립된 것은 없기 때문인데, 그 이유는 이렇다. 대립된 것들은 모두 질료를 갖고, 그것들은 가능성의 상태에 있다. 하지만 지혜와 대립된 무지는 (지혜의 대상에—옮긴이) 대립된 것과 관계하겠지만, 첫째가는 것에는 대립된 것이 없다.[88] (iii) 더욱이 〔25〕 감각적인 것들과 떨어져서 다른 것들이 있지 않다면, 시작도, 질서도, 생성도, 천체들도 없을 것이고,[89] 언제나 시초의 시초(tēs archēs archē)가 있을 터인데, 신학자들이나 자연 철학자들의 경우에 모두 그렇다.[90] (iv) 하지만 형상들이나 수들이 있다면, 그

---

87 모든 것은 그것에 대립된 것이 있다고 한다면, 지혜에도 역시 대립된 것이 있어야 할 것이다. Ross의 지적대로, 여기서 아리스토텔레스의 발언은 《국가》 477 A ff.를 연상시킨다. 거기서 플라톤은 무지를 지식의 대립자로 보면서 그 둘을 각각 없는 것과 있는 것과 관련짓는다.

88 Ross의 번역서의 주석을 참고하라. "만일 철학에 대립된 무지가 있다면, 그것은 철학의 대상인 to prōton에 대립된 어떤 대상을 가져야 할 것이다. 하지만 to prōton은 어떤 대립자도 갖지 않는다."

89 Ross(*Metaphysics* II, p. 404)의 해설대로, 감각적인 것들과 따로 있는 것들이 없다면, (1) 첫째 원리도 없고, (2) 질서도 없다. 왜냐하면 질서가 있으려면 질료와 분리된 영원한 것이 있어야 하기 때문이다(1060a 26). (3) 생성도 없고(1072a 10-18), (4) 천체의 운동도 없다. 천체의 운동은 감각적인 것들과 분리된 첫째 운동인에 의존하기 때문이다.

90 이를테면 헤시오도스의 《신들의 탄생》(116행 아래)에 따르면 만물의 시작은 카오스이지만, 이 카오스 자체는 영원히 있었던 것이 아니고 어떤 시점에서 생긴 것이다. 카오스가 만물의 시작이라면, 이 시작에 다시 시작이 있는 셈이다.

것들은 어떤 것의 원인도 되지 못할 것이다. 아니면 적어도 운동의 원인은 되지 못할 것이다. (v) 더욱이 어떻게 크기 없는 것들로부터 크기 및 연속체가 생겨날 수 있는가? 왜냐하면 수는 〔30〕 연속체를 만들어낼 수 없을 것이니, 운동을 낳는 것으로서도 그럴 수 없고 형상으로서도 그럴 수 없다. 하지만 만듦의 원리이자 운동의 원리인 것은 결코 대립자들에 속할 수 없으니, 그렇다면 그런 원리는 있지 않을 수도 있겠기 때문이다. 적어도 만드는 활동(poiein)은 잠재적인 능력보다 뒤에 온다. 그러므로 있는 것들은 영원하지 않을 것이다. 하지만 그것들은 지금 있으니, 결국 이런 주장들 가운데 어느 하나는 버려야 한다.[91] 어떻게 그런지는 이미 설명한 바 있다.[92] (vi) 더욱이 어떤 것에 의해서 수들이 하나가 되는지, 또는 〔35〕 영혼과 육체, 일

---

91 1075b 30-34에 대해서는 Ross(*Metaphysics* II, S. 405)의 다음과 같은 해설을 참고하라. "하지만 대립자들 가운데 어떤 것도 그 본성상 만듦과 운동의 원리(a principle of production and of motion)일 수 없다. 왜냐하면 대립자는 있지 않을 가능성을 내포하고 있고, 어쨌든 그것의 작용 시기는 단순히 작용할 능력을 갖고 있는 시기보다 나중에 올 수밖에 없다. 그러므로 그런 원리에 의존해서는 사물들이 영원히 있을 수 없다. 그러므로 있는 것들은 영원하지 않다. 하지만 실제로는 영원히 있는 것들이 있다. 그러므로 우리는 우리의 가정들 가운데 하나를 버려야 한다." 다시 말해서 오로지 대립자들만이 사물들의 원리들이라는 가정을 버려야 한다. 현실적이고 영원한 실체인 첫째 원리가 있어야 한다.

92 모든 대립자는 질료를 가지며 가능성의 상태에 있다. 하지만 첫째 운동은, 앞의 6장에서 보았듯이, 순수한 현실적 작용으로부터 온다. 현실적인 활동이 잠재적인 능력보다 뒤에 온다는 말은 순수한 현실태에는 적용되지 않는다.

반적으로 형상과 사물이 하나가 되는지, 이에 대해서 어느 누구도 설명하지 않는데, 우리처럼 운동을 낳는 것이 그것들을 하나로 만든다(to kinoun poiei)고 말하지 않는 한, 어느 누구도 설명을 할 수 없을 것이다. 그리고 수학적인 수를 첫째가는 것으로 삼고 한 종류의 실체에는 항상 다른 종류의 실체가 뒤따라 나온다고 말하면서 각 실체의 〔1076a〕 원리들이 다르다고 주장하는 사람들은 세계 전체의 실체를 삽화적인 것으로 만들면서(왜냐하면 어떤 실체가 있건 없건 다른 실체에는 아무 영향을 미치지 않을 것이기 때문이다) 여러 원리들을 내세우는데,[93] 사실 있는 것들은 나쁜 통치를 받으려고 하지 않는다.

"여럿의 지배는 좋지 않다. 하나의 지배자만 있게 하라."[94]

---

93 스페우시포스가 이런 주장을 내세웠다. XIV 3, 1090b 13 ff.를 보라.《시학》(1451b 34)에서는 '여러 삽화들이 개연성도 필연성도 없이 연속되는 플롯'을 일컬어 '삽화적인 것'이라고 부르는데, 스페우시포스의 이론은 세계 전체의 실체(he tou pantos ousia)를 이런 식으로 짜임새 없는 '삽화적인 것'으로 만든다고 아리스토텔레스는 비판한다.

94 《일리아스》 2, 204.

참고 문헌 *

A. 일반적인 문헌

1. 아리스토텔레스 철학에 대한 일반적인 안내서

J. L. Ackrill, *Aristotle the Philosopher*, London 1981 (=《철학자 아리스토텔레스》, 한석환 옮김, 서광사 : 서울 1992).

D. J. Allan, *The Philosophy of Aristotle*, London 1952 (=《아리스토텔레스 철학의 이해》, 장영란 옮김, 고려원 : 서울 1993).

J. Barnes, *Aristotle*, Oxford 1982 (=《아리스토텔레스의 철학》, 문계석 옮김, 서광사 : 서울 1989).

F. Brentano, *Aristoteles und seine Weltanschauung*, Hamburg 1977.

Th. Buchheim, *Aristoteles*, Freiburg 1999.

I. Düring, *Aristoteles. Darstellung und Interpretation seines Denkens*, Heidelberg 1966.

H. Flashar, 'Aristoteles', in : H. Flashar (Hrsg.), *Die Philosophie der Antike, Bd. 3 Ältere Akademie, Aristoteles-Peripatos*, in : F. Überweg, *Grundriß der Geschichte der Philosophie*, Basel-Stuttgart 1983, 175-457.

W. D. Ross, *Aristotle*, London ⁵1949 (¹1923).

E. Zeller, *Die Philosophie der Griechen*, II 2, Leipzig ³1879.

조요한, 《아리스토텔레스의 哲學》, 경문사 : 서울 1991.

---

* 이 참고 문헌은 이 책에서 인용된 모든 문헌을 망라한 것이 아니다. 'A'에서는 아리스토텔레스의 《형이상학》에 대한 연구의 기본적인 문헌들을 소개하고, 'B'에서는 이 책에서 다룬 주제들을 더욱 깊이 다루기 위해 읽어야 할 글들을 소개한다.

2. 《형이상학》: 원전, 번역, 주석

Alexander Aphrodisiensis, *In Aristotelis metaphysica commentaria*, ed. M.
  Hayduck, Berlin 1891.

S. Thomae Aquinatis, *In duodecim libros Metaphysicorum Aristotelis
  expositio*, ed. M.R. Cathara, O.P. exarata retractatur cura et studio P.
  Fr. Raymundi M. Spiazzi. O.P, Turin 1950.

H. Bonitz, *Aristotelis Metaphysica*, 2 vol., Bonn 1848-9.

——, *Aristoteles. Metaphysik*, hrsg. v. E. Wellmann, Berlin; neu hrsg. von U.
  Wolf, Hamburg 1994 (^{1}1890).

W. Jaeger, *Aristotelis Metaphysica* (OCT), Oxford 1957.

E. Rolfes, *Aristoteles, Metaphysik*, 2 Bde., Leipzig 1904.

W. D. Ross, *Aristotle's Metaphysics, a revised text with introd. and comm. I.
  II*, Oxford ^{2}1953 (^{1}1924).

——, *Metaphysics*, in: *The works of Aristotle translated into English*, vol. I,
  Oxford ^{2}1928 (^{1}1908).

3. 주요 논문집

R. Bambrough (ed.), *New Essays on Plato and Aristotle*, London 1979.

J. Barnes (ed.), *The Cambridge Companion to Aristotle*, Cambridge 1995.

J. Barnes, M. Schofield and R. Sorabji (edd.) *Articles on Aristotle 3. Meta-
  physics*, London 1979.

D. T. Devereux et P. Pellegrin (edd.), *Biologie, Logique et Métaphysique
  chez Aristote*, Paris 1990.

I. Düring (Hrsg.), *Naturphilosophie bei Aristoteles und Theophrast*, Heidel-
  berg 1969.

A. Gotthelf and J. Lennox (edd.), *Philosophical issues in Aristotle's biology*,

Cambridge 1987.

F. -P. Hager (Hrsg.), *Metaphysik und Theologie des Aristoteles*, Darmstadt 1969.

J. M. E. Moravcsik (ed.), *Aristotle. A Collection of critical essays*, London 1968.

조요한 외 지음,《希臘哲學硏究》, 종로서적 : 서울 1988.

B. 주제별 참고 문헌

I. 아리스토텔레스의 《형이상학》: 이름과 내용
II. 존재론, 제일 철학, 신학

1. 주석서, 연구서, 논문집

Ch. Kirwan, *Aristotle's Metaphysics Books* Γ, $\varDelta$, E, Oxford 1984 ([1]1971).

W. Jaeger, *Aristoteles. Grundlegung einer Geschichte seiner Entwicklung*, Berlin 1923(=*Aristotle. Fundamentals of the History of his Development*, trans. R. Robinson, Oxford 1948).

J. Owens, *The Doctrine of Being in the Aristotelian Metaphysics*, Toronto 1978 ([1]1951).

G. Reale, *The Concept of First Philosophy and the Unity of the Metaphysics of Aristotle* (ed. and trans. by J. R. Catan), New York 1980.

2. 주요 논문들

P. Merlan, 'Metaphysik: Name und Gegenstand', in: F.-P. Hager (Hrsg.), 251-265.

A. Mansion, 'Erste Philosophie, zweite Philosophie und Metaphysik bei Aristoteles', in: F.-P. Hager (Hrsg.), 299-366.

G. E. L. Owen, 'Logic and Metaphysics in Some Earler Works of Aristotle', in: J. Barnes, M. Schofield and R. Sorabji (edd.), 13-32.

G. Patzig 'Theologie und Ontologie in der 'Metaphysik' des Aristoteles', Kant-Studien, Bd. 52, 1960/1, 185-205 (= 'Theology and Ontology in Aristotle's Metaphysics, in: J. Barnes, M. Schofield and R. Sorabji (edd.), 33-49).

H. Reiner, 'Die Entstehung und ursprüngliche Bedeutung des Namens Metaphysik', in: F.-P. Hager (Hrsg.), 139-174.

III. 존재론과 실체론

1. 주석서, 연구서, 논문집

D. Bostock, *Aristotle, Metaphysics Books Z and H*. Translated with a Commentary, Oxford 1994.

F. Brentano, *Von der mannigfachen Bedeutung des Seienden nach Aristoteles*, Freiburg 1862(=*On the Several Senses of Being in Aristotle*, trans. R. George, Berkeley 1975).

D. -H. Cho, *Ousia und Eidos in der Metaphysik und Biologie des Aristoteles*, Stuttgart 2003.

M. Frede und G. Patzig, *Aristoteles 'Metaphysik Z'. Text und Übersetzung und Kommentar*, Bd.1. Einleitung, Text und Übersetzung, Bd. 2. Kommentar, München 1988.

M. L. Gill, *Aristotle on substance*, Princeton 1989.

M. -Th. Liske, *Aristoteles und der aristotelische Essentialismus: Individuum, Art, Gattung*, Freiburg-München 1985.

M. Loux, *Primary OUSIA. An Essay on Aristotle's Metaphyscs Z and H*, Ithaca 1991.

Ch. Rapp (Hrsg.), *Aristoteles. Metaphysik Die Substanzbücher (Z, H, θ)*, Berlin 1996.

E. Tugendhat, *TI KATA TINOS*, Freiburg/München 1958.

2. 아리스토텔레스의 실체론 일반에 대한 논문들

D. M. Balme, 'Aristotle's biology was not essentialist', in: A. Gotthelf and J.G. Lennox (edd.), 291-312.

K. Brinkmann, 'The Consistency of Aristotles Thought on Substance', in: W. Wians (ed.), *Aristotle's Philosophcal Develpoment. Problems and Prospects*, New York 1996, 289-302.

Chung-Hwan, Chen, 'Universal Concrete: A Typical Aristotelian Duplication of Reality', Phronesis 9, 1964, 48-57.

M. Frede, 'Substance in Aristotle's Metaphysics', in: A. Gotthelf (ed.), 17-26.

M. Furth, 'Specific and individual form in Aristotle', in: D.T. Devereux et P. Pellegrin (edd.), 85-111.

J. Halfwassen, 'Substanz: Substanz/Akzidenz', *Historisches Wörterbuch der Philosophie*, Bd. 10, Basel-Darmstadt 1998, Sp. 495-509.

G. E. R. Lloyd, 'Aristotle's Zoology and his Metaphysic: The status questionis. A Critical Review of some Recent Theories', in: D.T. Devereux et P. Pellegrin (edd.), 7-35.

M. Loux, 'Form, Species and Predication in Metaphysics Z, H, and θ',

Mind 88, 1979, 1-23.

S. Mansion, 'Die erste Theorie der Substanz: die Substanz nach Aristoteles',
in: F. -P. Hager (Hrsg.), 114-138.

G. Patzig, 'Bemerkungen über den Begriff der Form', Archiv für Philo-
sophie 9, 1959, 93-111.

E. Vollrath, 'Aristoteles, das Problem der Substanz', in: J. Speck (Hrsg.),
Grundprobleme der großen Philosophen, Philosophie der Antike, Göttin-
gen 1972, 84-128.

김완수, 〈아리스토텔레스의 《형이상학》에 나타난 실체 개념을 중심으로 본 형이
상학의 제문제〉, 조요한 외 지음, 209-282.

박희영, 〈그리스 철학에서의 To on, einai, Ousia의 의미〉, 박홍규 외 지음, 11-
38.

양문흠, 〈실재하는 것에 관한 아리스토텔레스의 물음〉, 소광희 외 지음, 《고전
형이상학의 전개》, 철학과현실사 : 서울 1995, 73-99.

조대호, 〈아리스토텔레스 본질론의 생물학적 측면 : Metaphysica VII권을 중심
으로〉, 《철학연구》 제56집, 2002, 195-218.

3. *Z, H, θ*의 각 장에 대한 논문들

Z 1-3

Ch. Rapp, 'Substanz als vorrangig Seiendes(Z 1)', in: Ch. Rapp (Hrsg.),
27-40.

M. V. Wedin, 'Subject and Substance in Metaphysics Z 3', in: Ch. Rapp
(Hrsg.), 41-74.

Z 4-6

E. Hartmann, 'Aristotle on the identity of substance and essence', The philosophical review 85, 4, 1976, 545-561.

E. Vollrath, ʼEssenzʼ, *Historisches Wörterbuch der Philosophie*, Bd. 2, Basel-Darmstadt 1972, Sp. 753-755.

강상진, 〈아리스토텔레스에 있어서 사물과 본질 : 동일성과 동음어의 사이〉, 《철학연구》 제60집, 2003, 45-62.

조대호, 〈아리스토텔레스 본질론의 생물학적 측면 : Metaphysica VII권을 중심으로〉, 《철학연구》 제56집, 2002, 195-218.

Z 7-9

Th. Buchheim, ʼGenesis und substantielles Sein. Die Analytik des Werdens im Buch Z der Metaphysik (Z 7-9)ʼ, in: Ch. Rapp (Hrsg.), 105-134.

W. Charlton, ʼAristotle and the Principle of Individuationʼ, Phronesis 17, 1972, 239-249.

A. C. Lloyd, ʼAristotleʼs Principle of individuationʼ, Mind 79, 1970, 519-529.

S. Mansion, ʼThe Ontological Constitution of Sensible Substances in Aristotle (Metaphysics VII 7-9)ʼ (trans. into English by J. Barnes), in: J. Barnes, M. Schofield and R. Sorabji (ed.), 80-87.

조대호, 《《동물의 생성에 대하여》를 통해 본 아리스토텔레스의 생성 이론〉, 《서양고전학연구》 제18집, 2002, 95-122.

──, 《《동물의 생성에 대하여》를 통해 본 아리스토텔레스의 유전 이론〉, 《과학철학》 9, 제5권 2호, 2002, 131-157.

Z 10-11/ Z 12, H 6

M. Frede, ʼThe definition of sensible substances in Metaphysics Zʼ, in: D.T. Devereux et P. Pellegrin (edd.), 113-129.

S. Mansion, ʼTo simon et la définition physicueʼ, in: I. Düring (Hrsg.),

124-132.

—, 'La notion de matière en Métaphysique Z 10 et 11', in: P. Aubenque (ed.), *Études sur la Métaphysique d'Aristote*, Paris 1979, 185-205.

W. Mesch, 'Die Teile der Definition (Z 10-11)', in: Ch. Rapp (Hrsg.), 135-156.

D. Morrison, 'Some remarks on definition in Metaphysics Z', in: Devereux et P. Pellegrin (edd.), 131-144.

H. Steinfath, 'Die Einheit der Definition und die Einheit der Substanz. Zum Verhältnis von Z 12 und H 6', in: Ch. Rapp (Hrsg.), 229-252.

Z 13-16

N. Hartmann, 'Zur Lehre vom Eidos bei Platon und Aristoteles', in: N. Hartmann, *Kleinere Schriften II*, Berlin 1957, 129-164.

R. Heinaman, 'An Argument in Metaphysics Z 13', Classical Quarterly 30, 1980, 72-85.

H.-J. Krämer, 'Das Verhältnis von Platon and Aristoteles in neuer Sicht', Zeitschrift für philosophische Forschung 26, 1972, 329-353.

—, 'Aristoteles und die akademische Eidoslehre', Archiv für Geschichte der Philosophie 55, 1973, 119-190.

J. Lesher, 'Aristotle on Form, Substance and Universal: A Dilemma', Phronesis 16, 1971, 169-178.

Ch. Rapp, 'Kein Allgemeines ist Substanz' (Z 13, 14-16), in: Ch. Rapp, (Hrsg.), 157-192.

M. Woods, 'Problems in Met. Z, Chapter 13', in: J. M. E. Moravcsik (ed.), 215-238.

조대호, 〈보편자와 실체(Ousia) : 아리스토텔레스 《형이상학》 7권 13장과 《범주론》의 보편자 이론을 중심으로〉, 제16회 한국철학자대회보 3, 2003, 273-292.

θ 1-9

J.L. Ackrill, 'Aristotle's Distiction between Energeia and Kinesis', in : R. Bambrough (ed.), 121-143.

E. Berti, 'Der Begriff der Wirklichkeit in der Metaphysik (θ 6-9 u.a.)', in : Ch. Rapp (Hrsg.), 289-312.

M. -Th. Liske, 'Inwieweit sind Vermögen intrinsistische dispositionelle Eigenschaften?(θ 1-5)', in : Ch. Rapp (Hrsg.), 253-288.

IV. 《형이상학》의 신학

1. 주석서, 연구서, 논문집

F. Brentano, *Aristoteles Lehre vom Ursprung des menschlichen Geistes*, Hamburg 1980.

L. Elders, *Aristotle's Theology. A Commentary on Book Δ of the Metaphysics*, Assen 1972.

M. Frede and D. Charles (edd.), *Aristotle's Metaphysics. Lamda. Symposium Aristotelicum*, Oxford 2000.

H. -J. Krämer, *Der Ursprung der Geistmetaphysik. Untersuchungen zur Geschichte des Platonismus zwischen Platon und Plotin*, Amsterdam 1964.

K. Oehler, *Antike Philosophie und byzantinische Mittelalter. Aufsätze zur Geschichte des griechischen Denkens*, München 1969.

찾아보기

이 찾아보기는 W. D. Ross, *Aristotle's Metaphysics, a revised text with introd. and comm.* II (Oxford 21953)의 Index verborum을 토대로 한 것이다. 예컨대 31a 31은 아리스토텔레스의 《형이상학》 원전의 1031a 31을 가리키며, 굵은 글씨체로 인쇄된 구절에는 용어에 대한 풀이가 달려 있다. 또한 관련된 해설이나 첨언이 있는 경우 * 뒤에 그 구절이 기록된 번역본의 쪽수와 주 번호를 표시했다.

agathon (선) 982b 10, 983a 18,
  31a 31-b 12, **75a 12**, 38
aitia (원인) 982b 9, 3a 31
aition (원인) 981b 28, 982a 13,
  25b 5, 26a 17, **41b 28**
anankē (필연성) 72b 10
analogon (유비) **48a 37**, 48b 7
anthrōpos (사람) 32a 25, 33b 32
apodeixis (논증) 25b 14, 39b 28,
  31, 64a 9
archē (원리, 시초) 982b 9, *Γ* 1,
  3b 6, 25b 5, 41a 9, 41b 31,
  49b 6-9, 75a 12, 38
genesis (생성) 981a 17, **32a 16**,
  26, b 15, 33b 11
genos (류) 28b 35, 30a 12, 34a 1,
  Z 12, 37b 19, 21, 30, 38a 5,

Z 13, 39a 26 * 참고. 218쪽 주 197
diagogē (여가의 삶) 981b 18,
  982b 23, **72b 14**
diairesis (분할) 37b 28, 48b 16,
  72b 2
diaphora (차이) 980a 27, 37b 19,
  32
dioti (이유) 981a 29
dynamis (가능성, 가능적인 것,
  능력, 잠재력) *θ* 6, 8, 49b 9,
  64a 13, 71b 19, 24, 75b 22
  * 참고. 249쪽 주 250
eidos (종, 형상) 28b 20, 29a 6,
  30a 12, 31b 14, 15, 32b 1,
  33b 5, 26, 28, **34a 6, 8**, b 8,
  Z 10, 35a 8, 21, b 16, **32**,
  Z 11, 36a 28, **b 3**, 15-20,

Z 14, 41b 8, 49b 18, 50a 15

einai (있음, 존재, ~임)/ on (있는
　　것) *Γ* 1, 3a 33, b 10, 25b 3,
　　9, 26a 31, 32, 28a 14, **30**,
　　29a 22, 30a 21, 40b 18,
　　64a 29, 72a 20, **74b 38**,
　　75b 5 * 참고. 116쪽 주 37, 125쪽 주
　　47, 246쪽 주 247

empeiria (경험) **980b 26**-981b 9

hen (하나, 통일체) 3a 33, b 15,
　　30b 30, 33b 31, 36b 20, *Z* 12,
　　39b 28, 40b 16, 18, 41a 19,
　　72a 32

enantion (대립자) 32b 2, **37b 20**,
　　75a 28-32, b 12, 21-24, 31

heneka (목적인, 지향점) 44a 36,
　　50a 8, **72b 2**, **75b 9**

energeia (현실적인 것, 현실적인
　　작용) 45a 35, b 21, *θ* 6, 8,
　　50a 16, 22, b 2, 51b 31,
　　71b 20, 22, 72b 16 * 참고. 249쪽
　　주 250

entelecheia (완성된 것, 완성된
　　상태) 39a 7, **50a 22**

epagogē (귀납) 25b 25, **48a 36**,
　　64a 9

epistēmē (학문적 인식, 학문)
　　981a 2, 3, b 26, 982a 14-17,
　　b 4, 9, 27, 31, 983a 5, 3a 15,
　　b 13, 25b 6, 18-26, 39b 32,
　　64a 16-19, 75b 21-24

ergon (작용) 31a 16, 50a 23

hēmionos (노새) 33b 33, 34a 2,
　　b 3

thaumazein (놀라움) 982b 12

theion (신적인 것) 983a 1, 5,
　　26a 18, 20, 64a 37, 72b 23,
　　74b 8, 16

theologikē (신학) 26a 19, 64b 3

theos (신) 983 a 6, 8, 72b 25, 29,
　　30

theorein (이론적인 활동, 관조
　　활동) **982a 29**, 3a 21, 23,
　　3b 15, 38b 34, 48a 34, 50a 12,
　　14

theōria 72b 24

idea (이데아) 29a 4, 31a 31-b 16,
　　36b 14, 39a 25, b 12, 40a 8, 9,
　　27

himation ("두루마기", 본뜻은 겉옷)
　　29b 27-30a 2, 45a 26
　　* 참고. 120쪽 주 43

katholou (보편자) 28b 34,

   35b 30, 36a 28, *Z* 13,

   38b 11

kardia (심장) 13a 5, **35b 26**,

   * 참고. 179쪽 주 138

kath′ hekaston (개별적인 것)

   981a 17 * 참고. 136쪽 주 68

kath′ hauto (그 자체로서)

   29b 14, 16, 29, 30b 22,

   31a 28, b 13

katēgoria (범주) 29a 22, b 23,

   32a 15, 34b 10 * 참고. 94쪽

kinēsis (운동) 25b 20, 29b 25,

   36b 29, 71b 7, 33, 72a 21,

   73a 12

koilos ("불룩한", 본뜻은 우묵한)

   25b 31, *Z* 5

koilotēs ("불룩한 형태", 본뜻은

   우묵한 형태) 25b 33, 35a 4,

   Z 5

kyklos 36a 1–18, 71b 11, 72a 22,

   b 9

leukon (하양, 하얀 것)

   29b 17–30a 5, *Z* 6, 37b 15

logos (로고스) 981a 15, 25b 28,

   28a 32, 34, 35, 29b 20,

   30a 14, 31a 7, 12, 33a 1,

   Z 10, 35b 13, 15, *Z* 11,

   36b 5, 37a 17, 37b 11, 38b 27,

   39b 20, 49b 11, 50b 33, 35,

   64a 23

methexis (관여) 31b 18, 45a 18,

   b 8

metechein (관여함) 37b 18,

   75b 19, 20

morphē (형태) 29a 3, 33b 6,

   45b 18

mousikos (음악적인, 교양 있는)

   31a 27, b 23

noein (생각, 사유) 32b 6, 8, *Δ* 9

noēsis (생각, 사유, 직관, 사유

   활동) 32b 15, 36a 6, *Δ* 7, 9,

   74b 34, 75a 3,

nous (정신) 25b 22, *Δ* 7, 72b 21,

   Δ 9, 75a 7, **b 8**

hode (이것) 981a 8, **29a 28**,

   30a 4, b 18, 36b 23, 38b 24,

   39a 30, 32, b 4,

holon (전체) 982b 6, 29b 6,

   33b 26, 75a 11

homoeidēs (동종적인) 32a 24

   * 참고. 161쪽 주 112

37a 26, 30, 32, 39b 20

sōros (더미) 40b 9, 41b 12, 45a 9

telos (목적, 끝) 50a 9

technē (기술) 980b 28-981b 27,
981a 3, b 26, 25b 22, *Z* 7-9,
32a 28, 33b 8, 34a 24

to ti esti (무엇) 25b 31, 28a 11,
17, **28b 1**, 30a 17, 34a 31

to ti ēn einai (본질) 28b 34,
Z 4-6, 29b 27, 30a 6, 30a 12,
31a 18, 31b 9, 29, 32b 4, 14,
Z 8, 33b 7, 35b 16, 37a 23,
38b 14, 45b 3, 75a 2
* 참고. 116쪽 주 37

toionde (이러저러한) **33b 24**,
34a 6

hylē (질료, 재료) 25b 34, 26a 3,
Z 3, 29a 2, 4, 6, 20, 32a 17,
20, 36a 8, 9, b 35, 37a 34,
38a 6, b 6, 39b 29, 41b 8,

45a 34, 35, b 18, 50a 15, b 22,
27, 71b 21, 75b 22 * 참고. 176쪽
주 130

hypokeimenon (밑바탕에 있는 것,
기체) 982a 23, b4,
28b 36-29a 3, 29a 8,
31b 16, 37b 16, **38b 5**

philosophia (철학) 26a 18, 24, 30

philosophos (지혜를 사랑하는
사람) 982b 18, 3b 19

physis (본성, 자연, 자연적인 것)
981b 4, 3a 27, 29b 1, 31a 30,
32a 12, 22-24, b 8, 33b 8, 33,
34a 23, 49b 8, 64b 11, 75a 11,
b 7

chōriston (분리성) 25b 28, 26a 9,
14, 28a 34, **29a 28**, 40a 9,
48b 15

psychē (영혼) 26a 5, 35b 14,
36a 1, **37a 9**, 72a 2

역해자 **조대호**

서울에서 태어나 연세대학교 철학과에서 공부한 뒤 독일 프라이부르그 대학
교에서 아리스토텔레스의 형이상학과 생물학을 비교하는 논문으로 박사학위
를 받았다. 현재 연세대학교 철학과 교수로 재직하고 있다. 저서에는 *Ousia und*
Eidos in der Metaphysik und Biologie des Aristoteles(독일 Steiner 출판사, 2003),《철
학, 죽음을 말하다》(공저; 산해, 2004),《아리스토텔레스의 형이상학》(문예출판사,
2004),《지식의 통섭》(공저; 이음, 2007),《형이상학》(번역; 나남, 2012),《기억, 망각,
그리고 상상력》(공저; 연세대학교 출판부, 2013) 등이 있고, 그밖에 고대 그리스 문
학과 철학에 대한 여러 편의 논문을 국내외에서 발표했다.

아리스토텔레스의 형이상학

1판 1쇄 발행 2004년 10월 30일
1판 10쇄 발행 2023년 4월 10일

역해자 조대호
펴낸곳 (주)문예출판사 | **펴낸이** 전준배
출판등록 2004. 02. 12. 제 2013-000360호 (1966. 12. 2. 제 1-134호)
주소 04001 서울시 마포구 월드컵북로 21
전화 393-5681 | **팩스** 393-5685
홈페이지 www.moonye.com | **블로그** blog.naver.com/imoonye
페이스북 www.facebook.com/moonyepublishing | **이메일** info@moonye.com

ISBN 978-89-310-0475-5 03110